Marva Aurin

Stella, das Ohrenmädchen

Ein sensitives Kind erlauscht die Welt von innen

Marva Aurin

Stella, das Ohrenmädchen

Ein sensitives Kind erlauscht die Welt von innen

FUTURUM

1. Auflage 2011

Buchgestaltung: Verlag
Druck und Bindung: fgb, freiburger graphische betriebe, Freiburg
Printed in Germany

ISBN 978-3-85636-222-5
www.futurumverlag.com

INHALT

Ich widme dieses Buch all den kleinen und großen Kindern, die ich darin die «Vielhörer» nenne.

Sie gehören einer Wahrnehmungswelt an, welche die meisten Menschen sonst nicht kennen, die aber ebenso real ist wie jede andere auch. Ich habe eine Sprache gefunden, mit der ich diese Welt schildern kann. Der Klang von Schneeflocken, der Rhythmus eines traurigen, fröhlichen, ängstlichen, wütenden Menschen; die Melodie des Regens, die Sprache eines Baumes ... Dies sind nur einige Beispiele von dem, was ich versuche, zum Erklingen zu bringen.

Mein tiefster Dank geht an all die lieben Menschen, die mich unterstützt haben, dieses Buch auf den Weg zu bringen. Ohne ihren Zuspruch, die liebevolle und selbstlose Hilfe im Lektorat und die vielen Ermutigungen hätte «Stella» den Weg an die Öffentlichkeit nicht finden können.

Diese Menschen werden den Dank zu «hören» verstehen ...

Vorklang

Es ist die Stille, die ich hier in Worte zu fassen suche. Ich meine jenes Etwas, das jenseits unserer alltäglichen Wahrnehmung liegt, jenseits der Gefühle, der Laute, der Zeit.

Stella Maria Jansen ist ein Mensch, der sich in diesem «Jenseits» bewegt – es ist jedoch nicht das «Jenseits» einer Totenwelt. Sie ist in der Lage, die Gefühle und Stimmungen ihrer Mitmenschen zu erlauschen, den Herzschlag eines anderen Menschen zu hören, den Klang von Wolken und fallendem Schnee, den Rhythmus von Regen wahrzunehmen.

Jenes überempfindsame Wahrnehmen hebt sowohl schöne als auch grausame Eindrücke in einen Bereich empor, der nahe der Schmerzgrenze liegt. Im Laufe ihres Lebens führen solche Grenzerfahrungen zu einer immer größeren, eigentümlichen Duldsamkeit bei Stella.

Stellas unbeugsamer Wille, von ihrem Leben im «Jenseits» immer wieder die Brücke zu den «diesseitigen Menschen» und den Erfordernissen des alltäglichen Lebens zu schlagen, fordert all ihre Kräfte.

Die Stille als solche in der Person Stella erklingen zu lassen, ist das Anliegen dieser Erzählung.

Erster Teil

Stella

Stella mit den Ohren, der weichen Haut und den Augen, die so aussehen, als gehörten sie nicht zu ihr, weil sie so erwachsen blicken; mit diesem «Ich-kenne-viel-Blick», den manche Erwachsene tragen, ohne es zu wissen. Gemeint sind solche Erwachsene, die viele Geschichten getrunken, viele Augen erkannt und viele Ohren geherzt haben. Wenngleich das fünfjährige Mädchen zart wirkt, hat es einen kräftigen Knochenbau, der ihrer Haut Halt gibt und die geschwungenen Rippenformen hindurchschimmern lässt. Die Haut wirkt im Gegensatz dazu durchscheinend seidig weich und möchte immer zum Streicheln einladen.

Seidig weich sind auch die hellbraunen Haare. Ein wenig gewellt legen sie sich um das kindliche Gesicht. Stellas Mama flicht die Haare oft zu Zöpfen, damit sie nicht verfilzen. Diese Zöpfe lassen ihr Gesicht noch breiter erscheinen und geben die Ohren frei. Stellas Ohrmuscheln sind echte Muscheln. Perlmutthaut windet sich rund in Vertiefungen und Wölbungen, bis hinein in das Innerste.

Die Ohren haben für Stella eine besondere Bedeutung, ohne dass sie dies weiß. Wenn sie Menschen auf Bildern darstellt, erscheinen deren Ohren meist ebenso groß wie ihr Kopf. Oft malt sie in die Ohren Häuser, Autos und andere Dinge hinein, als höre sie so, dass die Dinge in ihr darinnen wären.

Die Ohren und die Füße sind wohl dasjenige, was an Stellas kleinem Körper formvollendet ist; keiner Verbesserung oder Änderung bedürfen. Die Füße nämlich sind die Wurzeln der schlanken Fußfesseln und die Knochen schimmern hier durch die Haut. Schlanke Zehen und schöne Nägel, ein niedriger Spann, der den Fuß zu einem Tänzer macht. Stella weiß ihre Füße auch gut zu gebrauchen, liebt es, barfuß zu laufen, übt, auf spitzem Kies zu gehen, ohne zu schwanken oder gar zu jammern. Gerne lauscht sie dem Klang in der Fußsohle, wenn sie sich über den Schmerz des spitzen Kieses erhebt, mit dem Pieken an der Fußsohle über die Steinchen rennt.

Die «Zu-Hause-Welt»

Stella fühlt sich mit ihrer Umgebung gewissermaßen verwachsen. Es sind einige wenige Dinge, die sie immer wieder im Spiel aufsucht, die zu ihrer «Zu-Hause-Welt» gehören; Dinge, wie zum Beispiel die Beschaffenheit der Wohnung, des Zimmers, in dem sie spielt. Die Geschwister dagegen nimmt sie nur in der Ferne wahr.

Die Sandkiste im winzigen Gärtchen vor dem Haus gehört zu ihren «Zu-Hause-Dingen». Diese Sandkiste hat einen eigentümlichen Klang, der Stella wie magisch anzieht. Ungeachtet der Witterung kann sie stundenlang in jener Sandkiste verharren, sich hineinknien oder davor kauern, immer mit den Händen im Sand. Schon wenn sie aus der Haustür kommt, lauscht sie aufmerksam zur Sandkiste und ihrem wundervollen Inhalt. Es ist ein feiner Ton, der sich zart verstärkt, je näher sie kommt. Zunächst geht sie einmal um die Kiste herum, möchte die schönste Stelle im Sand erlauschen, in der sie dann zu spielen beginnt. Jeden Tag hat der Sand einen anderen Klang. Es kommt auf die Feuchtigkeit, die Art des Regens oder die Art des Sonnenscheins an und auf die Temperatur. Trockener Sand tönt heller, klarer als der nasse. Dafür ist nasser Sand stark und seine dunklen Töne werden immer tiefer, je weiter sie ihre Hände nach unten wühlt.

Diesmal ist der Sand nass, und es ist einigermaßen kalt. Sie tastet zunächst mit den Handinnenflächen den Sand und lauscht dem dunklen Grundton. Dann gräbt sie mit gekrümmten Fingern immer tiefer und tiefer. Sie kann es am besten hören, wenn sie mit bloßen Händen den Sand bewegt. Mit einer Schaufel verändert sich der Klang, durch das Plastik oder das Metall, ist anders und hat längst nicht mehr jene Reinheit, die sie ihm mit den bloßen Händen entlocken kann.

Ist sie in der tiefsten Tiefe angekommen, neigt sie ihren Kopf hinunter und lauscht in das Loch. Manchmal zieht ein leiser Wind durch den Garten und haucht hinein. Dadurch beginnt der Ton zu vibrieren, sie erfühlt den Rhythmus des Loches, den sie je nach Vergrößerung oder Verkleinerung desselben verändern kann. Stella lernt, Tunnel in den Sand zu graben, Berge anzuhäufen, Schlösser und Gärten zu erschaffen.

Besonders liebt sie das Rieseln des trockenen Sandes. Lange kann sie dann in der Kiste hocken und die feinen Körnchen durch die Hände rieseln lassen. Es sind diese feinen und hellen Melodien, die der Sand in den Sand singt. Auch der Geruch des trockenen Sandes unterscheidet sich stark von dem des nassen. Trockener Sand riecht oft staubig, und er duftet – wie Stella findet – nach Sonnenschein, schmiegt sich warm in ihre Hände, nur kurz, nur einen Moment, dann verlässt er den Handtrichter wieder, die Hand wird staubig, und einige Körnchen hängen noch zwischen den Fingern. Sie reibt die Hände dann aneinander, fühlt, wie sich auch die letzten Körnchen lösen, fallen, klingen. Sie wiederholt das Spiel oft und oft hintereinander. Die Hände voller Sand, die Ohren im Sand, das Rieseln, der Duft, der Klang, die Melodien im Sand, in der Hand die letzten Körnchen und wieder das Reiben und Fallenlassen der Körnchen, das Lauschen nach Körnchen auf Körnchen, Sonnenduft, singender Sand. Stella kann sich hineinspielen in den Sand, wird selber Sand, wird Körnchen, Melodie, Klang, rieselt selber durch sich durch, duftet nach Sonne …

In der Wohnung gibt es viele Stimmen, Geräusche, Schritte. Wenn sie durch die alten Räume geht und einigermaßen fest auftritt, knarrt es an einigen Stellen. Sie hält inne, lauscht dem Knarren nach, tritt noch einmal fester darauf, es knarrt wieder, dann hüpft sie mit beiden Beinen auf dieser Stelle, und es knackt laut unter ihr. Sie muss lachen, hüpft wieder und wieder, lauscht, bis der Ton verklingt, und hüpft abermals.

Es gibt unzählige Knarrstellen auf dem Fußboden. Jede hat ihr eigenes Knarren, und Stella liebt es, hüpfend durch die ganze Wohnung zu springen und immer wieder auf jene Stellen ihre gesamte Kraft aus den Beinen und Füßen zu ergießen, damit es auch ja gut und laut knarrt. Diese «Knarrstellen» haben bereits auf dem dünnen Teppichboden dunkle Stellen hinterlassen. – Wenn sie abends im Bett liegt und Mama oder Papa durch die Wohnung «knarren», kann sie erlauschen, wo sie sich gerade aufhalten.

Das Quietschen des Schranks, der Türen dieses uralten, aus dunklem Holz gezimmerten Schranks, genießt sie leidenschaftlich. Gerne setzt sie sich davor, bewegt die Schranktüren immer wieder auf und zu, lauscht dem Quietschton, öffnet die Türen langsam, öffnet sie schnell, öffnet beide auf einmal, öffnet sie rhythmisch im Wechsel. Stella hat herausgefunden, dass es manchmal anders klingt; dass es Tage gibt, an denen sie mehr Kraft aufbringen muss, um das Quietschen kräftig hervorzubringen, und andere Tage, an denen es wie von selbst geht.

In der Wohnung über ihr leben andere Menschen. Sie kennt ihre Schritte gut, kennt die Leute, weil sie diese oft im Hauseingang sieht. Die Frau ist schon alt und hat schlohweißes

Haar. Das sieht sie sich immer gerne an, weil sie es besonders schön findet. Oft fliegt es ein wenig um den Kopf, und wenn die Frau mit Stella spricht, hört diese nie, was sie zu ihr sagt, schaut vielmehr immer auf das weiße Haar und lauscht dessen säuselndem Ton.

Der Mann ist schon so gebrechlich, dass er immer gebeugt gehen muss. Dadurch hören sich seine Schritte besonders laut an, ja beinahe grob. Seine Hände sind in sich gekrümmt, und die Adern treten an allen möglichen Stellen hervor, was Stella sehr eindrucksvoll findet, weil ihr die Vorstellung fehlt, wie man mit solchen Händen irgendetwas machen kann. Diese Hände knarren in sich beinahe wie der alte Holzboden, auf dem sie immer hüpft. Gerne hätte sie einmal seine Finger bewegt, um zu hören, wie es knarrt, aber das hat sie sich noch nie getraut. Stella ist besonders von der Stimme des Mannes fasziniert. Sie ist so tief und dunkel, ja sogar oft heiser, dass Stella sich ständig räuspern muss, wenn er redet. Neben der Dunkelheit in seiner Stimme erlauscht sie eine tiefe Eintönigkeit, eine Art Traurigkeit, so dass ihr der Nachbar immer leid tut, wenn sie ihn sprechen hört.

Besondere Freude bereitet es Stella, wenn sie auf Mamas Töpfen mit den Kochlöffeln Schlagzeug spielen darf. Dabei ist auch schon so mancher Kochlöffel zu Bruch gegangen. Diese lauten, scheppernden Klänge, die sie den Töpfen zu entlocken weiß, befriedigen sie tief. Je größer der Topf ist, desto lauter kann sie das Scheppern produzieren. Andere Töne bringt sie mit dem Schneebesen hervor. Damit werden sie feiner, und die Klangskala ist leichter zu erlauschen. Manchmal singt sie auch dazu. Dieses Topfkonzert spielt sie aber nur, wenn die Geschwister nicht da sind, denn diese schimpfen sonst laut und meinen, dass es «Katzenmusik» sei, was sie da fabriziere und dass sie sofort damit aufhören soll.

Wenn Mama nicht hinschaut, nimmt sie auch ab und an ein Messer in die Hand und reibt dieses auf der Topfbodenunterseite. Jenes schaurige Quietschen, das dadurch ertönt, lässt ihr die Nackenhaare zu Berge stehen und eine Gänsehaut über die Arme huschen. Schön findet sie es nicht, aber die Wirkung, die dieses Geräusch auf sie ausübt, ist hinreißend für Stella.

Die gesamte Klang- und Lautskala von Wohnung und Garten ist jedoch immer abhängig davon, wie die Stimmung zu Hause ist. Wenn es Streit gibt oder ein anderer Vorfall die Stimmung verändert, ist Stella abgelenkt, und ihre Ohren bewegen sich den Stimmungen entgegen. Natürlich ist ihr dies nicht bewusst, aber es gibt für sie solche und solche Tage, solche und solche Geräusche. Einige Tage sind still und öffnen sich für die Klänge der Gegenstände, andere wiederum sind angefüllt mit Stimmungsgeräuschen, die für sie so laut sein können, dass ein Spielen beinahe unmöglich wird.

Die alte Frau

Stella sieht eines Tages bei der Oma die alte Frau Falk vor dem Haus sitzen. Sie kennt deren Schritte, Stimme und Stimmungen bereits gut. Aber an jenem Tag hört sie sich anders an. Stella lauscht dem Ton von Einsamkeit und Müdigkeit, empfindet großes Mitleid, geht zu ihr hin, setzt sich neben sie auf die Bank, setzt sich mitten in diese Traurigkeit hinein und lauscht.

Stella hört mit großen dunklen Augen, einem kleinen, geschlossenen Mund zu. Sie hört und hört, und die Wörter kullern in sie hinein. Sie nimmt jedes Wort auf, versteht mit ihren Ohren die Nöte einer Alten …

Die Hauswand ist grau, der Himmel bedeckt. Aber es ist

Sommer, und Sommer ist bunt. In diesem Moment vergisst sie alles um sich herum, sieht nicht die Blumen, die Rosen, die sie anduften am Hausrand. Sie hört, und das Ohr geht hinaus und immer weiter zu dem runzeligen Sprechmund, aus dem all dies herauspurzelt, mitten in ihr Ohr.

Wörter wie «Streit», «schmerzende Hände», «alter Körper», «Dialyse» ... Das Wort «Dialyse» fällt schwer in das Ohr, hinterlässt einen «Plumps» und einen «Krater». Es beginnt in Stella zu tanzen, als seien die Wörter lebendig. Ein Tanz aus Blutwäsche, Krankenhaus, Lebensretter, einem geschwollenen Arm. «Dia-Lyse», klingt wie Dias – Papa hat Dias, die sie sich oft anschauen – und «Lyse» wie die Freundin Louise. Ein Wort aus Kinderlachen und Puppenspiel. Aber hier nicht. Hier ist es ernst. Ihr Ohr hängt noch immer an dem Sprechmund, und in dieses Ohr kullern «Wortschmerzen». Irgendwann hält Frau Falk inne, lässt das Ohr los. Dieses tanzt wieder hin zu seinem Platz. Ja, auch das letzte Wort ist hineingeschlüpft und gesellt sich zu den anderen. Das Mädchen steht auf, nicht schnell, nicht langsam.

Draußen ist es weder nass noch kalt, nur dicke Wolkenballen bewegen sich schwer am Himmel. Stella legt sich in die Wiese und sieht in diese Wolken, ja deckt sich mit ihnen zu, sieht den Vögeln zu, die nahezu schwerelos dahinschweben. Sie fühlt, wie die Wörter da hinauf wollen. «Blutwäsche» und «schmerzende Hände» wollen sich nicht lösen, tun es aber dann doch. «Dialyse» fliegt langsam bis zu den Vogelschwingen und wird davongetragen. Alles, alles übergibt sie Wort für Wort den Wolken, den Vögeln und wieder den Wolken. Dann ist sie frei von jenen Schmerzworten.

Stella spricht nicht mit Menschen darüber. Es gibt Dinge, die sie nur mit den Wolken und ihren Formen, mit den Vögeln und ihren Flügeln teilt. Denn ihre Worte würden nicht ausreichen, um mit Erwachsenen darüber zu sprechen. Natürlich ist ihr das nicht bewusst, aber sie spürt es deutlich, und es ist in Ordnung so, sie kennt es nicht anders.

Beim Zahnarzt

Stella ist nicht wehleidig. Selbst als sie beim Zahnarzt ist und dieser ihr das dritte Loch ohne Betäubung mit Amalgam stopft, behauptet sie, dass es nicht wehtun würde. Doch innen drin schlagen die Schmerzen Purzelbäume und wollen zu den Augen hinaus. Sie hält sie nur mit allergrößter Anstrengung zurück und lässt sie drin in ihrem Hautkorsett.

Die Ohren beginnen zu beben. Es ist nicht die Lautstärke des Bohrers, der in ihrem Kopf surrt und pfeift; es sind vielmehr die Geräusche, mit denen dieser Bohrer Substanz von ihrem Zahn nimmt. Stella hat das Gefühl, weniger zu werden, wenn dies auch nur ein ganz klein bisschen der Fall ist. Allein sie fühlt sich verletzt, und dieses Verletztwerden ist es, das ihr in den Ohren gellt. Ein schriller, langgezogener Ton, der denjenigen des Bohrers weit überschreit. Er ist so laut, dass sie sich die Ohren zuhalten möchte. Doch dies hätte auch dann nichts genützt, wenn ihre Hände überhaupt zu ihnen gelangt wären. Es fühlt sich an, als seien Hände in ihr drin, würden an ihr reißen, etwas abreißen, ja als würden Hände sie fortreißen, mitreißen, durchreißen. Da sind Nadelstiche am Zahn, im Mund, am Gaumen, im Zahnfleisch, in den Lippen, dem Kiefer …

Stella weiß, dass sie sich irgendwohin retten muss, damit sie nicht fortgerissen wird, damit die Nadeln nicht bis zu den Ohren bohren. Sie schafft es gerade noch rechtzeitig, den richtigen Gedanken zu fassen, und beschließt blitzschnell, Löwe zu spielen.

Ein Löwe mit aufgerissenem Maul, der im nächsten Moment zuschnappt und den Saft seiner Beute rot und warm genießt. Hier helfen ihr die Ohren. Sie hört ihr Knurren, den Todesschrei ihrer Beute, hört das Sterben, das Ergebensein des Opfers. Da hält der Zahnarzt plötzlich inne, der Schmerz purzelt ihr wieder in den Mund, und sie wird gewahr, dass sie zugebissen hat. Notdürftig wird dieses verflixte fünfte Loch versorgt, und der Zahnarzt ist froh, den Löwen für heute verabschieden zu können.

Stella wankt zur Tür, hält sich aber aufrecht. Ihre «Tänzertatzen» tragen sie tapfer. Sie hört das Lob nicht, wie tapfer sie gewesen sei, und auch nicht die Rüge, dass man den Zahnarzt nicht beißen soll. Ihre Ohren sind nach innen gerichtet, obgleich die Muscheln unverstellt blieben. So lauscht Stella ihrem zufriedenen Schnurren nach dem Verzehr der Beute, fühlt die Sonne die verdauenden Eingeweide wärmen, leckt sich mit der Zunge das Blut von den Lippen und bekommt das starke Bedürfnis einzuschlafen. Dies gelingt jedoch nicht, da sie ihren Bruder schreien hört, der jetzt an die Reihe kommt. Sie wünscht ihm, dass auch er ein Löwe sein kann, aber er ist er selber, und das ist nicht zu ertragen. Seine Schreie stören ihren Verdauungsvorgang und werfen Schatten über sie, wo doch keine Bäume stehen und die Sonne ihre Knochen wärmen soll …

Die Ameise Filine

Zu erwähnen wären neben den Füßen, ihrer Haut und den Ohren auch Stellas Hände. Noch mit etwas Babyspeck behaftet können sie nahezu Wunder vollbringen. Sie sind so geschickt, dass sie Grashalme flechten, Steinchen zu Püppchen spielen und Ameisen mit Nadeln aufpieken können. Letzteres machte Stella nur einmal.

Es war eine so große Versuchung, diese wuselnden Tierchen mit der Spitze einer Nadel – aus dem Nähkasten der Mama stibitzt – zu treffen, um zu sehen, was das Opfer dann macht. Nun, es zappelt, fällt von der Nadelspitze herunter, zappelt noch mehr, läuft nicht mehr fort, zappelt, und Stellas unbequeme Ohren hören die Schreie aus der Ameise. Zappelschreie, laut, erbärmlich, Hilfe rufend, zappelbeinig, sterbend. Stella wird unruhig, ebenfalls zappelig, presst die Hände, mit denen sie eigentlich die Ohren zuhalten will, vor den Mund, aber das hätte nichts genützt, denn die Schreie sind jetzt so laut, dass die Muscheln beben. Sie bekommt Angst, weil die ganze Welt jetzt hört, was sie getan hat. Nein, das darf nicht geschehen. Sie muss das Geschrei stoppen. Aber dazu muss sie das Tier kaputt machen, was ihre Hände jedoch nicht wollen. Schließlich kann sie ihre Hände überreden, ein Steinchen zu suchen und damit das Geschrei zum Verstummen zu bringen. Die Hände zappeln, die Ohren zittern, doch schließlich gelingt es, und es wird totenstill. «Filine» will Stella die Ameise nennen und ihr ein – für das Geschrei angemessenes – Grab bereiten, denn schließlich braucht jemand, der begraben wird, einen Namen.

Filine liegt gleich einem Krümel am Boden. Stella hört, wie es in ihrem Innern immer voller wird, und dann fallen die Tränen heraus. Arme Filine! – Schließlich steht sie auf, ihre Tänzerfüße tragen sie ein wenig ins Blumenbeet, und sie begutachtet eine Stelle zwischen Calendula und Unkraut, die als würdiges Grab dienen soll. Mit den Fingerspitzen bohrt sie ein Löchlein in die Erde, diese schiebt sich weich unter ihren Fingernagel. Dann hievt sie Filine mit demjenigen Steinchen, das auch das Geschrei stumm gemacht hat, auf ein grünes

Blatt und trägt sie zu Grabe, immer noch weinend. Weil Filine so gelitten hat, bekommt sie unzählige Rosenblüten, Calendulablüten, ja sogar Himbeeren auf das Grab, das für ihr totes Körperchen sicher um ein Millionenfaches zu groß ist. Schließlich ist Stella zufrieden, hat ihre Tat – zumindest einigermaßen – wiedergutgemacht und sinkt vor dem Grab auf die Knie. Sie betet inbrünstig für Filine und gelobt in einem Nebensatz, dass sie nie wieder eine Filine aufspießen wolle.

Das Reversi-Spiel

Stella spielt überall. Wo sie hinkommt, werden Steinchen zu Prinzessinnen, Erdklümpchen zu deren Untertanen und Grashalme zu Häusern gespielt. Sie wohnt dann in goldenen Schlössern, verschenkt Gold an die Armen, trägt Perlenschmuck und rosa Rüschenkleidchen. Kutschen warten dutzendweise auf sie, um sie zu ihren liebsten Freundinnen zu bringen. Die Pferde können fliegen; ihre weißen Mähnen flattern im Wind. Manchmal reitet sie auch auf dem einen oder anderen – die Hufe berühren fast nicht den Boden. Aiwan und Dormio heißen sie, diese Pferde …

Stella spielt nicht nur mit Steinchen und Tonerde. Sie spielt auch gerne Reversi, ein Spiel, das eigentlich die Älteren spielen. Es geht, sagen diese, um «Strategie». Grüne und rote Steine, deren Unterseite die jeweilige andere Farbe haben, werden abwechselnd auf das leere Spielfeld gelegt, wobei sie nach bestimmten Regeln umgewendet werden können. Wer dann die meisten Steine von der eigenen Farbe hat, ist der Gewinner.

Gegen ihren Vater gewinnt sie fast immer. Er hält Stella für sehr intelligent, denn er bringt sie schließlich zu Herrn Holmer, einem Mathematikprofessor. Mit ihm soll sie Reversi spielen. Sie bekommt als Erste die Spielfarbe Rot und vertieft sich. Es ist dieselbe Versunkenheit wie bei den Steinchen und Prinzessinnen, nur «strategisch».

Wenn sie so, dann er so, und dann sie Rot und er Grün, sie fünf Steine Rot und er nur zwei Steine Grün, sie am Rand, er noch nicht in der Ecke, dann sie nur zwei Rot, um ihm eine Falle zu stellen. Er sechs Grün und sie neun Rot. Außerdem ist sie in der Ecke. Das ist der Prinzessinnenplatz. Da gehört sie hin. Da ist ihr Schloss. Stellas Wangen sind gerötet. Er denkt lange. Sie ist ihm sechs Züge voraus, denkt an ihr Schloss, an ihre Freundinnen, Goldpüppchen, dann er neun Steine Grün. Er stört sie beim Spiel, reißt sie heraus, hat nicht das gemacht, was sie getan hätte. Es ist ein anderer Spielzug. Sie denkt nach, verliert einen Randplatz, den sie dank der Ecke nach nur wenigen Spielzügen zurückerobert. Stella schenkt ihrer Spielgefährtin viel Rot, da es für sie nicht so wichtig ist. Für die Freundin holt sie noch mehr Rot, Rot, Rot. Der Professor schwitzt, schüttelt den Kopf, holt sich weniger Grün, staunt, und Stella merkt es nicht.

Das Spiel nähert sich dem Ende. Selbstvergessen verspricht sie ihrer Spielgefährtin noch zwei rote Steine, die sie ihr auch gibt, und hat damit gewonnen. Sie hat haushoch gewonnen. Es tut mir leid, sagt sie, denn sie glaubt, dass der Professor etwas traurig sei, weil er verloren hat. Sie bietet ihm noch ein Spiel an, in das er sofort einwilligt. Mit: «Wenn er so, dann sie so»; aber er macht nicht, also macht sie so und dann so, und dann lässt sie ihn so und so, und dann lässt sie ihm noch die Ecke, das Königreich – freiwillig –, und dann hat er – gewonnen. Der Professor zögert noch ein wenig, muss abwägen, ob er noch eine Niederlage erdulden kann. Denn Stella verrät nichts von ihrem Plan. Selbstvergessen erzählt sie sofort ihrer Gefährtin in Gedanken, dass sie nun das Schloss jemand anderem überlassen würden und nach draußen zum Spielen gehen sollten.

Genau, sie könnten reiten, auf Aiwan und Dormio. Die Freundin ist begeistert. Stella möchte nur knapp verlieren, sonst sieht es so aus, als habe sie das extra gemacht oder sei müde. Wenig wendet sie sich dem Spiel zu. Er ist sichtlich zufrieden, und sein Weltbild findet wieder in seine altgewohnten Verankerungen zurück, war es doch ins Wanken gekommen, da es unmöglich schien, dass ein fünfjähriges Mädchen bei so einem Spiel gegen ihn gewinnen konnte. Das Spiel geht weiter. Stella hat nun die grüne Farbe, lässt geschehen und schenkt Rot, Rot bis auf seine Wangen, die immer mehr erglühen, wird er sie doch besiegen. Stella schenkt, während sie reitet. Aiwan hat sie sich ausgesucht. Ein Perlenritt durch die Wolken, und dann reißt ein froher Schrei sie jäh auf den Boden zurück. Der Professor hat gewonnen. Stella will wieder in die Lüfte, doch der Professor möchte noch eine Revanche. Darauf war sie nicht vorbereitet. Sie ist sich unschlüssig, wer jetzt gewinnen soll. Nun hat sie wieder die rote Farbe. Sie hat sich schon besiegbar gemacht. Es ist im Grunde egal, wer gewinnt. Schnell steigt sie wieder auf Aiwan, saust ihrer Freundin hinterher und lässt ihn wieder gewinnen. Er ist ihr egal geworden. Sie ist weit weg. Soll er doch mit seinem Grün, Grün, Grün, was sich mit der Wangenfarbe beißt, ihr Rot verschlingen. Das ist unwichtig. Sie denkt dies nicht. Für Stella ist es einfach so, ohne dass es in ihr Bewusstsein dringt. Ein fünfjähriges Mädchen denkt nicht: Der ist mir egal. Sie denkt nur, dass das ihr Spiel ist, und da, wo ihr Spiel am schönsten ist, da geht sie hin, ohne zu denken. Ihr Denken ist nicht rotgrün gefärbt. Es ist bei Aiwan und den Wolken. Da, wo das Denken von fünfjährigen Kindern manchmal hinkommt …

Im Kindergarten

Stella ist nun sechs Jahre alt geworden. Noch immer werden die Steinchen zu Püppchen, Kastanien zu Autos, Blätter zu Häusern gespielt. Das macht sie nur zu Hause. Im Kindergarten spielt sie nicht. Da ist alles anders. Da sind die Steinchen nicht solche Steinchen, die Kastanien nicht solche Kastanien, und die Stille, ja vor allem die Stille, ist eine andere, hört sich anders an. Die Kindergartenstille ist so laut, dass sie nicht spielen kann. Sie geht aber in den Kindergarten. Wegen der lauten Stille ist sie, Stella, leise, sagt nichts, spielt nicht. Sie ist beinahe nur mit Hören beschäftigt.

Es gibt da ein Mädchen namens Antonia. Diese ist noch ein bisschen stiller. Nur, dass ihre Stille eine «Angststille» ist. Sie ist ganz Angst. Immer wenn sich Tante Berta – die Erzieherin – umdreht, kommt Kevin und zwickt Antonia. Kevin mit dem Spitzmausgesicht und der Schrumpelhaut. Er hat Neurodermitis, das weiß Stella nicht, aber er ist nicht gut anzufassen, und seine Haut schreit immer nach Feuchtigkeit, was Stella hört. Kevin zwickt nicht nur. Er ist sehr fantasievoll und bekommt immer neue Ideen – woher auch immer –, mit denen er Antonia ängstigen kann. Eines Tages kommt er wieder in den Kindergarten, hat sein Spitzmausgesicht nicht vergessen, hat es sogar noch ein bisschen spitzer gespitzt und schleicht durch die Gruppe wie ein Raubtier, das ganz auf die Beute fixiert ist. Er denkt zwar, dass ihn keiner sieht, aber Stella hört immerfort seine Haut nach Feuchtigkeit schreien und weiß stets, wo er ist. Denn Stella spielt ja nicht, sie hört. Kevins schreiende Hand rutscht immer wieder in die Hosentasche und wühlt da im Stoff. Wenn sie wieder herauskommt, schreit sie noch mehr, ist sogar ein bisschen blutig. Stella hört, dass es ihm weh tut; Kevin reibt seine Hände kurz aneinander –

laut ist das –, verwischt die roten Spuren und kehrt zu seiner Spitzmausarbeit zurück.

Antonia hat mehr Knie als Gesicht. Sie ist so dünn, dass die Knie aus den Beinen stechen und das Gesicht überspielen. Denn Augen, Mund, Nase – sofern man von Nase überhaupt reden kann – sind klein, kindlich klein, als wollten sie noch ein wenig dem Kleinkind angehören und nicht mitwachsen. Die Knie dagegen haben sich gewaltig ausgebildet. Sie haben auch die Ober- und Unterschenkel mitgenommen. Antonia hat Gazellenbeine, sie ist ja auch immer auf der Flucht, immer zum Fliehen bereit. Ihre hellblonden Haare fliegen bei jedem Hauch wirr um den Kopf, als gehörten sie nicht dazu oder sträubten sich, Wärme zu geben. Sie hält sich sicherheitshalber immer in der Nähe der Erzieherin auf. Aber Tante Berta wird hier und dort gebraucht, immer da, wo es am lautesten ist, dort stapft sie hin. Sie hat zum Glück einen Elefantengang, da sie eine große Masse mit sich herumschleppt –, so ist sie für Antonia stets leicht ausfindig zu machen. Aber Tante Berta ist weich und warm, nur kann sie sich eben nicht so schnell umdrehen, denn der Umfang versperrt den Umkreis. Das weiß Kevin wohl auszunützen.

An jenem Hosentaschentag ist viel los in der Gruppe. Als Tante Berta eben einen Streit schlichten und zwei große Beulen kühlen muss, ist es so weit: Kevin versperrt Antonias Knien den Weg, die schnell in den Elefantenschutz flüchten wollen. Aber zu spät. Dann schreit seine Hand, als sie mit einem kleinem Gegenstand aus der Hosentasche rutscht. Die Vorfreude auf die Grausamkeiten ist stärker als der Schmerz. Der Gegenstand ist eine kleine Spritze. Kevins Spitzmausgesicht piepst leise und bedrohlich: «Das ist eine Giftpistole, und wenn du immer Tante Berta hinterherrennst, dann mach ich dich tot!»

«Tot», das klingt nach in Antonia. Das ist, dass man nicht mehr ist, so wie die Oma, die einmal war und jetzt nicht mehr ist. Ja, «tot», das ist ihr nicht fremd, und sie hat diese unendlich rührende und anstrengende Eigenschaft, die so wenige Kinder haben: Sie glaubt fast alles. Deshalb beginnen die Knie zu zittern, scheinen sich die Gazellenbeine nicht mehr von der Stelle bewegen zu können. Gelähmt, ratlos, hilflos, steif. – Stella hört «steif steif steif» und vernimmt den grässlichen Laut von Todesangst. Sie muss sich die Ohren zuhalten und wegsehen. Aber der ganze Raum ist voll von «Angst» und «steif». Sie ist hilflos, kann nicht sprechen, denn was sie gehört hat, sind doch keine Worte, sondern etwas anderes. Wie soll sie das, wie würde sie das, wie könnte sie das Tante Berta sagen? Schließlich gibt es keine Worte dafür. Nachdem sie ratlos zugesehen hat, wie Antonia aus ihrer Erstarrung erwacht und mit gesenktem Blick bemüht ist, den Elefantenschutz zu meiden, wird Stella noch leiser. Nein, spielen kann sie bei solch einem Lärm hier nicht.

Stella malt im Kindergarten nur von anderen Kindern ab, während sie zu Hause niemals abmalt. Sie geht auch nicht zu Antonias Knien hin, die jetzt ein bisschen eingeknickt sind. Aber Tante Berta hat es bemerkt. Sie stapft herzu, will Antonia ermutigend an der Schulter fassen – nur ganz weich und warm. Da beginnt Antonia zu schreien. Stella rennt hinaus, das ist zu laut, zu viel. Sie versteckt sich im Garten im Gebüsch und dort hingekauert entdeckt sie auf den Steinen winzige, rote Spinnen, die wie aufgezogen umherrennen. Die sind leiser, lachen leise, freuen sich an ihren Millimeterbeinchen, die ohne Knie sind, und wenn Stella nicht noch den Elefanten-Spitzmaus-Gazellenkrach in den Ohren gehabt hätte, wäre es eine ungetrübte Freude gewesen, dem leisen Spinnchenlachen zu lauschen …

Indes beginnen die Knie, die Beine, die Knochen und darüber die Haut, ja sogar das Gesichtchen von Antonia zu zittern. Tante Berta fühlt Antonias Stirn. Sie hat Fieber. Mit Elefantenschritten will sie hinauslaufen, um die Mutter anzurufen. Da wird Antonia in zwei Teile gerissen: Der eine Teil will unbedingt mit Tante Berta mitgehen, weil er Angst hat, sterben zu müssen, da sie jetzt doch in Elefantennähe geraten ist, der andere Teil in ihr will dableiben, um nicht noch mehr zu riskieren. Vielleicht ließe Kevin noch einmal Gnade walten. Der aber sieht beide Teile von Antonia aus seinen Spitzmausaugen scharf und spitz an. Ein Schauer durchläuft sie. In Windeseile sammelt sie beide Hälften ein und versucht ihre Knie zu überreden, in gazellenartigen Sprüngen davonzulaufen, dem Tod aus den Armen … Schließlich gehorchen sie ihr. Sie geht in den Garten. Stella hört sie kommen und ruft in verhaltenem Ton: «Hier bin ich!»

Antonia zuckt zusammen, erkennt aber Stellas Stimme und sieht sich um. Nun schwappt ihre gesamte Not und Angst zu Stella hinüber, die jedoch noch durch das Gebüsch von ihr getrennt und damit auch etwas geschützt ist. Kurz fragt sie sich selber, ob sie ihr Versteck preisgeben und sich Antonias Lärm aussetzen wolle, aber der Lärm ist nicht geringer, wenn sie es nicht tut, weil Antonias Verlorenheit dann laut würde. Das denkt Stella natürlich nicht alles genau so. Es ist viel mehr eine kurze Entscheidung, die sie in ihrem kindlichen Herzen zugunsten Antonias fällt.

«Hier, komm ins Gebüsch!» Antonia ist in wenigen Sätzen bei ihr. Stella hört ihre Angst, das Keuchen, die Hitze des Fiebers in ihr. Das alles ist nur zu ertragen, weil im selben Moment die Dankbarkeit erklingt. Dieses «Nicht-mehr-allein-sein-Gefühl» hört sich gut an. Das tönt so fein und so schön, dass es «Angst» und die anderen Geräusche beinahe übertrifft.

Stella freut sich, rutscht zu Antonia hin, legt ihr den Arm um die Knochenschulterchen.

«Hier, sieh mal die Spinnen!» Beide sehen sie ihnen zu, und Antonia klingt immer besser. Plötzlich hören sie Tante Berta nach Antonia rufen. Beide schrecken auf, müssen ihr Versteck verlassen. Die Angst wird lauter, aber als Stella Anstalten macht mitzukommen, ebbt sie wieder ein wenig ab – wieder diese Dankbarkeit. Stella nimmt Antonia bei der Hand und geht mit ihr hinein, hilft ihr, die Schuhe anzuziehen! Da kommt die Mutter, nimmt Antonia – die sich nun beinahe ganz leise anhört – bei der Hand. Antonia dreht sich noch einmal zu Stella um, lächelt ein wenig, dann ist sie für einige Tage nicht mehr im Kindergarten.

Stella allerdings achtet gut auf Kevin, hört stets seine Haut und weiß daher, wo er ist, und manchmal auch, was er tut. Sie denkt oft: «Wenn der nicht so böse wäre, tät er auch nicht so blutig sein.»

In der Familie

Jeden Samstag, wenn Stella mit ihren Geschwistern gebadet wird, spielt ihr Vater im Nebenzimmer auf dem Cello. Sie sitzt im warmen Wasser, spielt Tropfen zu Nudeln, Hände zu Trichtern, und die Ohren wandern währenddessen zum Cello. Dieser Klang, dieses klare, dunkle Getön, geht ihr bis tief hinein. Es ist, als tröste er sie, beruhige sie und als spräche er zu ihr. Da breitet sich Friede und Ruhe in ihr aus, und die Töne sagen fortwährend: «Es ist gut, es ist schön, es ist richtig, es ist kein Stillstand, es ist alles im Fluss» ... Stella ist bei ihren Flüssen im Badewasser und lässt die Ohren beim Cello. Sicher, es kommt vor, dass die Geschwister sich streiten, ihr etwas wegnehmen oder sie ihnen etwas wegnimmt, aber das stört den inneren Frieden nicht. Irgendwann kommt der Papa und holt eines nach dem anderen aus dem Wasser. Da sind die Ohren wieder zurück, nehmen ihren Körper ein. Der wird eingerieben mit Öl und duftet, und das hört sich so gut an auf ihrer Haut, als runde sich alles, als würde sie angezogen mit Duft und Wohlgefühl.

Stella singt sehr gerne, hat eine schöne und klare Stimme. Überhaupt ist ihr Verhältnis zur Musik vertraut wie zu einem Freund. Er nimmt sie in die Arme, streichelt, tröstet, umsorgt sie. Außerdem kann sie ihre Ohren in seinen Schoß legen. Dort dürfen sie ausruhen. Bei all dem Geschrei des Tages ist dies eine Erleichterung, ohne die sie nicht leben könnte.

Stellas Papa singt auch gerne und – er spielt Klavier. Dieses Spiel ist wie «Perlen rauf und Perlen runter, Perlen kreuz und quer und mitten durch». Sie möchte tanzen, mit den Tänzerfüßen ... der Papa kann spielen wie ein Ball, wie ein Hund, eine Ente, wie der Regen, eine Blume ... Sie darf sich wünschen, und er spielt, und sie sitzt auf seinem Schoß, zusammen mit den Ohren. Innen «perlt» sie mit, und der Papa trifft die richtigen Töne. Da ist «Einklang» in ihr, «Einklang» mit dem Klavier, mit den Ohren, mit dem Papa, und sie liebt diesen Perlenklang so sehr, dass sie niemals aufhören will, ihm zu lauschen. Und doch endet es jedes Mal wieder. Stella jedoch ist «perlenerfüllt» und glücklich, hat das Geschrei vom Tag vergessen, sogar Kevin und Antonia und die Spinnen und alles ...

Jetzt kommt die Mama mit dem Märchenbuch. Ihre Schwester darf sich eine Geschichte wünschen. Bevor das «Rumpelstilzchen» angefangen hat, freut sich Stella bereits so auf die Worte: «Das hat dir der Teufel gesagt, das hat dir der Teufel gesagt», dass sie rote Wangen bekommt. Sie kennt es auswendig, weil sie die Worte aus dem Märchen liebt, und –

ähnlich wie bei der Musik – kann sie sich darin bergen, vergraben und vergessen, die Ohren hineinlegen …

«‹Es war einmal ein Müller, der war arm, aber er hatte eine schöne Tochter …›»

Der Schlafanzug, die Socken, die Geschwister, das Zimmer, die Tapete, ja sogar die lesende Mama verschwinden. Der Müller erscheint, gebeugt, dick, mehlbeschmiert und die Tochter so schön – lange, helle Haare den ganzen Rücken hinunter, offen und gewellt …

«‹Da saß nun die arme Müllerstochter und wusste um ihr Leben keinen Rat: Sie verstand gar nichts davon, wie man Stroh zu Gold spinnen konnte …›»

Stella sieht sie weinen, verzweifelt und laut, aber nur kurz, dann kommt das Männchen. Erleichterung … – «Hammelswade» – Stella lacht laut heraus, wie kann man nur so heißen. Gibt es diesen Namen wirklich? – Und dann – «‹heute back ich, morgen brau ich, übermorgen hol ich der Königin ihr Kind›» – kommt es immer näher, dieses «Das hat Dir der Teufel gesagt».

Stella fühlt die Angst der Mutter, die ihr Kind hergeben müsste, wenn nicht … und dann endlich das «Rumpelstilzchen» und «Das hat dir der Teufel gesagt …» Erleichterung!

«‹… und riss sich selbst mitten entzwei.›» Ende.

Die Ohren rutschen wieder an ihren Platz, Nachthemd. Ölduft und Mama erscheinen wieder, das Märchen ist aus. –

Stellas Familie betet vor dem Zu-Bett-Gehen. Sie mag das. Es erinnert an die Musik, klingt so wie «Da ist wer, der auf mich aufpasst, wenn Mama und Papa nicht …», und überhaupt, den Kerzenschein, das Händefalten, das mag Stella, das ist wie Ohren falten oder die Ohren in die Hände legen. Beten ist still, ein bisschen geheim …

Stella liegt in ihrem Bett, es wird um sie herum leise. Sie weiß nicht, dass andere Leute einfach einschlafen und dann nichts mehr wissen von sich und dem Einschlafen. Bei ihr ist es anders. Sie kuschelt sich in die Decke, wird ruhig, die Ohren werden still bis hinein in den letzten Spalt. Sie wird leicht und steht auf und vermag zu fliegen. Es gibt hohe Pflöcke, die bis weit in Licht und Musik hinauf reichen. Sie fliegt hinauf auf einen und von dort aus zum nächsten, 100 Meter weiter und immer weiter, dann zur Musik. Jedes Mal am Ende dieser Pflöcke ist die Musik. Es ist keine Klaviermusik, kein «wie der Ball; wie die Ente; wie der Wind ...», das ist kein dunkler «Cellotrost»; es ist anders, alle Instrumente der Erde zusammen und doch am meisten Flöte vielleicht und Harfe, so etwas hört Stella nicht, wenn sie wach ist. Dort in der Musik hört ihr Bewusstsein auf, und auch sie weiß nichts mehr, außer eben am Morgen die Träume oder noch in derselben Nacht, denn Stella träumt viel.

Träume

Stella träumt schöne Träume, ja erhebende, jubelnde Träume. Aber sie träumt auch andere Träume, Albträume, getaucht in Grauen. Sie liegt oft nachts zitternd in ihrem Bett, bedroht von einem lebendig gewordenen Gewitter, dessen Wind sie mit fortnehmen will – weit, weit weg, ins Jenseits, wo keine Mama mehr, kein Bett und keine Wärme ist. Dabei klammert sie sich an ihr Bettgestell, stemmt den Körper gegen diese Kraft, und jedes Mal ist Stella die Siegerin, ist stärker als das Unwetter und dessen Gesichter.

Dies sind aber noch nicht alle Träume, die Stella träumt.

Stella träumt von Dingen, die auf der Welt geschehen.

Nicht etwa von Wind und Gras, von Vögeln und Wolken. Sie träumt von den Menschen und was Menschen mit Menschen machen, was Menschen aus Menschen machen, träumt von den Möglichkeiten, was Menschen den Menschen und wie Menschen den Menschen … Sie träumt es getaucht in die Klangwelt von Menschen, die aber dem normalen, menschlichen Ohr verborgen bleibt.

Oft träumt sie denselben Traum. Ein eindringliches Knarren leitet das Geschehen ein. Obwohl Stella bereits weiß, welcher Traum sie jetzt heimsuchen wird, kommt das Grauen über sie. Das Knarren schwillt an, besteht nicht unmittelbar aus Tönen, vielmehr ist es ein dunkles schnarrendes Geräusch. Dieses ergreift Besitz von ihr, sitzt im Nacken, und jetzt kommt jener schrille, hohe Ton hinzu, jenseits des Hörbereichs des menschlichen Ohrs. In ihr ist er jedoch so gellend, dass sie noch während des Schlafes unter schmerzhafter Gebärde in der Nabelgegend das Gesicht verzieht. Ihr Nabel wölbt sich – so fühlt sie es – nach außen und wird zum Ohr. Gleichzeitig schwillt ihre Haut zum Hörorgan an, als säßen überall Ohren. Mit den Fußohren, mit den Handrückenohren, mit den Fingerkuppenohren, mit den Kopfhautohren, den Knieohren, ja mit den Achselhöhlenohren und den Fußsohlenohren, mit den Schienbeinohren und den großen Schenkelohren, den Brustohren und den Schulterblattohren, den Wirbelsäulenohren und den Lendenohren, mit allen Hautohren hört sie jenen unverwechselbaren Klang von Todesnähe. Dieser schwillt an, wird laut und gellt über jenes Bauchnabelgewölbegellen hinweg. Aus den Hautohren dringt Schweiß, der die Poren öffnet und die Geräusche ins Jenseits des Hörens befördert.

Sie muss die Ohren verschließen, stemmt ihren Bauch gegen die Matratze, den schmerzenden Bauchnabel in das Laken, wälzt sich schließlich umher, wälzt alle Ohren in die Kissen, wälzt den Nabel nach oben und unten, schlingt die Decke um den schmerzenden Leib, weiß nicht, welche Ohren sie mit den Händen zuhalten soll, hält die Decke und schreit endlich. Schreit so laut, wie sie kann, nur um das Gellen zu übertönen. Doch ihre Stimme ist zu leise, sie hört ihr eigenes Schreien nicht.

Allein Mama hört ihr Schreien, kommt herein, nimmt Stella in die Arme, fühlt ihre Nässe, riecht ihre Angst, weckt sie auf, hält sie, gibt ihr zu trinken, hält sie, redet leise auf sie ein, hält sie, streichelt leise die Ohrenkopfhaut, hält Schulterblattohren und das Gellen ebbt ab.

Stella möchte Mama erzählen, versucht es, stammelt, stammelt im Jenseits der Worte, im Jenseits der Ohren, findet dennoch Trost, erzählt und stammelt, wird getröstet. Mama legt sie vorsichtig wieder hin, deckt sie richtig zu, schüttelt die Kissen auf, geht wieder in ihr Bett, ist verschwunden. Stella bebt noch leise, findet aber Ruhe, findet den Mut, wieder einzuschlafen, schläft.

Stella träumt so, dass sie stets dasjenige fühlt und erlebt, was alle Personen in ihren Träumen fühlen und erleben. Es ist, als stünde sie in diesen Personen darinnen, als «verstünde» sie diese. Alles Geschehen, ja alle Personen wiederum sind von Klängen und Geräuschen umspielt.

Jede kleinste Kleinigkeit, ein Wortfetzen, ein Gesprächsteil, ein intensiver Eindruck im Tagesgeschehen, veranlasst Stella dazu, in sich die gewaltigsten Träume entstehen zu lassen. Alle getaucht in das Erlebnisbild, das Klangbild des anderen, der anderen.

Stella indessen kennt kein Leben ohne Träume, fürchtet sich nicht vor dem Einschlafen, schließlich ist da immer die Sache mit dem Fliegen. Die Träume gehören eben dazu wie ihre Ohren. Es ist, wie es ist, aber sie weiß es nicht wirklich.

Fragen über Fragen

Der Weg in den Kindergarten ist für Stella lang. In Wirklichkeit ist es nicht weit. Aber für ihre Kindergartenfüße fühlt es sich sehr lang an. Wenn sie dann läuft, oft an der Hand des Papas, beginnt sie zu denken.

Ihr Zahn wackelt ziemlich, und sie greift ständig mit Zeigefinger und Daumen in den Mund, um daran zu ruckeln, zu rütteln, zu drehen. Sie kann es nicht ertragen, wenn ein Zahn locker ist, hat keine Ruhe, bis er sich endlich herausziehen lässt, wenn es auch wehtut. – Es ist, als sänge der lose Zahn ein aufdringliches Lied und wiederhole dies immer und immer wieder. Es wird lauter und immer lauter, stört sie beim Spielen, stört sie beim Denken.

So läuft sie also an Papas Hand, mit den Fingern im Mund, und denkt nach. Stella denkt überhaupt viel und lange nach, im Kindergarten und zu Hause, auf dem Kindergartenweg und im Wartezimmer beim Arzt. Es sind die Geräusche und Stimmen, die Gefühle und Töne, die Klänge und Stimmungen, die sie zum Denken bringen. Es ist ein Versuch zu denken, ein kleiner Kindergehirnversuch, all die Dinge irgendwie einzuordnen. Sie lebt manchmal so sehr in ihrer Gedanken- und Klangwelt, dass sie nicht merkt, wenn sie angesprochen wird. Deshalb necken sie die anderen Kinder häufig oder lachen über sie, was Stella unangenehm ist. Immer wieder bemächtigt sich ihrer das Gefühl, anders zu sein als die anderen Kinder, nicht dazuzugehören. Deshalb zieht sie sich immer häufiger in sich zurück, in ihr Spiel, ihre Gedankenklänge und in etwas, was offensichtlich nur zu ihr gehört und was sie sonst mit niemandem teilt. Dieses «Etwas» scheint nicht zu der Welt von Tisch und Stuhl zu gehören, weil es die anderen Leute nicht haben oder nicht kennen. Das hat sie bereits bemerkt.

Stella versucht, sich, so gut es geht, anzupassen, bei den Spielen der anderen Kinder mitzumachen, ja einfach dazuzugehören. Doch das gelingt ihr nur selten, und je älter sie wird, desto weniger findet sie Anschluss an ihre Altersgenossen. Immerhin hat sie so jemanden wie eine Freundin. Diese heißt Larissa und ist ein bisschen älter als sie selber. Larissa aber spielt nur mit Stella, wenn sie selber niemanden zum Spielen hat, und somit geschieht dies nicht oft. Stella ihrerseits ist ja im Kindergarten auch mit Hören beschäftigt; nicht nur Hören nach Antonia oder Kevin oder Tante Berta oder irgendwelchem anderen Krach. Sie hört auch in sich hinein – eben in dieses Etwas, das so unergründlich ist, so anders.

An jenem Tag auf dem Weg in den Kindergarten fragt sie sich jedenfalls: «Was ist, wenn nicht jeder diesen Stein so sieht wie ich; wenn für jemand die Farbe Grau etwas anderes ist als für mich? Wenn überhaupt alles anders ist für andere Menschen als für mich?» Dann würde sie sich mit anderen Menschen unterhalten und Wörter benützen, die zwar der andere kennt, aber damit keineswegs das Gleiche meint, höchstens Ähnliches, da er die Dinge anders sähe als sie selber ...

Fragen sind bohrende kleine Wesen, die plötzlich da sind, an ihr zupfen, sie stoßen, ihr keine Ruhe mehr lassen wollen. Je mehr Stellas Denken ihr ins Bewusstsein rückt, desto mehr von diesen «Frage-Wesen» zupfen an ihr. Die Frage, ob alle Menschen die Dinge gleich sehen, ob für alle Menschen ein grauer Stein auf die gleiche Weise grau ist wie für sie selber, beginnt sie immer wieder zu treten, anzustupsen, zu bedrängen. Sie beschließt, Papa zu fragen.

«Papa!?», setzt sie langsam an.

«Ja?», meint dieser.

«Was ist, wenn jeder den Stein anders sieht als ich, weil er andere Augen hat?»

«Dann sieht er ihn eben ein bisschen anders», meint der Papa ruhig.

«Aber dann könnten wir uns gar nicht über dieselbe Sache unterhalten, weil wir beide dieselbe Sache anders sehen!», beharrt Stella.

«Das ist richtig!»

«Wie siehst du den Stein?» Sie hat in der Zwischenzeit ein kleines graues Steinchen aufgehoben und hält es im Gehen dem Papa unter die Nase.

«Nun, er ist grau und klein!»

«Wie grau?», will Stella wissen.

«Nicht hellgrau und nicht dunkelgrau, einfach grau», meint der Papa.

Ja, so sieht ihn Stella auch. Vielleicht hat sie doch unrecht, und alle Menschen sehen die Dinge gleich. Sie verstummt, und es erwacht die unbewusste Sehnsucht in ihr, dies zu erlauschen. Jedes Kind im Kindergarten hört sich anders an, riecht anders, sieht wahrscheinlich auch anders. Doch zunächst bleiben Stellas Empfindungen eben Empfindungen, und sie kommt zu keinen Schlüssen.

Eine andere Frage, die an Stella zupft, ist die Ungewissheit, was über dem blauen Himmel ist. Zuerst die Erde, auf der sie steht, darüber die Luft, darüber die Wolken und darüber der blaue Himmel. Was kommt dann? Es ist so ein schwindelerregendes Gefühl, darüber nachzudenken. Es ist, als verließe man etwas, spränge durch etwas hindurch und fiele.

Ähnliches erlebt sie, wenn sie sich die Frage stellt:

«Was ist, wenn alle Menschen auf der Erde sterben würden, wenn alle so alt wären, dass sie sterben und das immer weiter und immer fort und immerzu? Was kommt dann?»

Sie denkt, dass dann vielleicht irgendwann keine Menschen mehr kommen, irgendwann … und dann setzt das Denken bei Stella aus, und sie lächelt in sich hinein, weil sie wieder durch dieses «Etwas» hindurchgesprungen ist. Sie befindet sich ganz und gar in dem «Was wäre dann ...» und «Wenn, weil» und «Kann nicht, weil nicht» ... Aber was, wenn die Wörter, die sie benützt, in Wirklichkeit andere Wörter sein würden, dann wäre eine andere Sprache, und wenn eine andere Sprache, dann welche Sprache, und wie würde sie sich anhören? Was, wenn «Sonne» nicht «Sonne» heißen würde, sondern das Wort anders klänge?

Stille, Schwindel, Lächeln, Wohlgefühl tief drinnen. Sie ahnt, dass nach dem «Hindurchspringen» das «Schweben» kommen könnte, denn wenn nichts wäre, wie es ist, dann wären auch ihre Beine nicht, ihre Arme, Hände, dann könnte «Fliegen» sein ...

Die Menschen in Stellas Umwelt machen sich kaum Gedanken über ihre Fragen, weil sie sich immer schnell mit den Antworten zufrieden geben. Schließlich fragt jedes Kind viel, das ist nichts Außergewöhnliches, nichts, worüber man sich Sorgen machen müsste. So geschieht es, dass dieses «Innendrin-Hindurchspringen» mit dem Schwindelgefühl für Stella normal ist und die anderen keine Notiz davon nehmen. Es macht ihr nichts aus, wenn jeder das Steinchen anders sieht, das Rumpelstilzchen anders hört, anders spielt, ja anders ist ... Stella gewöhnt sich daran und geht in sich, in ihrer Welt, mit diesem «Rumpelstilzchen», mit dem «Springen» und «Fliegen» um.

Sommerurlaub am Meer

Stellas Familie macht alljährlich einen Sommerurlaub. Diesmal soll es ans Meer gehen. Stella ist aufgeregt. Reisen ist etwas Wunderbares und Außergewöhnliches. Das Auto wird gepackt, es ist warm, der Himmel fast blau, und es geht bald los. Im Auto muss sie lange stillsitzen, was Stella keine Schwierigkeit bereitet. Zwar zankt sie sich manchmal mit den Geschwistern, die sich langweilen, aber das kann ihre Vorfreude auf das Neue nicht trüben.

Sie sind bereits eine Weile gefahren, Stella kommt zur Ruhe und sieht hinaus, sieht die anderen Autos vorbeiziehen, winkt den Fahrern, die manchmal zurückwinken. Dann legt sie den Kopf in den Nacken und schaut in die Wolken. Das ist eines ihrer Lieblingsspiele. Sie schaut so lange auf eine Wolke, bis sie etwas in ihr sieht; ein Tier oder einen Drachen, einen Riesen oder Zwerge, Elfen, Menschen, Gesichter. Wenn sie großes Glück hat, bewegen sich die Gebilde sogar.

Diesmal ist es das Gesicht eines Riesen. Er hat grauweiße Haare, die ihm in Fetzen um den Kopf hängen. Die Augen bestehen aus einem blauen Loch und einem dunklen, punktartigen Etwas, das immer größer zu werden scheint. Der Mund ist das Eindrucksvollste. Ein richtig dunkelgraues Stück Wolke, dick und wattig, aber scharf umgrenzt von einem hellen Rand. Mitten im Mund ein Loch, aus dem Licht quillt. Stella ist fasziniert. Sie tauft den Riesen «Omba». Ombas Mund wird größer und sieht aus, als spräche er zu ihr. Sie stellt sich vor, was er gerade sagen könnte:

«Stella, schau mich an, hier wohne ich in den Wolken, ein Wolkenriese. Hier ist mein Schloss. Sieh nur die Mauern um mich herum. Ich komme nur sehr selten hervor. Du hast großes Glück, dass Du mich sehen kannst ...»

Stella ist der Unterkiefer heruntergeklappt. Sie stößt ihre Schwester an.

«Schnell, guck raus, hier, da ist Omba, ein Wolkenriese.»

Anna – so heißt die Schwester – lehnt sich zu Stella hinüber, schaut nach oben, aber kann nichts erkennen.

«Doch, du musst hier gucken», Stella deutet nach oben und kann gar nicht glauben, dass Anna den Riesen nicht sehen kann. Inzwischen hat er seinen Mund weiter aufgerissen, das eine Auge ist ihm zerfetzt worden. Er schreit. Stella presst die Hände vor den Mund. Durch den Wind und die Geschwindigkeit des fahrenden Autos erscheinen Ombas Bewegungen sehr stark ausgeprägt und verhältnismäßig rasch. Also wogen ihm die Haare nur so um den Kopf, wirres, weißes, graues Etwas, das eine Auge, das ihm noch geblieben ist, glotzt wild auf sie herunter. Schon ist sie im Begriff, Angst vor dem immer lauter anschwellenden Geschrei von Omba zu bekommen, da wird er endgültig auseinandergefetzt. Stella sinkt in den Sitz zurück, die Hände gleiten vom Mund in den Schoß.

«Na, ist dein Omba jetzt kaputt?», spottet Anna.

Stella weiß nicht, was sie darauf sagen soll, schließlich hat Anna ihn gar nicht gesehen, geschweige denn gehört. Also zuckt sie nur mit den Schultern und bleibt stumm.

Nach der anstrengenden Reise kommen sie im Ferienhaus an. Wie aufregend auch alles ist, Stella schläft bald ein. Sogar hier in der Fremde schläft sie ein wie zu Hause. – Und wieder das Fliegen bis in die Musik. –

Am nächsten Tag machen sie sich auf den Weg zum Meer. Der Wind hat aufgefrischt, die Wolken sind zahlreicher geworden. Bald kommen sie an den Sandstrand. Noch nie hat Stella einen derartig großen Strand gesehen. Da liegt Sand, soweit das Auge reicht. Unendliche Möglichkeiten zum Spielen. Unter ihren nackten Fußsohlen finden sich Muscheln und Steinchen. Sie kauert sich nieder, will spielen, Steinchen zu Püppchen, will den Sand in der Hand singen lassen. Aber sie gehen noch weiter auf dem Sand. Wie weich das ist, wie herrlich unter der Fußsohle. Eigentlich möchte sich Stella da hineinwerfen, wälzen, eingraben, aber sie kommen jetzt dem

Meer immer näher. Sie hat es schon die ganze Zeit rauschen hören. Jetzt wird das Rauschen lauter und lauter, die Luft schmeckt salzig, und dann steht sie unmittelbar vor der Brandung.

So etwas Wundervolles hat Stella noch nie gesehen. Sie steht wie angewurzelt, die Ohren gleiten zum Wasser. Nass in nass, schäumend, tobend – und sie lächelt. Es ist so unendlich wie dieses «Hindurchspringen». Da kommt ein Wellenhügel, kommt langsam übers Wasser daher, majestätisch, dunkel, immer näher und noch ein bisschen näher. Bucklig und kühl ruht er auf dem Wasser, liegt wie ein Riese da, der sich ans Ufer herantastet. Dann noch ein Stückchen näher und wieder ein Stückchen. Jetzt passiert es. Er ruht nicht mehr auf dem Wasser, denn das ist jetzt fort. Anstelle des Wassers dehnt sich das Ufer mit dem weichen Sand, der hier so glatt aussieht, beinahe wie ein Spiegel. Der Riese wölbt sich, krümmt sich in sich selber zusammen und schlägt tosend auf den Ufersand auf. Stella zuckt zusammen. Er ist zerschellt, hat sich in unendlich viele kleine Tröpfchen aufgelöst. Dann kommt alles an dem Riesen zur Ruhe, und er zieht sich langsam in das Ganze zurück, verschwindet unter einer nächsten Welle. Stellas Ohren sind da mittendrin. Sie ist bei den Steinen und Steinchen, die klackernd und kullernd mit der Welle über den Sand streichen. –

Natürlich sieht sie viele Wellen; so viele, wie eben über ein Ufer hinwegschlagen. Aber sie hört stets auf eine einzelne, beobachtet sie, bis sie verschwindet, keine Welle mehr ist, sondern nur noch Schaum. «Komm», hört sie wie von fern her die Stimme ihrer Mutter, «wir können da barfuß hineinlaufen.» Sie nimmt Stella bei der Hand und beide gehen über den feuchten Sand, bis sie zur Gischt kommen. Mama geht durch den weißen Schaum, über die Steine und Steinchen hinweg.

Stella geht hinter ihr her, bleibt aber bald wieder stehen. Es ist zu gewaltig, sie muss stehen und schauen, lässt ihre Ohren in den Wellen. Sie entdeckt einen weiteren liegenden Riesen und merkt nicht, dass sie zu dicht am Wasser steht, schreckt jäh auf, als ihr die Welle bis über die Knie spritzt. Mama lacht, aber Stella springt zurück, weicht dem Wasser aus, setzt sich in den Sand und schaut. Selber wird sie Wasser, wirbelt mit Steinchen und Gischt und Muscheln, krümmt sich in sich selber, schlägt auf den Sand, zerstäubt, zieht ihre Reste ins Wasser zurück, ist bei «Steinchenklirren» und «Muscheln berühren Steinchen», ist Schaum, ist liegender Riese, bewegt sich hoch und runter, mitten durch, überschlägt sich, zerstäubt ... Sie sieht nicht Mama, die schöne Muscheln sammelt und bunte Steine aufhebt. Sie sieht nur das Wasser, und es ist so gewaltig, dass sie nicht merkt, wie ihr übel wird. Stella fühlt sich wie eines der Sandkörner, und da vor ihr ist das Eigentliche, die Hauptsache, das Wasser, das Wasser und das Wasser. Sie verliert sich und kann ihre Ohren nicht mehr finden, ist selber Wasser, obwohl sie noch am Ufer sitzt. Mama kommt zu ihr, nimmt sie bei der Hand.

«Komm, lass uns zu den anderen gehen.» Nur von weit, weit her hört Stella die Stimme, rappelt sich hoch und steht. Jetzt merkt sie selber, dass ihr übel ist. Nach wenigen Schritten verspürt sie den Drang, sich zu übergeben. Der gesamte Mageninhalt entleert sich über Sand, Steine und Steinchen, Muscheln und eingesickerte Gischt. Danach fühlt sich Stella wieder besser.

Mama ist bekümmert, sorgt sich um Stella. Sie ist so oft krank. Warum gerade jetzt, warum gerade wieder in diesem Urlaub, wo sie doch selber einmal gerne Steine und Steinchen und Muscheln gesammelt hätte. Sie weiß nicht, dass Stella nicht krank ist, sondern dass der Eindruck des Meeres Stellas

Magen ausgehöhlt hat. Der Magen hat sich überschlagen, in sich zusammengekrümmt, bis Steine und Steinchen gekullert und auf Steine und Steinchen geglitten sind.

Stella ist krank

Stella geht es schlecht. Sie ist inzwischen im Ferienhaus, liegt in einem Bett und muss sich immer wieder übergeben. Jeden Tag geht ihre Familie an den Strand. Sie sieht, wie sie Badesachen, Sonnencreme, Schaufeln, Drachen und vieles mehr einpacken. Eigentlich würde sie gerne mitgehen, aber sie fühlt sich schwach, darf nur Salzstangen und Kamillentee zu sich nehmen. Wenn alle weg sind, liegt sie in ihrem Bett. Papa ist dageblieben. Er setzt sich in einen Sessel und liest, nachdem er sich vergewissert hat, dass Stella alles hat, was sie braucht.

Stellas kleine Puppenstubenpuppen sind bei ihr im Bett. Aus der Bettdecke baut sie ihnen eine Höhle, spielt, dass sie alle zusammen zum Meer gehen. Dort am Puppenmeer ist es ebenso wie am echten Meer. Die Puppen sitzen zuerst lange am Strand und sehen den Wellen zu. Sie sitzen nebeneinander auf einer «Bettdeckendüne» und unterhalten sich nicht. Der Wind bläst ihnen die Haare um den Kopf, die Kinder haben Sonnenhüte, die mit einem Gummi unter dem Kinn festgemacht werden. Stella ist ein Puppenmädchen mit hellblonden Haaren.

Sie spielt, dass sie das Wasser hört, ihre Ohren hineinlegt, selber zur Welle wird, umschlägt, zerschellt, klirrend Steine und Steinchen bewegt, sich mit Gurgeln zurückzieht und dann wieder zu einer Welle formt und sich auftürmt, immer höher und höher, einen Kamm bildet, eine Schaumkrone, und rund, rund, rund gleich einer Schneckenbewegung in sich selber zusammenbricht. Tosen, Gischt schäumt auf, Steine und Steinchen. Stella merkt nicht, wie ihr wieder übel wird, erst als sie würgen muss und Papa mit dem Eimer herbeispringt, kommt sie zu sich.

Dann schläft Stella ein. Es ist ihr Einschlafen. Da sind diese hohen, beinahe haushohen, schmalen Pfosten, die auf einer Wiese stehen. Stella gleitet auf einen von ihnen hinauf und stößt sich ab, um auf den nächsten Pflock zu gelangen, nur mit einem Fuß, ja nur mit der Zehe von einem Fuß, um sich dann wieder abzustoßen und erneut zu berühren, bis sie irgendwann keine Pflöcke mehr berührt, sondern immer weiter und weiter fliegt. Hinauf zum Licht und zur Musik – und dann weiß sie nichts mehr, dann ist sie fest, fest eingeschlafen.

Als sie wieder aufwacht, ist es Mittag. Die Sonne scheint in das Häuschen und es sieht alles so warm und gemütlich aus. Sie zwinkert, richtet sich auf, macht sich klar, wo sie ist. Papa hat sich auf die Terrasse in die Sonne gesetzt. Sie will zu ihm und steht auf. Aber sie ist sehr schwach und muss sich aufstützen. Nach einem kurzen Schwindelanfall gelangt sie endlich zu ihm, lächelt, als er sie ansieht. Papa holt ihr einen Liegestuhl, auf den sie sich legt, und bringt Kamillentee mit Salzstangen. Es schmeckt gut.

«Soll ich dir ein Märchen vorlesen?», fragt Papa.

«Au ja», meint Stella begeistert. Papa setzt die Sonnenbrille auf – das hat er noch nie gemacht beim Märchenlesen.

«Welches möchtest du denn gerne hören?»

Stella will gerade «das ‹Rumpelstilzchen›» sagen, als sie es sich doch anders überlegt. Nein, das «Rumpelstilzchen» gehört nach Zuhause hin, hier passt ein anderes. Aber welches dann? Vielleicht «Brüderchen und Schwesterchen»? Oder «Die Goldkinder»? Nein, das sind auch Zuhause-Märchen, keine Sonnenbrillen-Wellen-Meeres-Märchen. Papa merkt ihre Unschlüssigkeit und schlägt vor, das Inhaltsverzeichnis zu lesen. Stella ist begeistert.

«Einäuglein, Zweiäuglein und Dreiäuglein»? Stella schüttelt den Kopf. «Fitchers Vogel»? Papa sieht zu ihr, aber sie verneint wieder. «Frau Holle?»

«Ja, das!», meint Stella. Zwar kennt sie es auch schon, aber die Vorstellung vom Goldregen unter dem Tor macht sie so neugierig auf die Geschichte, dass sie sich gleich dafür entscheidet. Entspannt lässt sie sich auf die Liege zurückfallen und kann in die Wolken sehen. Die ziehen in weißen, wattigen Ballen über den Himmel.

«Also», meint Papa und beginnt: «‹Eine Witwe hatte zwei Töchter, davon war die eine schön und fleißig, die andere hässlich und faul. Sie hatte aber die hässliche und faule, weil sie ihre rechte Tochter war, viel lieber, und die andere musste alle Arbeit tun und der Aschenputtel im Hause sein …›» Stella schaut in die Wolken und stellt sich dabei vor, wie die hässliche Tochter aussieht. Die knubbelige Nase mitten im Gesicht, darunter ein riesiger Mund. Die Zähne stehen schief, sind gelb, die Haare von stumpfer Farbe und ungekämmt, die Augen klein und gehässig. Natürlich denkt sich Stella nicht alles so aus. Die Hässliche erscheint einfach in ihrer Fantasie. Ihr folgt bald die Fleißige mit langen, glänzenden Haaren, großen, blauen Augen, einer feinen Nase und weißen, geraden Zähnen.

Stella vergisst, wo sie sich befindet und dass sie krank ist, sie verbündet sich mit der fleißigen Tochter, und ihre Ohren sind ganz im Märchen, hören nicht die Grillen zirpen, nicht das Meeresrauschen in der Ferne.

«‹Sie schalt es aber so heftig und war so unbarmherzig, dass sie sprach: „Hast du die Spule hinunterfallen lassen, so hol sie auch wieder herauf.“ Da ging das Mädchen zu dem Brunnen zurück und wusste nicht, was es anfangen sollte; und in seiner Herzensangst sprang es in den Brunnen hinein, um die Spule zu holen …›»

Bei diesen Worten zuckt Stella zusammen, aber sie springt mit, verliert die Besinnung, wacht mit auf und ist auch auf der wunderschönen Wiese. Ja, natürlich holt sie das Brot heraus, erntet die Äpfel und hilft Frau Holle.

Mittlerweile zerstreuen sich die Wolken am Himmel, und Stella stellt sich vor, sie sei im Himmel bei Frau Holle und schüttle jetzt die Betten, dann legt sie die Ohren in die Wolken und fällt langsam mit den Schneeflocken zur Erde nieder. Sie kommt wieder zu sich, als die Hässliche und Faule sich die Finger an den Dornen blutig stößt.

«‹Das Pech aber blieb fest an ihr hängen und wollte, solange sie lebte, nicht abgehen.›» Wie zufrieden Stella ist, als diese dann mit dem ganzen Pech so schwarz und schwarz und schwarz wieder nach Hause kommt!

Die Tage gehen dahin, und Stella träumt in ihrem Bett, spielt manchmal mit ihren Püppchen, darf auf die Veranda in den Liegestuhl und hin und wieder ein bisschen aufbleiben. Sie fühlt sich schwach, kann wenig Nahrung vertragen, und ihr Zustand verbessert sich nur langsam. Ganz allmählich kommt sie wieder ein wenig zu Kräften, fühlt den warmen Sand unter den Füßen, wenn sie hinausgeht. Nur selten wandern ihre Gedanken zu dem bevorstehenden Schulanfang. Das ist weit, weit weg. Dennoch rückt der Tag näher, die Ferien gehen zu Ende. Stella ist wieder zu Hause, noch immer dünn.

Der Schulbeginn

Stella ist schön angezogen. Sie trägt ein rot-weißes Dirndlkleid mit gestärkter Schürze, weiße Strumpfhosen, und ihre kleinen Füße stecken in frisch geputzten Sandalen. Ihre hellbraunen Haare sind in zwei dünne Zöpfe geflochten. Sie ist nicht besonders groß, zählt eher zu den kleinen Kindern in ihrem Alter. Sie wirkt zart und grazil, hüpft von einem Bein auf das andere und ist jetzt aufgeregt. Nun bekommt sie ihren neuen orangeroten Schulranzen. Es ist so weit.

Als sie sich der Schule nähert, bemerkt sie sehr viele Menschen, vor allem Kinder mit ihren Eltern, auch Lehrer. Es ist laut, Kinder rufen durcheinander, manche Erwachsene schimpfen oder lachen laut. Von überallher kommen Stimmen und Geräusche. Mit Mama geht Stella in einen Saal. Endlich ist Ruhe, dicht gedrängt sitzen Kinder, Mamas, Papas, Tanten, Omas und viele, viele andere. Es ist heiß, und Stella hört jetzt ihr Herz pochen. Poch-poch, Poch-poch, Poch-poch ... Sie macht sich Sorgen, dass es jemand hören könnte, so laut scheint es ihr zu sein. Ihre feuchten Hände wühlen sich unter ihrer Schürze ins Kleid. Dann hört sie ihren Namen rufen, steht auf, kämpft sich zwischen den Sitzenden hindurch und darf ihren Lehrer begrüßen. Anschließend stellt sie sich zu den anderen Kindern in die Reihe und hält die Hand eines Jungen in der ihren, der fast einen Kopf größer ist als sie. Jetzt sind alle Kinder aufgerufen, und nach einigen Festlichkeiten gehen sie in einer langen Schlange in ihr Klassenzimmer. Stella sitzt irgendwo mittendrin neben einem Jungen und beobachtet mit großen Augen den Lehrer, der sich bemüht, dass alle Kinder einen Platz finden.

Der Lehrer erzählt ein Märchen. Wie wohl das tut, ganz zu versinken, die Ohren in der Erzählung ruhen zu lassen, nicht mehr diese ganze Aufregung der anderen Kinder, das «Poch-poch» ihrer Herzen und die Angst hören zu müssen. Sie wird still, sitzt aufrecht auf ihrem Stuhl und schaut gebannt auf den Erzähler.

Plötzlich ist das Märchen aus. Sie erschrickt, merkt, wo sie ist, wieder beginnt das «Poch-poch», und dann liegt plötzlich ein wunderschönes, gelbes Heft vor ihr auf dem Tisch. Sie streicht leicht mit der Handfläche darüber, es fühlt sich glatt und neu an, tönt leise und klar. Die anderen Kinder schlagen es gleich auf, und ein lautes Rascheln dringt zu ihr. Sie selber lässt es noch zu, schaut es an, freut sich, ist stolz auf ihr Heft. Plötzlich greift ihr Tischnachbar herüber und schlägt es ihr auf. Stella ist erschrocken, sagt aber nichts, denn schon kommt der Lehrer wieder herum und verteilt wundervolle neue Farbstifte, mit denen die Kinder dann eine Szene aus dem Märchen wiedergeben sollen. Stella sieht sich außerstande, ein Bild zu malen, da ist zu viel Geraschel, zu viel Gewisper, zu viel Neues, zu viele Gerüche. Sie sieht einfach auf ihr leeres Blatt und hört ihrem «Poch-poch» zu. Der Lehrer kommt vorbei und fordert sie auf zu beginnen. Sie schaut schnell auf das Blatt ihres Tischnachbarn und malt dessen Bild geschickt ab. Der merkt es nicht einmal, und Stella ist sehr erleichtert. Endlich ist die Unterrichtsstunde zu Ende.

Ein unglaubliches Gedrängel entsteht, Lärm, Gerenne, Lachen und aufgeregtes Rufen. Sie bleibt sitzen, denkt, dass sie hier zunächst am sichersten ist. Es wird stiller in der Klasse, und nun geht auch sie dem Ausgang zu. Weit hinten, außerhalb ihrer Klasse, sieht sie Mama stehen und auf sie warten. Doch wie dort hinkommen? Der Lehrer, der an der Tür steht und sich von den Kindern verabschiedet, nimmt ihre Hand und sagt: «Auf Wiedersehen.» Stella ist erschrocken, will eigentlich zu Mama und bringt kein Wort heraus. Der Lehrer lässt ihre Hand nicht los: «Willst du mir nicht auf Wiedersehen sagen?» Stella errötet und bringt schließlich ein gepiepstes «Wiedersehen» heraus.

Jetzt hat sie das Klassenzimmer verlassen, aber Mama ist weg. Ziellos wandert sie zwischen den vielen Menschen herum, betäubt vom Stimmengewirr und ohne jede Orientierung. Sie sieht nur Kinder und riesengroße Erwachsene, die dort stehen, miteinander sprechen oder einfach nur laut sind. Sie hört ihr «Poch-poch» bis zum Hals hinauf, ja beinahe bis in den Kopf und ist schließlich den Tränen nahe.

Endlich, endlich – es scheint eine Ewigkeit gedauert zu haben – nimmt sie jemand bei der Hand. Es ist Mama. Welche Erleichterung, welches Glück, dass Mama sie hier gefunden hat! Es erscheint ihr ein Rätsel, wie Mama sie hier finden konnte, aber Mama hat sie bisher immer gefunden.

Erschöpft und müde kommt sie mit Mama nach Hause. Wie schön ist es doch zu Hause, wie still, wie kühl, wie gut! Es riecht gut und es hört sich gut an, und Mama macht das Essen. Stella holt ihre Malsachen und malt ein richtiges Bild von dem Märchen, einen richtigen «Eisenhans» und die goldene Kugel und die Prinzessin, und dann ist sie fertig und schenkt Mama das Bild.

Natürlich geht Stella am folgenden Tag wieder in die Schule. Sie weiß nun schon, wie laut es ist, dass viele Menschen dort sein werden, und das «Poch-poch» ist längst nicht mehr so schlimm wie am Vortag. Es pocht nur noch ein wenig in der Herzgegend, nicht aber bis zum Hals hinauf. Papa bringt sie zusammen mit Anna in die Schule. Anna kennt sich schon aus und geht alleine in ihr Klassenzimmer. Stella wird gebracht. Sie freut sich, den Lehrer zu sehen, und hofft, dass er wieder etwas erzählt.

Doch zunächst muss sie ihren Platz finden. Ihre einzige Erinnerung besteht darin, dass sie irgendwo mittendrin gesessen hat. Beschämt bleibt sie vor den Stuhlmassen stehen, bis der Lehrer ihr hilft. Nach und nach kommen alle Kinder, und Stella wartet die ganze Unterrichtsstunde auf die Erzählung. Endlich ist es so weit.

Sie taucht in eine andere Welt hinein, vergisst, wo sie ist, vergisst den Klassenraum, die Schule, ja sich selber, legt die Ohren weit fort. Das Märchen ist zu Ende, aber Stella ist noch immer weit fort, mit den Zwergen, ist einer von ihnen, klein, bucklig mit Zipfelmütze, wohnt im Berg. Aus weiter Ferne hört sie ihren Namen rufen:

«Stella, willst du nicht in die Pause gehen?» Sie rührt sich vorsichtig, kommt wieder in die Schule, ins Klassenzimmer, auf ihren Platz zurück, schaut auf. Verwundert blickt sie um sich, merkt, dass inzwischen alle Kinder draußen sind, und erhebt sich langsam, um den anderen zu folgen.

Kimoto

Stella ist erst drei Wochen in der Schule, dann bekommt sie Windpocken. Nun, krank sein ist sie sich gewöhnt. Es ist nicht schlimm, zu Hause zu sein und Fieber zu haben. Sie liegt in ihrem Bett, zu schwach, um zu spielen, und nicht in der Lage zu schlafen, da die Pusteln so unendlich jucken, und sie soll ja nicht kratzen. Sie liegt mit offenen Augen im Bett und starrt an die weiße Tapete. Draußen hat schon die Dämmerung eingesetzt, und es bilden sich Schatten, Schattierungen und Grautöne auf der Wand.

Sie hat Fieber, und ihr ganzer Körper ist mit Pusteln bedeckt. Sogar zwischen den Fußzehen kribbeln und krabbeln sie. Dem Weinen nahe, entdeckt sie durch die Unebenheiten der Wände, dass es dort lebendig wird. Sofort taucht sie unter; sie taucht zwischen, unter, neben und in die Tapete, entdeckt Tiere, Menschen, Pflanzen darin. Jede Schattierung, jeder Grauton birgt etwas in sich, hat etwas in sich selbst versteckt.

Sie entdeckt einen kleinen Jungen mit ziemlich langen Haaren und geht in kniehohem Gras. Sie denkt es sich grün. Sie malt alles wunderschön an. Es wird bunt, es wird ganz, es wird Wirklichkeit. Der Junge heißt Kimoto, hat braune Haut, spielt mit den Schmetterlingen. Weiter drüben steht das Haus seiner Familie, klein, aber hübsch, mit Grün umwachsen. Stella malt die Tapete weiter an, malt alles, was sie sieht, farbig, lässt es sich bewegen, benennt es, ist dabei. Kimoto ist ihr Freund, und bald werden sie zusammen spielen. Jetzt hört sie das Rascheln im Gras, ein leises Rauschen des Windes.

«Hallo», sagt sie zu Kimoto.

«Hallo, wer bist du?»

«Ich bin Stella.»

«Hallo, Stella, was machst du hier?»

«Ich komme dich besuchen.»

«Woher kommst du?»

«Ich komm von dort drüben», und sie deutet nach hinten.

«Ach, hab dich noch nie hier gesehen, aber das macht nichts, komm nur und schau, was ich mache.»

Stella beobachtet alles. Kimoto rennt durch das Gras und versucht, Schmetterlinge zu fangen. Er kann so schnell rennen, dass sie selber sicher niemals Schritt halten könnte. Außerdem ist er viel größer und sicher auch älter als sie. Dennoch sieht sie ihm staunend zu.

«Komm», meint er aus der Ferne, «komm mit.»

«Ich kann nicht so schnell», meint sie laut, damit er es auf jeden Fall hört.

«Doch, du musst einfach nur schnell rennen, dann geht es wie von selber.» Stella versucht es. Stimmt, es geht. Sie rennt so schnell wie noch nie in ihrem Leben zuvor.

«Na, siehst du!» Stella rennt und rennt, weil es so ungewöhnlich ist, so schnell zu rennen, durch das kniehohe Gras, als gleite man gewissermaßen dahin. Sie fühlt kein Jucken mehr, keine krabbelnden Fußzehen, keine Hitze. Durch die schnelle Bewegung kühlt ein leichter Wind unablässig ihr Gesicht.

«Komm, schneller», sagt Kimoto, und Stella rennt noch schneller. Es ist fast wie fliegen, denkt sie. Ihre Haare sind offen und flattern ihr über die Schultern. Sie lacht ein helles, frohes Lachen, das sich mit dem Wind und dem Grasgeraschel vermischt. Sie hört sich selber lachen und dieses «Lachgemisch» ist wie Musik, ein wenig Trommelschlag, ein wenig Harfe und Flöte und noch viele andere Instrumente. Sie rennt und rennt. Kimoto ruft ihr zu: «Jetzt auf, in den Sonnenuntergang!»

Die Tapete ist in rötliche Farben getaucht, die vom Fenster herein scheinen, und Stella rennt Kimoto hinterher. Jetzt springt sie mitten hinein. Hier ist es rot, gelb, blau, lila, violett, rosa, alles zusammen und doch alles unvermischt. Jede Farbe hat ihren Klang, und sie lauscht beim Rennen in diesen Ton. Es ist der Ton der untergehenden Sonne, so weise, so alt, so groß. Dies ist mit keinem Instrumentenklang vergleichbar. Das gibt es nicht in ihrem Bett. Das gibt es nur bei Kimoto und der untergehenden Sonne. Stella merkt nicht, dass sie längst nicht mehr rennt, sondern schnell und geschickt fliegt, in diesen Sonnenton hinein. Sie merkt auch nicht, dass sie fest einschläft. Alles hat sie zurückgelassen; das Jucken, das Fieber, das ganze Elend. Jetzt ist sie zwischen, neben und in die Tapete, zwischen, neben und in die Sonne geflogen, in den Schlaf hinein …

Frau Dare, die Babysitterin

Mama und Papa gehen abends oft aus dem Haus. Sie besuchen Konzerte, treffen sich mit Freunden, und Papa geht auch manchmal zum Musizieren. Also kommt ein Babysitter an jenen Abenden ins Haus und passt auf die Kinder auf. Oft ist es Frau Dare. Sie ist schon alt, und Runzeln bedecken ihr spitzes Gesicht. Sie hört sich sehr, sehr streng an. Nicht nur zu den Kindern, sondern auch zu sich selber. Durch strengste Selbstzucht ist sie zu dem Menschen geworden, der sie ist. Sie hat sich ganz und gar diszipliniert, leidet unter keinen Gelüsten mehr. Ihr Äußeres ist nahezu asketisch. Der Kopf ist spitz bis in die Nasenspitze, die Augen klar, blau, aber etwas kalt. Meist trägt sie dunkle Kleidung. Stella hat immer ein wenig zu viel Respekt vor ihr; eine Art Scheu, die mit Ängstlichkeit vermischt ist. Sie hört, wie Frau Dare auch an jenem Abend den Bruder zur Stille anhält, dabei hat er nur lautstark mit seinen Autos gespielt. Sie kann Lärm nicht gut ertragen.

Wenn die Kinder laut sind, hört Stella, dass Frau Dares Oberkörper sich zusammenzieht, als sei eine Zitrone dort hineingeraten. Es ist ein Geräusch wie überschrilles Heuschreckengeschrei. Es wird dann immer höher und höher und immer schriller und schriller. Stella warnt gewöhnlich die Geschwister, wenn sie das hört, denn sie weiß mit Sicherheit, dass Frau Dare in den nächsten Sekunden ein ohrenbetäubendes Donnerwetter loslässt. Das geschieht, damit Frau Dare Atem holen kann und ihre Brust wieder weiter wird. Sind die Kinder aber rechtzeitig leiser, dehnt sich das Heuschreckengeschrei nach allen Richtungen aus und verflüchtigt sich schließlich im Raum, in der Wohnung, von wo es aus allen Ritzen und Schlitzen den Weg nach draußen findet. Drinnen aber ist die Harmonie wiederhergestellt.

Stella hört aber nicht nur die Zitrone in Frau Dares Brustkorb, sondern auch unzählige andere Dinge in ihr. Frau Dare hat die Eigenschaft, sehr gerecht über alles zu urteilen oder aber erst gar nicht ein Urteil zu fällen. Das empfindet Stella als angenehm, und im Gegensatz zu ihren Geschwistern mag Stella Frau Dare trotz des Heuschreckengeschreis, das manchmal aus ihrem Brustkorb dringt. Außerdem ist da noch dieser Klang, der von ganz tief innen erklingt. Eine Art dunkler Akkord, der alles, was Frau Dare sonst noch von sich hören lässt, untermalt. Er ist geheimnisvoll und leise, dennoch vernehmlich.

Gerade an jenem Abend ist dieser Ton verstärkt zu hören. Stella weiß ihn zu deuten. Sie weiß, dass Frau Dare heute noch trauriger ist als sonst. Sie nimmt es wahr, wie andere Menschen wahrnehmen, dass Sterne am Himmel stehen. Stella empfindet Mitleid mit Frau Dare und fragt sich, warum sie wohl so traurig sei. Sie entschließt sich, ein Bild für sie zu malen, denn damit könnte sie ihr eventuell eine Freude bereiten und den dunklen Klang in ihr etwas auflösen oder leiser stimmen.

In Stella wohnt die Gabe, ihre Mitmenschen zu «stimmen». Wie ein Musiker die Saiten seines Instrumentes stimmt, damit es vollkommener klingt, so ist sie in der Lage, ihre Mitmenschen zu stimmen, umzustimmen, nicht zu bestimmen, sondern sie vollkommener in ihrem Klang zu machen.

Stella holt ihre Stifte und Papier und malt eine riesige gelbe Sonne über den gesamten Papierbogen, deren Strahlen bis an den Blattrand erglänzen. Die Sonne wird in einem starken Goldgelb ausgemalt, und die Strahlen verfeinern sich vom Sonnenrund ausgehend nach außen und hellen sich auf, so dass der gesamte Blattrand in zartem Zitronengelb erscheint. Frau Dare ist inzwischen in die Küche gegangen, um das

Abendbrot zu richten. Stella geht leise zu ihr und beobachtet sie beim Brotschneiden. Noch nie hat sie jemanden so gerade und akkurat Brot schneiden sehen. Sie schneidet so vorsichtig, dass sogar kaum Krümel daneben fallen.

Stella wartet an der Tür, da sie nicht wagt, das Schauspiel zu unterbrechen. Aber Frau Dare hat sie aus den Augenwinkeln gesehen und wendet sich um. Stella tritt herzu, hält ihr das Bild unter die Nase und sagt: «Für dich!»

Frau Dare legt das Brotmesser zur Seite und unterbricht ihre Arbeit.

«Oh, das ist aber schön!» Stellas Gesicht hellt sich auf. Es hellt sich nicht nur auf, weil sie gelobt wird, sondern weil sich der dunkle Klang in jenem Moment geradezu verflüchtigt und Frau Dare sich viel schöner anhört als jemals zuvor. Stella ist in Sorge, dass sich der schöne Klang wieder ändern könnte, und fügt schnell hinzu:

«Immer, wenn du traurig bist, musst du dir diese Sonne anschauen, ja?»

«Ja, das mache ich, Stella, danke!» Dann nimmt sie wieder das Brotmesser auf und schneidet weiter, als sei nichts gewesen. Stella aber ist zufrieden, weil ihr Plan geglückt ist, ja sogar besser geglückt, als sie erwartet hatte. Tatsächlich hört sich Frau Dare den ganzen Abend recht gut gestimmt an. Sie bekommt keine Zitronen in ihre Brust, und ihr – Stellas – Bild hat den dunklen Ton verwandelt.

Das «W»

In der Schule weiß Stella inzwischen, wo ihr Platz ist, sie weiß, wo sie ihre Mama findet, wenn sie abgeholt wird, und sie schafft es, rechtzeitig ihre Stifte und Hefte ein- und auszupacken sowie in die Pause zu gehen. Nur eines kann Stella nicht: Sie kann die Buchstaben nicht lernen. Es ist, als erzähle der Lehrer etwas völlig anderes, als was sie in den verschiedenen Lauten erlauscht.

Erst kürzlich hat die Klasse das «W» gelernt. Der Lehrer hat dazu eine Geschichte von dem Wasser und den Wellen erzählt. Danach hat er mit blauer Farbe in runder Form das «W» an die Tafel gemalt. Die Kinder sollten es abmalen. Stella schlägt ihr Heft auf, nimmt den blauen Stift und beginnt zu malen. Sie hört, wie sich in ihr alles zu bewegen beginnt. Die Wellenlinie auf dem Papier bekommt einen Rhythmus, leise und dennoch hörbar. Dazu diese schöne blaue Farbe und nicht zuletzt die Form. Sie liebt es, immer und immer wieder mit dem blauen Stift die Form nachzuzeichnen, in ihrem inneren Rhythmus. Es pocht und wässert in ihr, klingt und tönt, und sie ist ganz in diesem «W» geborgen, hat sich da hineinbegeben, ist selber «W». Es ist ein herrliches Gefühl und sie freut sich tief drinnen über diese Art starken Gleichmuts, der da tönt. Immer und immer wieder malt sie über ihr «W» im Heft, bis die runden Striche zu dicken Würsten werden und es kaum noch zu erkennen ist.

Dann beendet die Klasse das Zeichnen, und der Lehrer will von den Kindern wissen, welche Worte wohl mit diesem Buchstaben beginnen. Viele Kinder melden sich und sagen:

«Wasser», «Wald», «Wade», «Wicht» und so weiter. Doch Stella sucht fieberhaft nach Worten, die mit dem «W» beginnen. Aber sie kann keines finden. Sie hört nur den Rhythmus dieses Buchstabens, den Rhythmus seines wundersamen Klangs, wenn er gesprochen wird. Es tönt wie ein rhythmischer Hauch. Genau das ist es. Ja. Ein rhythmischer Hauch. Sie ist glücklich, dass es ihr eingefallen ist, und sie meldet sich. Der Lehrer ruft sie auf, und sie sagt laut und stolz: «Rhythmischer Hauch!» Die Klasse bricht augenblicklich in ein schallendes Gelächter aus. Allein der Lehrer bleibt ernst, und Stella hört seine Ratlosigkeit zwischen dem ohrenbetäubenden Gelächter hindurch. Die Kinder zeigen mit dem Zeigefinger auf Stella, tuscheln, flüstern, und es ist so laut und unruhig in der Klasse, dass Stella entsetzt die Augen aufreißt. Hat sie denn nicht recht gehabt mit ihrer Bemerkung? Warum ist das nicht richtig? Sie spürt eine ungeheure Scham in sich aufsteigen, die ihr fast den Atem nimmt. Inzwischen ist es stiller geworden in der Klasse, und alle sind gespannt, was der Lehrer jetzt zu ihr sagen wird. Gerade diese gespannte Stille, diese Schadenfreude, die viele der Kinder so stark durchleben, gellt schrill in Stella.

Sie wünscht sich fort, weit, weit fort. Aber sie sitzt da wie versteinert, und es lärmt so sehr in ihr, dass sie den Tränen nahe ist. Sie spürt bereits ihre übervollen Augen, weiß aber gleichzeitig, wenn sie jetzt auch noch zu heulen anfinge, dann wäre alles noch viel schlimmer. Also reißt sie sich zusammen, hält auch die Ohren nicht zu, obwohl sie es gerne getan hätte. Doch sie spürt, dass es für die anderen komisch aussehen würde, wenn sie sich die Ohren zuhielte. Also sitzt sie einen ewigen Moment lang wie angewurzelt auf ihrem Stuhl, wie eine Maus, die von der Katze entdeckt worden ist und ergeben auf ihr Ende wartet.

«Das ist nicht richtig», antwortet der Lehrer endlich, «denn das sind Worte, die das ‹W› nicht am Beginn haben. Im Wort: ‹Rhyth-mi-scher› ist kein ‹W›, verstehst Du?» Stella nickt, obwohl sie kein Wort verstanden hat. Sie hat nur verstanden, dass das «W» ein «rhythmischer Hauch» ist.

Nach diesem Ereignis beschließt Stella, sich in Zukunft nur noch zu melden, wenn sie sich ganz sicher ist, aber sie fragt sich gleichzeitig, ob sie überhaupt jemals sicher ist, und beschließt dann, sich lieber gar nicht mehr zu melden, weil sie ja nicht weiß, wann sie sicher ist und wie sehr sie sich sicher sein kann … Sie sieht ein, dass die Dinge anders liegen, als sie das weiß, und deshalb betrachtet sie sich als eine, die schlechter ist als die anderen, denn wenn alle die Dinge so gut wissen und ihr – Stellas – Wissen so falsch ist, werden die anderen recht haben, und sie wird im Unrecht sein.

Herr Pam

Anders dagegen ist es im Religionsunterricht. Während sich andere Kinder darüber beklagen, freut sich Stella auf jede Stunde. Allerdings findet der Religionsunterricht in einem anderen Klassenraum, ja in einem anderen Gebäude statt. Stella ist nicht in der Lage, sich zu merken, wie sie dort hinkommt. Jedes Mal, wenn sie zu diesem Gebäude läuft, hört sie unendlich viele Dinge, die sie davon ablenken, auf den Weg zu achten.

Diesmal sind es zwei ältere Schüler, die sich fürchterlich streiten. Sie liegen bereits über- und untereinander, sind in sich verkeilt, ächzen und stöhnen vor Anstrengung. Stella bleibt stehen und hört sofort, wer der Sieger sein wird von den beiden. Obwohl der eine kleiner und dünner aussieht, wird er aufgrund seiner Schnelligkeit siegen. Deutlich hört Stella den beschwingten und hellen Ton des Schnelleren, der denjenigen des Stärkeren übertönt. Sie versteht nicht, warum die Jungen so erbittert miteinander kämpfen.

Sie müssen doch wissen, wer stärker ist, denkt sich Stella. Allein sie geben nicht auf. Verständnislos beobachtet sie den Kampf, der in ihren Augen eine pure Dummheit ist.

Längst hätte sie schon im Klassenzimmer sein müssen.

Stattdessen ruft sie dem kleineren Jungen jetzt zu: «He, du bist doch sowieso der Sieger, warum kämpft ihr immer weiter?»

Gewiss hätte sie noch weitergerufen, wenn nicht ein Lehrer gekommen wäre, der die Kämpfenden getrennt hätte.

Stella wird sich bewusst, dass sie den Raum finden muss. Sie sinnt noch immer über den Kampf nach, während sie durch das Schulhaus irrt. Endlich, nachdem sie bereits in einige Räume hineingeblickt hat, findet sie den richtigen Ort. Von nun an versucht sie immer, einen Mitschüler in der Pause zu beobachten und ihm zu folgen, wenn er den Klassenraum aufsucht.

Herr Pam ist klein und dick. Inmitten seines fleischigen Gesichtes befindet sich eine riesige Nase, aus deren Löchern lange Haare ragen. Auf dieser Nase sitzt eine dicke Hornbrille, die seine Augen zu Glubschaugen wachsen lässt. Braun und groß treten sie aus dem Gesicht hervor. Das Kinn fällt in mehreren Wülsten bis zum Hals, oder besser gesagt, zur Brust hinunter. Nur der Mund fällt aus dem klobigen Erscheinungsbild heraus. Die Lippen sind fein geschwungen, schmal, aber nicht streng. Aus diesem Mund tritt eine dunkle, volle und wohlklingende Stimme, die Stella so liebt, und wenn Herr Pam erzählt oder die Kinder Gedichte lehrt, hängt sie geradezu an seinen Lippen, saugt die Worte in sich hinein und fühlt sich auf seltsame Art zu Hause.

Noch nie hat sie den Eindruck gehabt, diesen Menschen «stimmen» zu müssen. Er stimmte immer ganz von selbst, und sie kann es sogar an seiner Stimme hören.

Besonders die Gedichte liebt sie, die er sie lehrt:

«Ich ging im Walde
So für mich hin,

Und nichts zu suchen,
Das war mein Sinn.

Im Schatten sah ich
Ein Blümchen stehn,
Wie Sterne leuchtend,
Wie Äuglein schön.

Ich wollt' es brechen,
Da sagt' es fein:
Soll ich zum Welken
Gebrochen sein?

Ich grub's mit allen
Den Würzlein aus,
Zum Garten trug ich's
Am hübschen Haus.

Und pflanzt' es wieder
Am stillen Ort;
Nun zweigt es immer
Und blüht so fort.»

Dieses Gedicht von Goethe kann Stella bereits nach zwei Stunden.

Sie hätte das Blümchen auch nicht abgepflückt, hätte es – wenn überhaupt – mit den Würzelein ausgegraben und sehr vorsichtig nach Hause getragen. So, wie es in dem Gedicht gemacht wurde.

Stella meldet sich seit jenem Ereignis mit dem «W» nicht mehr in der Schule. Als würde Herr Pam das merken, ruft er sie trotzdem auf, um sie Dinge vorzutragen zu lassen, von denen er weiß, dass sie sie beherrscht. Trägt Stella ein Gedicht vor, spricht sie stets mit einer Stimme, die sie zu dem Gedicht passend findet. Ebenso wählt sie die Schnelligkeit, mit der sie es aufsagt. Gewiss wäre dies wieder ein Anlass für Gelächter gewesen. Aber sie hat Glück, dass ihre Mitschüler es nicht merken, was dem Umstand zu verdanken ist, dass Stella nur sehr wenig spricht und die Kinder kaum wissen, wie Stellas Stimme wirklich klingt.

Zu Hause malt Stella den Religionslehrer, weil sie ihn wunderschön findet. Ihrer Meinung nach gehört er zu den schönsten Männern auf der ganzen Welt, und ihrer Liebe und Verehrung zu diesem Menschen gibt sie sich voll und ganz hin. Im Unterricht äußert sich dies nur darin, dass Stella alles kann und mit Hingabe spricht, wenn sie dazu aufgerufen wird.

Eines Tages gestaltet Herr Pam den Unterrichtsanfang anders als gewohnt. Er beginnt nicht mit dem üblichen Spruch, sondern erklärt feierlich, dass er ihnen nun das «Vaterunser» beibringen werde. Stella ist so andächtig, dass sie kaum lauschen kann. Die Worte gehen an ihren Ohren vorüber wie Wind, aber die Stimmung, die dieses Gebet, gesprochen von Herrn Pam, verbreitet, ist für sie überwältigend.

Es sind Klänge, die ihr lebendig und bewegt erscheinen. Diese Töne sind hell, ernst, ja geradezu «samt-flachsteinig», als würden sie über die flach geschliffenen Kiesel eines Bachbettes gleiten und darin schimmernd erglänzen. Es ist, als würde Zeit in Licht verschwimmen, sich zu einem Klang auflösen, der Stella beinahe die Tränen in die Augen treibt. Allein sie hält die Tränen zurück, was sie in ihrer tiefen Ergriffenheit gerade noch schafft. Sie steht hinter dem Stuhl, den Mund leicht geöffnet, die Hände ehrfurchtsvoll über der Brust gefaltet, die Beine geschlossen und lauscht und lauscht …

Herr Pam hat das Gebet zu Ende gesprochen und ist verstummt. Stella sind die Worte entgangen, sind an ihren Ohren vorbeigeflogen. In die Stille hinein sagt sie leise:

«Bitte noch einmal!» Sie hört Kichern hinter sich und errötet. Herr Pam aber legt den wurstigen Zeigefinger an die zarten Lippen und spricht das Gebet Zeile für Zeile vor, während es die Kinder nachsprechen sollen. Stella ist so erleichtert, dass sie ihn gerne umarmt hätte.

«Vater unser, im Himmel –»

«Vater unser im Himmel», sagt Stella und sie hört, wie diese Worte ihr den Klang von Vertrauen schenken. Sie denkt kurz: Es gibt noch einen Vater im Himmel, wie ist das möglich? Dann hört sie sich selber mit ihrer eigenen Stimme sagen:

«Geheiligt werde Dein Name.»

«Geheiligt werde Dein Name.» Einen Namen heiligen, das ist wie Gold über jemanden gießen …

«Dein Reich komme.» … «Dein Wille geschehe –» Ja, Dein Wille geschehe, er geschehe, geschehe, geschehe, denkt Stella in sich.

Die Klänge dieses Gebetes sind bereits in ihr drin gewesen, es ist eine Art Wiedererkennen. Nur, dass es jetzt dafür Worte gibt.

«Dein Wille geschehe, wie im Himmel, also auch auf Erden.» Stella schnieft leise, merkt es aber nicht. Wer es aber merkt, ist Herr Pam, und er macht eine Pause im Gebet. Dann sagt er sehr ruhig:

«Und den zweiten Teil lernen wir dann in der nächsten Stunde.» Er legt Stella unauffällig ein Taschentuch auf den Tisch, und sie kann wieder zu sich kommen, den Jubel verklingen lassen. Sie setzt sich mit den anderen wieder hin.

Beglückt stellt sie fest, dass es Worte für etwas gibt, was bisher wortlos in ihr gelebt hat. Sie kennt die ersten Zeilen bereits auswendig, will sie still hüten, niemand soll sie ihr wegnehmen. Sie prägt sie sich immer wieder ein, um sie ja nicht zu vergessen. Herr Pam erzählt währenddessen eine Geschichte, und Stella ist nicht in der Lage, der Geschichte zu lauschen.

In der nächsten Religionsstunde lernt sie den zweiten Teil des Gebets, und fortan betet sie das «Vaterunser» jedes Mal für sich allein, bevor sie einschläft. Alles, was sich am Tag zugetragen hat, alles, was sie an einem Tag «erhört», «gehört» und «gestimmt» hat, legt sie dem «Vaterunser» zu Füßen und findet Friede und Trost darin.

Frau Dares Tod und Stellas Tischchen

Eines Tages kommt Stella nach Hause und hört sofort, dass etwas anders ist. Der so wohltönende, vertraute «Zu-Hause-Klang» ist dunkler geworden. Mama sieht anders aus, fühlt sich anders an und Stella fragt sich, was geschehen ist.

«Stella, komm einmal her», hört sie Mama sagen. Mama setzt sich in die Küche, und Stella nimmt auf ihrem Stuhl Platz.

«Weißt du, heute Morgen ist Frau Dare gestorben.» Sie macht eine Pause. In Stella tönt es nach:

«Gestorben.» Das ist, wenn man nicht mehr ist, wenn man in den Himmel kommt, weiß Stella.

Mama fährt fort: «Jetzt ist sie im Himmel.»

Stella findet das wunderschön für Frau Dare. Sie versteht nicht, warum sich Mama so ängstlich dabei anhört.

«Nun, das wollte ich dir nur sagen, damit du weißt, dass sie euch nicht mehr hüten kann.»

«Warum kann sie uns denn nicht mehr hüten, wenn sie im Himmel ist?», fragt Stella fassungslos. In ihrer Vorstellung haben die Menschen selbstverständlich vom Himmel heruntergeschaut, wenn sie einmal tot waren, und von dort aus auf die Lebenden aufgepasst.

«Kann sie denn nicht vom Himmel aus auf uns aufpassen?», fragt sie eindringlich.

«Nein», sagt Mama, «sie hat ja keinen Körper mehr.»

Jetzt versteht Stella nichts mehr, und sie weiß auch nicht, was sie noch fragen soll.

«Nun geh spielen, Stella, das Essen ist bald fertig», sagt Mama seufzend, und Stella geht in ihr Zimmer.

Sie teilt es mit ihrem Bruder, der aber meistens draußen ist und dort mit anderen Kindern spielt. Dadurch hat sie den Raum oft für sich alleine. Auch an jenem Tag ist sie allein im Zimmer. Sie hat einen Plan: Sie schiebt den kleinen Holztisch an eine bestimmte Stelle vor das Fenster. Nachmittagssonne fließt durch die Scheiben auf den Fußboden. Sie schaut immer wieder zu dem hellen Fleck am Boden und rückt an dem Tisch herum. Sie ist aufgeregt, ihr Herz pocht so gewaltig, dass sie es bis in die Fingerspitzen hört. Es lässt ihre Finger erbeben. Stella kümmert sich nicht darum. Sie geht zum Schrank und holt ein altes Tuch heraus, das Mama einst den Kindern zum Spielen gegeben hat, legt es so über den Tisch, dass das Sonnenlicht nun direkt von vorne auf das dunkle Tuch fällt. Dann kriecht sie darunter und lauscht nach dem Licht. Sie wendet sich kauernd der Seite zu, die mit dem Stoff verhängt ist und durch die leicht das Sonnenlicht schimmert. Nachdem sie wieder hinausgekrochen ist, holt sie eine Schere und schneidet ein kleines Loch in das Tuch. Sofort fällt das Licht als Punkt auf ihren Pullover. Die anderen Seiten des Tisches werden ebenfalls mit Tüchern zugehängt. Innen entsteht ein geheimnisvoller Hohlraum mit einem einzigen Lichtstrahl. Stella entdeckt, dass dieser direkt auf ihre gefalteten Hände fällt, wenn sie sich hineinkauert.

Sie hört die Schritte der Mama, die zum Essen ruft. Schnell holt sie ihre Puppe und einige Kleider, dass es so aussieht, als hätte sie mit ihnen gespielt. Stella geht in die Küche und isst zu Mittag. Sie macht sich nicht viel daraus, mag viele Dinge nicht. Dadurch ist das Essen für sie eher lästig als angenehm. Aber sie fügt sich und weiß, dass sie nach der Mahlzeit weitermachen wird.

Endlich kann sie wieder an ihr Werk gehen. Heimlich betritt sie das Zimmer der Mutter, holt einen Filzstift, mit dem sie vier kleine Markierungen auf den Boden malt, um die Stelle wieder zu finden, falls der Tisch weggerückt wird. Als sie sicher ist, dass Mama ihre Mittagsruhe angetreten hat, kriecht sie unter den Tisch. Es ist schön darunter, so leise, und es hört sich so geborgen und gut an. Hier soll ihr «Bete-Ort» sein, wie sie es bei sich nennt. Jetzt fällt ihr doch noch etwas ein: Sie ist einmal in einer Kirche gewesen und hat gesehen, dass es dort ein kleines Waschbecken gibt und die Leute sich beim Hineingehen mit Wasser daraus Zeichen auf den Kopf und Oberkörper machen. Das will sie jetzt auch tun. Sie holt kurzerhand ihren Zahnputzbecher aus dem Badezimmer, füllt ihn mit etwas Wasser und stellt ihn an den «Eingang» ihres «Bete-Ortes». Inzwischen ist aber die Sonne ein Stück gewandert, und der Lichtstrahl fällt jetzt auf Stellas Kinn. Sie lässt es gelten. Schließlich geht es nur darum, dass Frau Dare sie besser sehen kann.

Nun beginnt Stella flüsternd zu reden:

«Liebe Tante Dare, Mama sagt, dass du jetzt tot bist und nicht mehr auf uns aufpassen kannst, aber das glaub ich nicht. Ich glaube, dass du mir die ganze Zeit zusiehst, was ich tue. Der Himmel ist so hoch, dass du alles sehen kannst, und du kannst auch durch das Haus gucken und das Licht auf mir sehen. Ich habe es da hingemacht, damit du mich besser finden kannst.» Sie macht eine Pause und überlegt, ehe sie fortfährt.

«Du passt jetzt vom Himmel aus auf uns auf. Das weiß ich, und jetzt heißt du Frau Sonnendare, weil du im Himmel bei der Sonne bist und dich so über meine Sonne gefreut hast», denkt Stella noch und kriecht dann hinaus. Sie legt das Tuch mit dem Loch sorgfältig weg, damit Mama den Schaden nicht merken kann und spielt nun tatsächlich mit den Puppen unter dem Tisch.

Der erste Schnee

In diesem Jahr gibt es einen besonders heftigen und kalten Winter. Der Herbst hat seine goldene Pracht noch nicht ganz abgelegt, als eines Nachts die ersten Schneeflocken vom Himmel fallen. Stella ist es in den vergangenen Wintern noch nie in solcher Weise aufgefallen, wie der Schnee klingt. In diesem Winter jedoch ist sie etwas älter und schon mehr nach außen gewandt, und inmitten der Nacht erwacht sie. Stella lauscht in die Dunkelheit hinein. Es ist so seltsam still. Es ist «warm-still». Je angestrengter sie lauscht, desto lauter hört sie diese Stille. Es ist ein Gesang aus hundert Wolken, die sich unendlich sanft auf sie legen. Diese Sanftheit rührt sie tief in ihrem Innern an. Schnell ist sie ganz wach, steht auf und lauscht, wo diese Sanftheit herrührt, und erkennt, dass sie von draußen hereinklingt. Sie presst ihre Nase an die Fensterscheibe und sieht den weißen Schimmer über Baum und Strauch, auf dem Nachbarhaus und den Gräsern, dass sie den Atem anhalten muss.

Den Regen betrachtet sie als ihren Freund, und seinen Klang und Rhythmus liebt sie sehr. Aber Schnee ist unendlich feiner, sanfter, zarter. Sie weiß noch nicht, ob dem Schnee wohl ein Rhythmus innewohnt wie dem Regen.

Dieser Schnee aber lässt beim Fallen der Flocken leise Musik erklingen. Durch den Schein der Straßenlaterne sieht sie die weichen Flocken herabschweben. Sie schaut hinauf und muss unmittelbar lachen, weil sie den Eindruck hat, dass ihr schwindlig wird von dem Anblick der wirbelnden, tanzenden Federchen. Sie folgt ihnen, bis sie sich hinlegen.

Was machen sie da, wenn sie sich hinlegen, fragt sie sich selber. Ob sie noch Atem holen können, wenn die nächsten auf die nächsten und wieder auf die nächsten fallen?

Sie ist so fasziniert und berauscht, dass sie nicht wahrnimmt, wie die Zeit vergeht und sich der erste Hauch von Morgenschimmer zeigt. Das heißt, Stella merkt ihn nicht bewusst. Aber sie hört sofort, dass es anders ist. Sie kann nicht umhin, das Fenster zu öffnen. Leise, ohne den Bruder zu wecken, klettert sie auf einen Stuhl und öffnet das Fenster einen Spalt breit. Jetzt bläst die kalte Luft in ihr Gesicht und mit ihr der gesamte Schneeklang vermischt mit dem Morgenschimmer. Leise Harfenmusik in ewig sinkenden, ineinander übergehenden Tönen wölkt zu ihr hin. Das Singen des Morgenschimmers liegt über dem fallenden Harfenton. Es sind unzählige Töne, die sie alle einzeln erlauschen kann und die doch wieder in einer überirdischen Harmonie zusammenfließen.

Sie streckt die Hand durch das geöffnete Fenster, als könne diese noch besser lauschen. Nun senken sich einige Flocken auf ihre Handinnenfläche, und jedes Mal ertönt ein anderer Harfenton, erlischt schnell, wird aber von weiteren Tönen abgelöst. Auf diese Weise malt der Schnee ihr Melodien in die Hand, die sie erlauscht. Bald kniet sie bei ganz geöffnetem Fenster im Fensterrahmen, hebt auch die andere Handfläche in den Schnee und ist wie verzaubert von dem mehrstimmigen Harfenklang. Es ist ein immer wiederkehrendes, in allen klanglichen Schattierungen sich wiederholendes Getön.

Stella ist wie benommen von diesem Klingen, schließt die Augen, legt die Ohren in die Handflächen, lauscht immer intensiver dem herabtönenden Harfenklang, erlauscht die Töne immer deutlicher, die Melodie des Schnees immer klarer und hört schließlich seinen Rhythmus. Schnee hat einen Rhythmus!

Noch nie hat sie solch einen Rhythmus vernommen. Die bekannten Rhythmen, beispielsweise von Regen, ließen ein leichtes Schlagen hören, das sie eher mit dem Brustkorb als mit den wirklichen Ohren erlauschte. Hier beim Schnee ist es etwas anderes: Sein Rhythmus ist leicht tönend, zart klopfend, aber melodisch, in sich klanglich immer herabtönend, «harfensinkend», so zart pulsierend wie etwa der Rhythmus eines frisch aufgeblühten Schneeglöckchens. Allerdings hier mit unendlich vielen Klängen untermalt, ja mit Harmonien einhergehend. – Zu jenem Pulsieren erlauscht sie weiter eine Art Wärme, die sich von der Herzgegend ausbreitend bis in die Finger- und Fußspitzen ergießt. Natürlich ist es keine solche Wärme, die den Schnee zum Schmelzen gebracht hätte. Vielmehr empfindet sie ein «Eingebettetsein» in den Schneeklang, was bei ihr eine Wärmeempfindung auslöst.

Es ist einer jener seltenen Momente, in dem Stellas gesamter Körper zum Hörorgan wird.

Lange verharrt sie am Fenster, spürt nicht die Kälte der Schneenacht, merkt nicht ihre taub werdenden Beine. Doch dann kommt sie langsam wieder zu sich, da das Morgengrauen sich leise ausbreitet und die gesamte Klangwelt dadurch so verwandelt, dass sie aus dem reinen Schneepulsieren erwacht.

Sie merkt, wie müde und kalt sie geworden ist, schließt das Fenster, legt sich selig ins Bett, jubelt noch bis in den Schlaf.

Mama weckt sie mit den Worten:

«Stella, steh auf, es gibt Schnee draußen!», und Stella ist sofort wach, zieht sich in Windeseile an und will gleich vor die Tür gehen, daran lauschen. Aber es gibt erst Frühstück. Dann aber darf Stella hinausgehen, noch vor der Schule. Sie will gerade den ersten Fuß vor die Tür setzten, als sie sich zurückhält und überlegt, ob es dem Schnee nicht wehtut, wenn sie darauf tritt. Sie weiß keine Antwort und geht wieder hinein, um Mama zu fragen.

«Nein, das tut dem Schnee nicht weh, alle Menschen müssen ja darauf treten, oder glaubst du, dass sie alle drinbleiben, bis der Winter vorbei ist?» Stella muss lachen, betritt den Schnee aber dennoch sehr vorsichtig. Sie bückt sich, geht auf die Knie, neigt ihren Kopf hinunter, bis sie den Schnee beinahe berührt, und saugt seinen Duft ein. Sie findet, dass er nach Himmel riecht. Sein Ton ist so leise, wenn er da liegt.

Ob er wohl tot ist, wenn er einmal liegt, fragt sie sich. Aber sie weiß gar nicht, wie sich Tote eigentlich anhören, außer von denjenigen Momenten, die sie in ihrem Träumen hat.

Stella hatte Mama und den Papa angefleht, zur Beerdigung von Frau Dare mitzudürfen, aber sie hatten es nicht erlaubt, wie sehr sie auch flehte und bettelte. Also weiß Stella nicht, wie sich der Tod im Wachen anhört. Sie denkt nicht mehr an den toten Schnee, nicht mehr an Frau Sonnendare, vielmehr legt sie sich auf den Rücken mitten in den frischen Schnee, schließt die Augen und öffnet den Mund. Die Flocken sind feiner geworden, nicht so dick wie in der Nacht. Aber Stella kann sie schmecken. Sie schmecken so lustig auf der Zunge, dass sie kichern muss, und ihr Kichern mischt sich mit der zarten Flockenmusik, was sie überglücklich macht.

Ihre Ohren gleiten mit in die Flocken, tanzen mit ihnen kreuz und quer und wirbeln herum, beginnen zu singen. –

Dann kommt Papa heraus und will sie zur Schule bringen. Schnell holt sie ihre Ohren aus dem Schnee, rappelt sich hoch und lauscht dem Knirschen unter den Schuhen. Bei jedem Schritt tut es ihr leid, auf den Schnee zu treten, denn er ächzt und stöhnt unter ihren Schuhen. Doch es geht nun mal nicht anders, sie muss eben in die Schule. Sie tröstet sich mit dem Gedanken, dass noch genug Schnee auf allen Bäumen, Wiesen und Gräsern liegt, vergrößert aber dennoch ihre Schritte, um nicht so oft darauf treten zu müssen.

In der Schule zeigt sich ihr ein wildes Bild. Alle Kinder schreien durcheinander, quetschen den Schnee in ihren Händen, pressen ihn zu Bällen zusammen und schleudern ihn herum. Eine wahre Schlacht. Stella ist entsetzt. Der Schnee knarrt und knirscht, er wird hart und ungnädig, seine ganze Sanftheit wird ihm genommen und zerstört.

Der Schulhof ist schon so zertrampelt, dass kaum noch ein unberührtes Fleckchen Schnee irgendwo zu sehen ist. Sie ist so verzweifelt, dass sie sich umsieht, ob sie nicht irgendwo noch ein bisschen Schnee vorsichtig wegtragen und retten kann. Es gibt noch ein paar Stellen, und sie macht sich an die Arbeit, nimmt den Schnee vorsichtig auf ihre Handschuhe und trägt ihn in die Beete. Aber er hört sich längst nicht mehr so schön an, wie des Nachts, als sie am offenen Fenster kniete und der Schnee in ihre Handflächen gesungen hat. Sie sieht, dass ihre Arbeit ohne großen Nutzen ist. Schließlich kommt ihr eine Idee. Sie neigt sich zu einem Gebüsch und flüstert dem Schnee dort zu:

«Morgen bete ich für dich in meinem Bete-Raum, damit du sanft bleiben kannst ...» Und das tut sie wirklich, wenn auch ohne Sonne auf Kinn oder Brust, da dicke Schneewolken am Himmel stehen.

Immer häufiger kommt Stella in Situationen, in denen sie beschließt, für den Schnee, für Sonnendare oder anderes das «Vaterunser» an ihrem Bete-Ort zu sagen. Ja, inzwischen betet sie sogar für den Religionslehrer, weil sie ihn liebt, und auch für Mama und Papa und manchmal für ihre Geschwister. Sie findet so viel Trost und Stille in ihrem Bete-Raum, dass sie jedes Mal nur ungern wieder herauskommt. Also kauert sie noch länger darin und erträumt sich ein Land, in dem sie verweilen kann.

Eines Tages, als die Sonne wieder einmal auf ihre Brust scheint, setzt sie sich nach ihrer «Andacht» bequemer hin und horcht in sich hinein. Ihre Ohren hören keine vorbeifahrenden Autos mehr, nicht den Wind, der draußen ziemlich laut heult, auch nicht Mama, wie sie mit dem Staubsauger zugange ist. Es ist ganz still in ihr.

Dann geht sie in Gedanken durch ein gewaltiges Holztor und kommt auf eine Wiese. Diese ist riesig groß, ja geradezu unendlich. Zumindest kann Stella kein Ende sehen. Die Gräser wiegen sich leicht im Wind und sind kniehoch. Das Gras duftet. Sie ist barfuß und beginnt, auf der Wiese zu rennen, fühlt das Gras an den Waden kitzeln, muss lachen und staunt ob der Leichtigkeit, mit der sie sich hier bewegen kann. Es ist eigentlich recht ähnlich dem, was sie schon einmal erlebt hat, als sie hohes Fieber – und jenen Jungen gesehen hatte. Nur sieht jetzt alles viel klarer aus; außerdem ist sie hier allein.

Plötzlich hört sie Regen. Dieser Regen ist noch weit weg, aber er wird kommen, das weiß Stella. Sie sieht sich nach einem Dach um, und in der Ferne entdeckt sie eine kleine Hütte, auf die sie zuläuft. Quietschend öffnet sie die Tür, und sie steht in einem kleinen Raum. Ein uralter Holztisch, ein Schemel und ein Sack Stroh befinden sich darin. Es hört sich gut an im Inneren. Sie legt das Ohr an den Tisch und lauscht in das Holz. Dieses wüsste sicher viele Geschichten zu erzählen: wer schon einmal am Tisch gesessen, was auf ihm gestanden, wer ihn gezimmert hat –

Ohne dass sie sich darüber klar wird, sprechen nicht nur die Dinge in ihrem Land zu ihr, sondern sie sieht auch deren Farben und Formen. Wie «Farbrhythmusfäden» erscheinen die Klänge in ihr, als gäbe es nicht nur Tonleitern, sondern auch Farbleitern und Formleitern. «Flachsamig» schmiegen sich die bunten Formfäden aneinander, ineinander, durcheinander. Ohne dass es zu einem chaotischen Gewirr wird, ordnen sie sich hier, gemäß der Klangfarbe, die sie mit ihrem Ohr erlauscht, und heben das Hörerlebnis in eine Ebene empor, in der Diesseits und Jenseits eins sind.

Dann wird ihre Aufmerksamkeit aber wieder von dem starken Regen abgelenkt. Laut trommelt er auf das Dach. Sie liebt den Rhythmus. Dieser Rhythmus ist stets ein anderer. Jeder Regen hat seinen Klang, seinen Rhythmus und seine eigene Melodie, seine Farbfäden und Formfarben. Dieser hier ist etwas gedehnt, ein wenig langsam, melancholisch und nicht sehr laut. Aber er verbirgt durchaus etwas Kraftvolles in seinen «Nassfarbenfäden».

Stella lauscht. Wie aus weiter Ferne hört sie Mama rufen, sie sollte zum Abendessen kommen. Langsam rappelt sie sich auf, kriecht unter dem Tischchen hervor und wird gewahr, dass es draußen tatsächlich regnet.

Noch immer ist es still in ihr, und sie ist ruhig und zufrieden. Ihr Land, das sie soeben bewusst neu entdeckt hat, wird sie nicht mehr vergessen. Ein Zufluchtsort, den sie immer und überall aufsuchen kann.

Geige spielen

Seit geraumer Zeit bereits spielt Anna Geige. Mit übergroßem Interesse lauscht Stella dem Instrument. Dieses klingt recht schaurig, wenn es von ihrer Schwester gespielt wird. Quietschend, ja beinahe gellend wandern die Töne vom Bogen der Geige an Stellas Ohr. Papa spielt viel schöner auf dem Cello. Manchmal hält sich Stella die Ohren zu, wenn Anna Geige übt. Das liegt nicht an deren sägendem Spiel, sondern daran, dass das Instrument nicht richtig gestimmt ist. Stella hört die Töne und will sie – einen nach dem anderen – verbessern, ausgleichen, ja reinwaschen in ihrem Gehör. Das jedoch gelingt ihr nicht, und es bleibt ihr nur noch, die Ohren zuzuhalten oder sich abzulenken, indem sie unter das Tischchen kriecht oder ihr Land aufsucht.

Immer stärker und deutlicher wächst allerdings der Wunsch in ihr, selber Geige spielen zu lernen. Sie bettelt bei Mama und Papa, Geige spielen zu dürfen wie ihre Schwester. Der Gedanke, solch ein Instrument selber in den Händen zu halten, ihm Töne zu entlocken, lässt ihr Herz höher schlagen. In der Schule spielt sie zwar Flöte, doch es ist nicht so interessant, da die Klangkraft einer Geige für Stella weit größere und breitere Ausdrucksmöglichkeiten bietet.

Tatsächlich willigen Mama und Papa ein, und Stella darf zum ersten Mal in die Geigenstunde gehen. Zuvor bekommt sie die kleine Geige ihrer Schwester.

Mit großer Ehrfurcht bewegt sie die silbern glänzenden Schnallen am Kasten und öffnet die Hülle. Die Geige ist in ein Tuch eingewickelt. Stella öffnet es vorsichtig und ist entzückt. Das rotbraune Holz scheint zu ihr zu sprechen. Es sagt fortwährend: «Spiel auf mir, streiche mich und liebe mich. Entlock mir die Töne, die auch in dir klingen …»

«Ja, natürlich, das werde ich tun», hält Stella Zwiesprache mit der kleinen Geige. Vorsichtig wird das Instrument wieder zugedeckt, und Stella schließt den Kasten mit den silbernen Schnallen.

Endlich ist es so weit. Sie fährt mit Mama zur Geigenstunde. Ihr Herz klopft laut und schnell. Die Tür geht auf, Stella wird zur Geigenstunde in den Raum gebeten und die Lehrerin grüßt sie kurz. Stella nimmt den kleinen Kasten am Griff und schreitet stolz durch die Türe. Der Raum aber hört sich kaum nach Musik an. Es muffelt nach irgendetwas, was Stella nicht einordnen kann.

Die Sprechstimme der Lehrerin ist hart und klingt nach spitzen Steinen. Stellas Herz klopft noch lauter. Sie spürt eine Spur von Angst in sich. Gehorsam öffnet sie vorsichtig den Geigenkasten, deckt das Tuch, auf und die Lehrerin nimmt sich wortlos das Instrument heraus, um es zu stimmen. Stella lauscht und hört, dass es immer noch nicht genau stimmt, als die Lehrerin damit fertig ist. Jedoch spürt sie, dass sie das nicht sagen darf, und ist still; nur ihr Herz pocht immerfort.

«Jetzt zeige ich dir, wie man die Geige hält», sagt diese «Spitzsteinstimme». Sie stellt sich hinter Stella, nimmt deren Geige und hält sie ihr unter das Kinn. Dann nimmt sie ihren linken Arm und biegt ihn unter der Geige herum, bis die Hand den Resonanzkörper rechts neben dem Griffbrett halten kann. Stella spürt einen Schmerz in ihrem linken Oberarm, sagt aber nichts. Die Berührung mit dem Holz tröstet sie über den Schmerz hinweg. Fest hält sie die Geige nun am Holz. Jetzt legt ihr die Lehrerin den gespannten Bogen in die rechten Finger. Stella weiß nicht, wie sie ihn halten soll, und die Lehrerin beginnt, an ihren Fingern zu fingern.

Stella spürt die groben Finger der Lehrerin an ihren Fingern, und sie fühlt, dass ihre Finger nicht fingern wollen, was die Lehrerin fingert. Sie will nur Töne spielen und nicht an den Fingern gefingert werden. Die Lehrerin redet mit der «Spitzsteinstimme» dazu, und Stella ist wie betäubt. Ihr linker Arm schmerzt, die Finger der rechten Hand wollen nicht gefingert werden, wollen nicht so fingern, wie sie fingern sollen, und ein Beben geht durch Stella. Sie hört nicht, was die Lehrerin sagt; diese ist schließlich so ungeduldig, dass sie einfach Stellas Finger auf den Bogen quetscht und ihre groben Finger oben darauf presst. Dann beginnt sie den Bogen auf der A-Saite zu schieben.

In Stellas Ohren stimmt aber die A-Saite nicht genau, und ihr Gehör muss ständig ausgleichen, immer ein bisschen und ein bisschen und ein bisschen höher. Dazu müssen ihre Ohren die «Spitzsteinstimme» ausblenden, um den A-Ton schöner machen zu können. So hört Stella nicht mehr, wie sie das alles machen soll, und schließlich nimmt ihr die Lehrerin den Bogen weg und hat die Geduld verloren.

«So geht das nicht!», meint die «Spitzsteinstimme» bestimmt. «Wenn du Geige lernen willst, musst du dir auch zeigen lassen, wie es geht!» Stella steigt die Schamröte ins Gesicht. Kleinlaut sagt sie, dass sie es ja lernen wolle. Sie findet keine Worte für das, was ihre Wahrnehmung ist, und es entsteht eine übergroße Kluft zwischen ihr und der Lehrerin. Endlich ist die Geigenstunde zu Ende, und Stella legt die Geige behutsam in den Kasten, deckt sie beinahe andächtig mit dem Tuch zu und ergreift endlich die silbernen Schnallen, um alles zu verschließen.

Mama findet aber die Lehrerin gut. Schließlich lernt Anna auch ordentlich bei ihr, und sie selber, Mama, gedenkt ebenfalls Stunden bei ihr zu nehmen. Gewiss, sie ist streng. Aber Strenge schadet schließlich nichts. Ein Instrument ist eine schwere Sache, und dazu braucht es Strenge.

Damit ist Stella klar, dass sie keine andere Möglichkeit hat, das Geigenspielen zu lernen, außer bei dieser «Spitzsteinlehrerin». Sie beschließt, es zu versuchen, schließlich möchte sie so gerne die Saiten streichen.

Die nächste Geigenstunde steht ins Haus, und diesmal ist Stella besser vorbereitet, hat zu Hause die Verrenkung des linken Armes geübt und auch versucht, die Fingerchen um den Frosch – so sagt man zu dem unteren Teil des Bogens – zu legen. Sie hat versucht, die A-Saite richtig zu stimmen, indem sie an dem A-Saitenwirbel gedreht hat, aber es ist so schwer gegangen, dass sie es aufgeben musste, nachdem sie die Geige hoffnungslos verstimmt hat. Das ist der Grund, weshalb sie etwas ängstlich ist. Was würde die «Spitzsteinstimme» dazu sagen?

Allein Stella geht tapfer in die Stunde, hält sich am Griff des kleinen Instrumentenkoffers fest. Mit kaltem Handschlag wird sie begrüßt, und der Abgrund zur Lehrerin ist unüberhörbar. Stella ist aber guten Willens zu versuchen, auf die Seite der Lehrerin hinüberzugelangen, die Schlucht zu durchqueren. Wieder nehmen die kalten Hände – die in Wirklichkeit warm sind, aber sich dennoch so kalt anhören – Stellas Geige und stimmen sie. Zu ihrer großen Erleichterung scheint die Lehrerin kaum Notiz von den Stimmversuchen Stellas zu nehmen. Die A-Saite ist sogar besser gestimmt als das letzte Mal, und Stella muss nur eine Kleinigkeit im Gehör ausgleichen, was sie gerne hinnimmt. Dann wird wieder ihr Arm unter der Geige verrenkt. Stella hält sich so sehr an dem Instrumentenholz fest, dass sie die Geige unter ihr Kinn zu pressen beginnt. Aber sie merkt es nicht. Sie versucht sich nun auf die Bogenfingerchen zu konzentrieren. Sie ist so sehr bemüht, die Saiten streichen zu können, dass sie zu viel Wollen in die Fingerchen schickt und diese wieder nicht das tun möchten, was die Lehrerinnenstimme zu ihnen sagt.

Stella ist schließlich der Verzweiflung nahe. Das Knäuel aus Fingern und Fingerchen am Ende ihres rechten Armes wird zu Schmerz. Ja, alles beginnt zu schmerzen, die Ohren die Arme, das Kinn, der Hals und die Beine, die immer noch stehen und dies alles tragen sollen. Die «Spitzsteinstimme» gibt auf. Es ist unmöglich, Stella die Bogenhaltung nahezubringen. Sie soll zunächst das Zupfen lernen. Stella spürt, wie ihr der Bogen grob aus der Hand, aus ihren angestrengten, feuchten Fingerchen gerissen und lautstark in den Geigenkasten gelegt wird.

Sie lässt den rechten Arm sinken. Ihr Mut sinkt, die Ohren sinken, der Kopf sinkt, und sie hat das Gefühl, dass alles an ihr am Sinken ist.

«Leg den Daumen an das schwarze Griffbrett, ja, so – und nun zupf mit dem Zeigefinger …» Stella versucht es. Ein kleiner klagender Huster entspringt der A-Saite. Es hört sich nicht gut an. Es ist ein Husten. Es ist etwas, was die Geige krank macht. Stella sinkt weiter und zupft, und ihre Augen füllen sich. Aber sie achtet neben all dem anderen, neben dem Sinken, dem schmerzenden Arm und den Ohren, auch noch darauf, dass die Augen nicht überlaufen.

Sie beschließt tief innen in sich, dies alles Sonnendare an ihrem Bete-Ort zu erzählen. Sie will ihr erzählen, dass sie die Geige nur krank machen kann, anstatt die Saiten zu streichen. In diesen Gedanken findet sie Trost. Froh ist sie, als sie die Geige wieder einpacken darf. Mama wartet erwartungsvoll draußen, und Stella hört wie von ferne, dass die Geigenlehrerin zur Mama sagt, dass sie dumm sei und das Geigenspiel wohl nicht erlernen könne.

Stella indessen sinkt weiter und immer tiefer, bis sie endlich im Auto sitzt, nach Hause gefahren wird und umgehend in ihren Bete-Ort kriecht. Der Bruder ist auch da, spielt lautstark mit seinen Sachen, aber Stella findet die Stelle für das

Tischchen frei, rückt es dahin, deckt das Tuch darüber. Wolken vor der Sonne, kein Strahl im Gesicht oder auf der Brust, kein lautes, nur ein leises, in sie hineinsinkendes «Vaterunser» spricht sie, findet Trost, erzählt alles Sonnendare. Dann geht sie in ihr Land, denkt sich eine wundervolle Geige auf ihrem Holztisch bereit liegend, nimmt sie und spielt darauf. Fadentöne werden zu Goldformen und Kanten verwandeln sich in runde Eckenflächen, sie spielt blaue Glasfarben in Regenbogenformen und violette Fadenklänge. Die Geige stimmt so glockenrein, dass ihre Ohren nicht ausgleichen müssen. Sie spielt und spielt, die schönsten Töne kommen hervor, und sie schickt sie alle in den Himmel hinauf, bis zur Sonne hin. Schließlich locken diese die Sonne heraus, treiben die Wolken fort, und Stella ist still und zufrieden in sich. Das Sinken hat aufgehört, an seiner Stelle ist der Sonnenstrahl. Sie sieht an sich hinunter, wie sie unter ihrem Tisch kauert, und entdeckt den Strahl in ihrer Nabelgegend. Sie lächelt, ist getröstet, «geträumt», und hat sich wieder gefunden.

Auf dem Schützenfest

Jedes Jahr geht Stella mit ihrer Familie zum Schützenfest. Schon von sehr, sehr weit hört sie das überlaute Lärmen der Musik, die Rufe und Schreie der Menschen, die sich in den wildesten Karussells herumwirbeln lassen; Lautsprecheransagen, Kindergeschrei und tausend andere Geräusche. Dazwischen riecht sie schon aus der Ferne den Popcornduft, den Duft von Gebratenem, gebrannten Mandeln, ja sogar Schweiß riecht sie. Die Familie nähert sich dem Festplatz, und Stella fühlt die Bässe der Musikanlagen in ihrem Körper vibrieren. Sie ist aufgeregt. Eine Tante hat jedem der Kinder

Geld geschenkt, das sie nach ihrem Gutdünken ausgeben dürfen.

Trotz ihrer Zartheit liebt Stella alle Arten von Karussells und hat beschlossen, ihr Geld allein dafür auszugeben.

Die Familie ist angekommen. Stella legt den Kopf in den Nacken, sieht die Leute auf den Karussells hin- und herwirbeln, hinauf- und hinunterfahren. Kreuz und quer werden sie geschleudert, ihr Geschrei ist zwar schrill, aber voller Leben, und das gefällt Stella. «Es klingt gut», denkt sie sich. Sie muss darauf achten, die Familie nicht zu verlieren, denn sie ist so abgelenkt, dass sie kaum merkt, wenn sie weitergeht. Aber sie hält sich immer auf Tuchfühlung mit Mama und beugt so vor, nicht alleine zurückzubleiben.

Mama liebt das Herumgeschleudertwerden ebenso wie Stella, und alsbald entschließen sie sich zu einer Fahrt und finden sich in einer Gondel wieder. Ein Mann schiebt die Bügel über ihre Oberkörper, und es geht los. Zunächst langsam, dann immer und immer schneller. Stella denkt, es könne nun nicht schneller mehr gehen, und in diesem Augenblick beginnt alles hoch- und runterzusausen, dann ändert sich zusätzlich die Richtung. Stella findet keine Zeit, sich die Ohren zuzuhalten. Sie hält sich mit aller Kraft am Bügel fest und beginnt zu kreischen. Sie lacht und kreischt, wird geschleudert, kommt nach oben, übersieht für einen Moment den gesamten Platz, um anschließend wieder nach unten geworfen zu werden. Die Bewegungen des Karussells haben kaum einen Rhythmus. Stella sucht ihn dennoch, weil sie in allen Dingen einen Rhythmus hört. Doch hier ist es nicht so. Es gibt keine Wiederholungen, geht willkürlich per Knopfdruck hin und her und rauf und runter.

Sie vermisst den Rhythmus so sehr, dass sie schließlich instinktiv in einem ihr eigenen Rhythmus zu schreien beginnt. Sie schreit hoch und runter, kreuz und quer, und wenn die Richtung sich ändert, wählt sie einen anderen Ton. So hat letzten Endes jede Richtung, rauf und runter, kreuz und quer, ihre Stimme, ihre Melodie und wird in ihren Rhythmus gebettet. Hätte man das Ganze aufgenommen, man hätte aus ihren Rufen, Schreien und dem gesamten Knäuel ihrer Stimme heraushören können, welches Karussell sie gefahren ist.

Gerade als es am schönsten ist, als sie sich so ganz hineingegeben hat, wird alles langsamer, und der Rausch der Geschwindigkeit verblasst, ihre Töne werden leiser, und das Ganze kommt allmählich zum Stehen, steht still. Stella kauft noch eine Marke; Mama auch. Sie sitzen wieder gemeinsam in ihrer Gondel, und das Spiel beginnt von vorne. Jetzt kann Stella ihren Rhythmus bereits auswendig und hat somit die Möglichkeit, das Ganze von dem ersten Hoch und Runter, vom ersten Kreuz und Quer an auszukosten. Die Fahrt erscheint ihr wesentlich länger, und tief zufrieden steigt sie aus.

Die Familie wühlt sich nach und nach über den gesamten Platz. Stella bekommt gebrannte Mandeln und kann sich nicht satt sehen an den Karussells. Sie entdeckt, dass sie allein durch das Zuschauen die Töne der Bewegungen erkennen und ihren eigenen Rhythmus hineinlegen kann. Mit großer Genugtuung schaut sie die gesamte Zeit zu den Karussells empor, immer an Mamas Seite.

Eines dieser Wunderdinger ist schriller und glänzender als alle anderen; lauter und steiler. Stella ist fasziniert. Sie lässt Mama los, vergisst, sich an ihr festzuhalten, weil sie so vertieft ist, die Bewegungen mit ihren Tönen zu studieren. Sie vergisst sich ganz und – als sei sie selber darin – beginnt zu schreien in den schrillsten Tönen. Die Umstehenden blicken sich erschrocken nach ihr um. Sie aber steht, den Kopf in den Nacken gelegt, und schreit und schreit, bis das Ding steht.

Die Leute haben nicht gewagt, sie zu unterbrechen, denn sie haben wohl gemerkt, dass das Kind sich der Vorstellung hingegeben hat, in einer solchen Gondel zu sitzen. Sie lachen über sie, haben sich um sie herum versammelt. Als nun alles still wird in Stella, sie den Kopf senkt und sich umsieht, erschrickt sie sehr. Eine lachende Menschentraube hat sich um sie gebildet. Das Gelächter klingt spöttisch, schadenfroh. Schnell hält sie sich die Ohren zu und schließt die Augen. So bleibt sie einige kurze, ewige Momente stehen. Dann wagt sie zu blinzeln und sieht sehr erleichtert, dass sich die Menschentraube zerstreut. Noch einige Momente, und sie ist wieder für sich; unauffällig, klein und allein.

Mama hat zu ihr gesagt, wenn sie sich verlieren sollten, möge sie da stehen bleiben, wo sie ist, denn dann könnte sie den Weg einfach zurückgehen und sie da abholen. Stella bleibt also stehen, wo sie ist, löst ihr Bewusstsein von dem ewig schreienden Hoch und Runter und wartet ergeben. Mit übergroßer Erleichterung sieht sie Mama auf sich zukommen. Diese ist ebenfalls sichtlich froh, Stella wieder gefunden zu haben, nimmt sie liebevoll bei der Hand, schimpft nicht und geht mit ihr zu den anderen. Wie gut das ist, wieder bei Mama zu sein, an ihrer warmen, schönen Hand. Stella lässt diese Hand nicht mehr los, bis sie aufbrechen.

Die Zeit geht dahin

Stella erlebt ihr erstes Schuljahr mit sehr gemischten Gefühlen. Die Religionsstunden tragen sie hindurch. Wenn sie glaubt, versagt zu haben, bietet ihr das Tischchen zu Hause und ihr Land, in das sie entschwindet, Hoffnung und Trost. Was das Geigenspielen angeht, hat Stella keineswegs aufgegeben. Sie mag zwar ihre Lehrerin nicht, ist aber wild entschlossen, diesen Abgrund jedes Mal aufs Neue zu durchschreiten, und strengt sich beinahe über ihre Kräfte an zu verstehen, was diese «Spitzsteinworte» von ihr wollen. Manchmal gelingt es, manchmal auch nicht. Manchmal braucht Stella Trost unter dem Tischchen, und manchmal reicht es aus, wenn sie nach der Stunde im Auto in ihr Land geht.

Sie lernt tatsächlich, mit dem Bogen die Saiten zu streichen, und es ist eine unendliche Erlösung, diesem Instrument Töne zu entlocken. Sie erkennt, dass es je nachdem anders klingt, ob sie mehr oder weniger mit dem Bogen auf die Saiten drückt, mehr mit der Spitze des Bogens spielt oder eher in der Froschgegend. Bis zum Ende ihres ersten Schuljahres beherrscht sie alle vier Saiten mit dem Bogen. Allerdings hat sie vor jeder Geigenstunde nach wie vor große Angst. Sie hört das verächtliche Schnauben, das die Lehrerin durch die Nase von sich gibt, und weiß, dass diese sie für sehr dumm hält. Aber Stella gibt nicht auf.

Bergerlebnis

Stella ist oft krank, besonders wenn sie überwältigenden Eindrücken ausgesetzt ist. So geschieht es auch während des Sommerurlaubs im Gebirge. Papa findet es gut und richtig für die Kinder, dass sie das Bergsteigen erlernen, dass sie das Gebirge erleben. Für Stella ist es eine völlig neue Erfahrung. Die Geräusche unterscheiden sich von allem bisher Gehörten. Es ist vielleicht zu vergleichen mit ihren Erlebnissen am Meer. Nur, dass sie jetzt beinahe acht Jahre alt ist und die Dinge weit bewusster erlebt.

Eines Tages also im Gebirgsurlaub bricht die Familie zu einer großen Wanderung auf. Stella kennt bereits das Rauschen des Gebirgsbaches, die wundersame Sonne, die hier viel stechender und klarer scheint als zu Hause. Sie hat die unzähligen Wurzeln gehört, die sich auf jedem Bergpfad den Füßen in den Weg legen, und sie kennt den Duft und die Ruhe der Kühe sowie deren beruhigendes Glockengeläut, das besonders in den Abendstunden erklingt. Auch der Schnee auf den hohen Gipfeln um sie herum ist überwältigend. Fortwährend lässt er seine gewaltigen Prachttöne ins Tal hinuntersinken.

Stella ist von all dem zunächst wie benommen, lernt aber die neue Umgebung mit ihren Geräuschen kennen und fühlt sich schnell in ihr geborgen und wohl. An jenem Tag – so hat Papa gesagt – wollten sie zum Gletscher emporsteigen. Es sei eine anstrengende Wanderung. Dort oben sei die Luft dünn und man müsse sich gut eincremen, da die Sonne dort noch stärker scheine als hier unten im Tal. Stella ist neugierig, cremt sich gut ein, schultert brav ihr kleines Rucksäckchen, und die Wanderung beginnt.

Auf eng gewundenen Pfaden wandern sie immerzu bergauf. Geschickt setzt sie ihre Füße über die Wurzeln, ohne zu stolpern. Sie kommen höher und höher. Bald ist der Weg nicht mehr so gut gesichert, und jenseits ihres Pfades fällt der Hang steil in die Tiefe. Gerne sieht Stella dort hinunter, denn dieses Drehen im Magenbereich, das sich beim Hinuntersehen breit macht, findet sie lustig. Es erzählt von unendlichen Tiefen, und sie selber ist in der Höhe. Sie selber hat die Tiefe überwunden. Stella ist stolz, wenn das Magenkribbeln in ihr aufsteigt, und blickt zu Mamas Schrecken gerne in die Schluchten.

Endlich gelangen sie an den Fuß des riesigen Gletschers, der sich über den Bergrücken erstreckt. Stella ist schon sehr müde. Ihre Beine haben zu schmerzen begonnen. Allein sie vergisst alles um sich herum. Vor ihr liegt dieses unendlich große, weiße und tönende Schneefeld. Sie muss die Augen zusammenkneifen, weil sie so geblendet ist von dessen Gesang. In voller Lautstärke dringt das Feld in ihre Ohren, gleitet der gewaltige Schnee bis hinein in die Gehörgänge. Es ist nicht der sanfte Schnee, von dem sie einst in der Nacht erwacht ist. Vielmehr ruht hier eine Art Erhabenheit darin, gemischt mit ein wenig Gewalt. Allerdings kann Stella diese Gewalt nicht einordnen, weiß nicht, woher sie stammt. Diese Frage stellt sie tief in sich drinnen, ohne dafür Worte zu gebrauchen.

Sie machen eine Pause. Nach dem Brot gibt es sogar Schokolade. Obwohl sie so gerne Schokolade isst, vergisst sie es hier beinahe ganz, und erst, als die braune Masse in ihrer Hand zu schmelzen beginnt, merkt sie es, steckt die Schokolade schnell in den Mund und leckt die Finger ab.

Wie sie alle so dasitzen, hört Stella von weitem ein lautes Getöse.

«Was ist das?», fragt sie aufgeregt den Papa. Es ist so unheimlich, dass sie kurz davor ist, sich die Ohren zuzuhalten.

«Was denn?», sagt Papa.

«Na, dieses Getöse und Gestöhne und Gedonnere.» Papa lauscht angestrengt, und Stella kann an seinem Gesicht ablesen, dass er es jetzt endlich auch hört. Er steht auf, holt das Fernglas hervor und sieht in der Ferne an dem Nachbarberg eine Lawine herunterdonnern.

«Es ist eine Lawine», sagt er. Alle stehen auf. Stella hört das Tosen bereits so laut, dass sie dagegen anschreien muss, weil sie glaubt, dass die anderen sie sonst nicht mehr verstehen.

«Was – ist eine – La-wi-ne?», brüllt sie ihrem Vater zu. Der deutet mit dem Arm auf den Nachbarberg, und Stella sieht es. Ein riesiges Etwas aus Schnee, Geröll und Staub, eine große, graue, donnernde Wolke tost dort am Berg immer weiter abwärts. Stella fühlt ihren Brustkorb vibrieren, beginnt zu beben. Dieses Donnern ist schauriger als jeder Gewitterdonner, ist gewaltiger als alles, was sie jemals gehört hat. Es schwillt noch immer an. Sie legt die Hände über die Ohren. Alle sehen dem Naturschauspiel gebannt zu. Endlich ist es wieder still, ja es scheint totenstill zu sein. Selbst der leuchtende Gletscherberg ist verstummt.

Stella kommt wieder zu sich. – Auf irgendeine Weise ist ihr elend zumute.

Als sie abends nach Hause kommen, kann sich Stella kaum noch auf den Beinen halten. Mama hat es schon bald gemerkt, dass sie wieder einmal fiebert. Papa hat sie beim Abstieg zwischendurch getragen. Jetzt ist sie erschöpft und Mama misst die Temperatur. Stella hat 40,5 Grad Fieber. Sie liegt im Bett, bekommt Wadenwickel, ist kaum bei sich, hört nur immer dieses Getöse der Lawine, gemischt mit dem eigenen Rauschen und dem schnellen Rhythmus ihres Körpers. Dann tauchen in ihr wieder die singenden Gletscherklänge auf. Es dauert einige Tage, bis sich Stella erholt und beruhigt hat.

Solche Erlebnisse lassen Stella krank werden. Die Eindrücke sind so stark, dass sie davon überwältigt wird und ihr Körper mit Krankheit – meist mit Fieber – reagiert.

Anfällig sei sie, meint die Ärztin. Mama aber pflegt Stella instinktiv in aller Stille, lässt sie nicht aus dem Bett heraus, bis sie ganz gesund ist, stets darf sie nach einem starken Fieber noch ein paar Tage zu Hause bleiben, was Stella dann das innere Gleichgewicht zurückgibt.

Stella im Abseits

Auch das zweite Schuljahr vergeht. Stella lernt weder Lesen noch Schreiben. Sie besucht eine Privatschule. Nur dadurch ist es möglich, dass sie weder in eine Sonderschule kommt noch eine Klasse wiederholen muss. Seit sie sich nicht mehr meldet, wird sie von ihrem Lehrer auch nicht mehr aufgerufen. Stella ist so unauffällig im Unterricht, so still, dass sie in der hintersten Ecke der Klasse nicht weiter auffällt. Stets versucht sie alle Aufmerksamkeit von sich abzulenken und macht sich innerlich so klein und dünn wie möglich, versucht so weit wie möglich in das «Abseits» zu rücken. Sie wohnt dem Unterricht bei, saugt die Geschichten auf, lauscht auf alles, was sie hört, und wenn es unerträglich wird, geht sie, heimlich, in ihr Land.

So gehen die ersten Schuljahre an ihr vorüber. Es ist tatsächlich ein Vorübergehen der Jahre, weil sie die abstrakten Dinge nicht aufnehmen kann. Wenngleich sie eine große Intelligenz im Erhören der Dinge an den Tag legt, so vermag sie diese für die gewöhnliche Art von Buchstaben und Zahlen nicht anzuwenden.

Stella indessen hat sich in ihr Schicksal ergeben, fühlt sich zunehmend wie aus einer anderen Welt kommend, ja manchmal gar wie aussätzig, wie in einer «Abseitswelt». Allein sie hat ihr Land, wird stiller von Tag zu Tag, ist in sich gekehrt, und die Erwachsenen um sie herum freuen sich über ihre farbenstarken Bilder, in denen sie einen winzigen Teil ihrer Wahrnehmungen auszudrücken sucht.

Weiterhin liebt Stella den Religionsunterricht, hört neue Geschichten, lernt neue Gedichte. Eines Tages ist auch jenes Gedicht dabei:

«Sieh nicht, was andre tun, der andern sind so viel, du kommst nur in ein Spiel, das nimmermehr wird ruhn. Geh einfach Gottes Pfad, lass nichts sonst Führer sein, so gehst du recht und grad, und gingst du ganz allein.»

Stella liebt dieses Gedicht, nimmt es mit unter ihr Tischchen, spricht es sich oft zum Trost vor. «Sieh nicht, was andre tun» … Wie kann sie aber dies «Nicht-auf-andere-Sehen» umsetzen? Stella glaubt, sie müsse sich fortwährend mit anderen vergleichen, sich gewissermaßen an ihnen festhalten, an ihren Klängen orientieren, da die ihrigen so verschieden von den anderen sind. Was geschähe, wenn sie sich nicht mehr an den Tönen der anderen «ertasten», «erlauschen» würde? Das wäre ein «Fortfallen», ein «Abdriften» nach allen Richtungen. Sie würde gewissermaßen «davonlauschen» …

«Geh einfach Gottes Pfad» … Das ginge schon besser. Auf diesem Weg könnte sie die Ohren mitnehmen, es wäre ein Pfad, den sie sich wohl klingend vorstellt, ein Pfad ohne Lärm, ohne Hohn …

In ihrer unendlichen Einsamkeit findet Stella immer wieder zu dem «Vaterunser», zu dem über allem stehenden Vater, von dem sie sich vorstellt, verstanden zu werden, der sich nicht lustig macht, der ihre «Ohrenwelt» kennt …

In dieser Zeit geschieht es, dass ein Klassenkamerad von ihr stirbt. Sie tauft ihn für sich im Stillen «Sonnenjan», nimmt ihn mit unter ihr Tischchen und hat einen zweiten Freund neben der Sonnendare. So kommt es, dass die Verstorbenen zu Stellas «Freunden» werden, da sie sich in ihrer Einsamkeit ausmalt, wie diese nun ihre Gefährten sind und immerfort vom Himmel auf sie herabschauen, sie beschützen, ihr raten, helfen und Trost spenden. Die Stille unter ihrem Tischchen birgt eine Klangwelt in sich, die den Tönen in ihr selbst am nächsten kommt. Die Ruhe und die Abgeschiedenheit lassen «Farbentonleitern» frei werden, die sich ungestört in Kaskaden in sie ergießen können. In jenem Raum kann sie die Ohren ganz frei lassen, muss sich nicht an anderen Menschen «ertasten», muss nicht «erfühlen», nicht «erlauschen», was die anderen Menschen alle für seltsame Dinge von ihr erwarten, von ihr wollen, von ihr verlangen.

Stella unternimmt dennoch beinahe übermenschliche Anstrengungen, um nach außen hin ein lustiges und gewöhnliches Kind zu sein. Sie versucht, in den Pausen zu spielen, versucht die Interessen der Gleichaltrigen zu teilen. Allein es gelingt ihr kaum. Sie hat fast keine Freunde in der Klasse, entwickelt ein Außenseiterdasein, fühlt sich schlechter als die anderen, anders als die anderen und dümmer als die anderen.

Das Verlieren

So vergeht die Zeit und Stella wird bald zehn. Die Familie reist zusammen nach Griechenland. Dort wollen sie auf einer Insel die Ferien verbringen. Es sind wieder neue Eindrücke, neue Klänge. Hier tönt das Meer wieder anders, als es Stella früher bereits erlauscht hat. Der Klang, den die sengende Hitze auf den Sand singt, ist ihr neu, und auch die lauen Sommernächte mit dem Grillenspiel und dem fremd anmutenden Sternenschimmer hört sie hier zum ersten Mal.

Stella ist nach der Anreise erschöpft, fiebert leicht, ist aber nach wenigen Tagen wieder bei sich und erkundet mit großem Interesse die Umgebung. Im Nachbarhaus wohnt eine griechische Familie. Stella hört sie oft reden. Diese Sprache hat einen anderen Klang, sie ist viel voller und auch kräftiger als ihr Deutsch. Sie fühlt sich in diesen «Griechisch-Klang» hinein und erfindet selber eine Sprache und Wortlaute, die dem des Griechischen ähnlich sind. Es kommt ihr beinahe so vor, als habe sie die Laute und Aussprache aus jener Sprache gestohlen, um sie selber zu genießen. Wann immer sie alleine ist, übt sie ihr «Griechisch», spricht die erfundenen Wörter laut aus, fügt sie aneinander und versucht, den Sinn dessen, was sie sagen möchte, in jene fremden Laute zu tauchen. Ja, sie singt sogar manchmal diese Laute und versucht so, der Sprachmelodie näher zu kommen.

Stella geht gerne alleine um das Haus, strolcht durch die hohen Gräser zwischen Wasser und Strand und spricht leise zu sich ihr «Griechisch». Dabei entdeckt sie ein Mädchen, das wohl zu diesem Nachbarhaus gehört und verlangsamt ihren Schritt. Das Mädchen ist ungefähr gleich alt. Sie wäre eine gute Spielkameradin, denkt Stella leise für sich. Das Mädchen winkt sie zu sich heran, spricht Griechisch. Dabei deutet sie auf sich selber und sagt: «Daphne». Stella deutet auf sich und sagt ebenfalls auf «Griechisch» ihren Namen. Dann kommt Daphne auf Stella zu. Sie hat dunkle Haut und dunkle Augen sowie kastanienbraunes Haar. Stella findet sie wunderschön. Daphne hat einen sehr eigenen Klang, tönt anders als all ihre Klassenkameraden. Irgendetwas tönt nicht gut an ihr, aber Stella kann sich nicht erklären, was es ist. Vielleicht ist es nur das Fremde an ihr, denkt sie sich halbbewusst.

Daphne und Stella beginnen miteinander zu spielen. Stella kann kein Wort Griechisch, obwohl sie selber fortwährend «Griechisch» spricht, wenn sie mit Daphne zusammen ist. Dennoch verstehen sie sich. Stella spürt und erlauscht, was ihrer neuen Freundin Freude macht, sie zeigt ihr, wie man Steinchen zu Püppchen spielt, und spielt ihr in ihrem «Stellagriechisch» ganze Geschichten vor. Daphne schaut gebannt zu. Die beiden Mädchen spielen nicht nur Püppchen, sie planschen auch im warmen Meerwasser. Stella lernt, sich in die Wellen zu werfen, obwohl sie wegen ihrer ständigen Krankheiten und ihrer «Anfälligkeit» noch nicht schwimmen kann. Sie schätzt sich geschickt ein und liebt es, im Wasser zu wirbeln, sich auf den Sand spülen zu lassen, wieder hineinzulaufen und immer hin und her und kreuz und quer.

Nach einigen Tagen bringt Daphne eine Luftmatratze mit. Die Mädchen tollen darauf herum, toben um die Wette. Stella ist überglücklich. Noch nie hat sie so eine gute Spielgefährtin gehabt. Die beiden Mädchen legen sich auf die Matratze, um auszuruhen. Stella sieht in den Himmel. Lächelnd lauscht sie den Lauten der Wellen und oben den Wolkenballen, wie sie den Himmel besingen. Große Wolken, kleine Wolken, winzige Wölkchen, Wolkenfetzen, die alle durcheinander tönen und dennoch zusammen mit der Sonne einen heiteren Gesang von sich geben.

Plötzlich hört sie Daphne schreien. Diese schnellt von der Luftmatratze herunter, krault flink und schnell wie ein Fisch an Land. Erst jetzt merkt Stella, dass sie weit vom Ufer abgetrieben sind. Sie vergisst Wolken und Wölkchen, Wellen und Gesang, gerät in Panik. Ihr Herz beginnt bis in die Fingerspitzen und Fußzehen zu pochen. Was, wenn sie nun auf der Luftmatratze in ein anderes Land treiben würde oder nie wieder zurück an den Strand käme? Sie ruft Sonnenjan und Sonnendare zur Hilfe und auch den «Vater unser». Allein keiner scheint sie zu hören, keiner lenkt die Matratze wieder ans Ufer zurück. Im Gegenteil, sie treibt immer weiter hinaus. Stella spürt, dass es sehr ernst ist. Sie kann nicht länger auf der Matratze sein. Offenbar hat Daphne keine Hilfe geholt, wie sie gedacht hat. Wahrscheinlich weiß Daphne nicht, dass sie nicht schwimmen kann.

Ihr Herz rast bis ins Wasser. Sein Rhythmus vermischt sich mit den Wellen, die Finger zittern, und in ihrer Angst gleitet sie von der Matratze herunter und lässt sie los. Plötzlich fühlt sie überall Wasser. Wasser in den Ohren, im Mund, in ihren Eingeweiden, ihrem Haar. Sie bewegt Arme und Beine, kommt an die Oberfläche, schnappt nach Luft, hustet und taucht wieder unter, kommt nach oben, hustet, schnappt, ruft heiser: «Hilfe!», aber keiner scheint sie zu hören. Dann fühlt sie, wie sie müde wird. Aber sie will nicht müde werden. Mama hat ihr immer in der Badewanne gesagt, dass sie Arme und Beine ruhig bewegen müsse, wenn sie einmal keinen Grund unter ihren Füßen habe. Stella erinnert sich wie im Traum daran. Sie versucht es und kommt nun tatsächlich leichter an die Oberfläche. Da sieht sie weit weg am Ufer Mama ins Wasser stürzen und zu ihr eilen. Aber der Weg erscheint endlos bis zu ihr.

Wieder ein Tauchen unter die Wasseroberfläche, ein Wasser in ihr, über ihr, in ihrem Haar, im Ohr. Es ist Wasser ohne Rhythmus, es ist Todeswasser, und in ihm sind ihre Ohren und ihr Rhythmus, der sich mit oktavenhohen Wasserbergen mischt. Stella kämpft, hustet, kommt nicht mehr dazu, «Mama» zu rufen, sieht nur, dass sie noch so weit weg ist. Dann plötzlich geschieht etwas Unerklärliches:

Sie wird ruhiger. Irgendwie schafft sie es, wie im Traum, immer wieder nach etwas Luft zu schnappen, aber ihre Angst verschwindet. Ein dunkler Ton macht sich in ihr breit. Er ist gut und warm, und sie fühlt, dass eine Art Abschied gekommen ist. Das Wasser bekommt Klanglinien, die sich in allen Regenbogenfarben um sie mischen. Regenbogenklingen wird zu Formkreisen; Todeswasser verwandelt sich in Lichtspuren, die im Regenbogenklang pfeilwärts emporsinken. Bereitwillig gibt sie sich diesem Tönen hin, lässt die Ohren in den Lichtspuren, legt sie in jenen Ton; bereitwillig beginnt sie mit dem Abschied.

Zunächst verabschiedet sie sich von all ihren Puppen, tauscht sie gegen farbige Wassersonnen ein. Danach von den Geschwistern, von ihrem Tischchen ... Dann von Mama und Papa, an deren Stelle sich gerundete Sonnenlichter bewegen, die immerfort zu ihr hin klingen wollen. – Regensonnen, klangfarbene Wasserlinien, Püppchen, golden gerundete Tongewässer, Mama und Papa in Purpurklängen, die fadenwärts Regenbogengewässer formen ...

Stella lässt alles los, alles fahren. Schließlich verabschiedet sie sich von sich selbst, sieht, wie sie sich von ihren Füßen, den Beinen, dem Oberkörper trennt, lässt alles unter sich und nur noch ein warmer, vielsingender Ton ist in ihr. Dieser schwillt an zu einem zeitrunden Gesang.

Stella fühlt große Freude in sich aufkeimen. Gleichzeitig jedoch sieht sie ihre Mama ganz dicht bei ihrem Körper. Mit einem Mal ist der Klang verschwunden, sie muss entsetzlich husten, ihr ganzer Körper gellt nach bitterem Meerwasser, die Lippen sind blau, Mama ist bei ihr und sie hält sich zitternd an ihren Schultern fest.

«Nicht so drücken», ruft Mama keuchend. Stella beginnt sich zu bewegen, aber Mama schluckt noch immer Wasser.

Stella sieht, dass vom Ufer ein brauner Mann ins Meer springt und mit schnellen, geschickten Zügen auf sie zu schwimmt. Bald ist er da. Mama atmet schwer, keucht und hustet unter ihr. Der Mann nimmt die bebende Stella, umfasst sie mit seinem Arm und schwimmt ebenso kraftvoll mit ihr in Richtung Ufer. Stella ist es unendlich peinlich, dass ein fremder, griechischer Mann helfen muss, sie aus dem Wasser zu bringen. Regenbogentöne und klangfarbene Wasserlinien sind fort. Sie schnauft und hustet immer noch, zittert so sehr, dass sie sich nicht vorstellen kann, ans Ufer zu gehen.

Plötzlich ist sie wieder in jenem Klang geborgen. Nach außen hört sie nichts, fühlt nichts und denkt nichts. Selbst die Peinlichkeit ist von ihr gewichen.

Endlich sind sie am Ufer. Der Mann merkt, dass Stella zu benommen ist, um selber gehen zu können. Deshalb nimmt er sie auf die Arme und trägt sie aus dem Wasser. In diesem

Moment schießt die Peinlichkeit wieder in Stella hinein. War sie gerade noch so erholsam gefühllos gewesen, so trifft sie nun jenes unangenehme Gefühl, getragen werden zu müssen, mit voller Kraft. Sie will laufen, selber gehen, macht sich durch Gesten bemerkbar. Der Mann versteht und stellt sie vorsichtig in den warmen Sand.

Mama ist inzwischen auch gekommen, nimmt Stella bei der Hand, bedankt sich bei dem Mann und geht mit ihr ins Haus. Dort angekommen, schwillt ihre Stimme an, schwillt laut an, als schreie sie mit dreißig Stimmen: Was ihr, Stella, eigentlich einfalle, so weit hinaus zu gehen, sich auf eine Luftmatratze zu legen.

Stellas Ohren sind nicht an ihrem Platz, sind noch irgendwo im Nirgendwo. Deshalb hört sie nicht, warum Mama so schreit. Alle Angst, der Schreck, das Gefühl, das eigene Kind zu verlieren, die übergroße Anstrengung, mit dem Kind auf dem Rücken gegen die Strömung anzuschwimmen, all das Keuchen und bittere Wasser-Schlucken – dies alles hat sich in Mama zu einem großen, gewaltigen Etwas angestaut. Sie muss es los werden, um nicht daran zu ersticken:

«Wie kann man nur so blöd sein, das verstehe ich nicht?!», schreien die dreißig Stimmen auf Stelle los … wie man nur so blöd sein kann … wie man nur so blöd sein kann … dröhnt es in Stella nach. Sie kann nicht mehr stehen, greift nach einem Handtuch und versucht sich zu trocknen, was ihr nicht gelingt.

»Zieh Dir was Trockenes an», rufen die dreißig Stimmen tief aus dem «geballten Etwas», «damit du nicht wieder krank wirst!» Stella kann sich nicht orientieren, findet ihre Sachen nicht. Mama schleudert die Wäsche in ihre Richtung, und Stella strengt sich an, sie zu holen. Dann versucht sie zitternd, sich anzuziehen. Es will nicht gelingen. Erst, als sie Halt auf dem kalten Fußboden findet, sich setzt, geht es besser.

Es dauert lange, weil sie nicht das Gefühl hat, dass es ihre Füße sind, denen sie die Strümpfe anzieht, nicht ihre Arme, die durch das T-Shirt müssen. Sie ist noch immer nicht trocken, zittert und hustet noch immer. Endlich hat sie ihre Kleider an. Die dreißig Stimmen toben aus dem Etwas. Stella ist wie in Trance, beschließt aber trotzdem, nach draußen zu gehen, damit sie die dreißig Stimmen nicht mehr hören muss und diese sie nicht mehr sehen müssen, schließlich hat sie etwas furchtbar Schlimmes getan. So viel hat sie verstanden.

Draußen kommt Daphne auf sie zu. Sie hat Blumen für Stella gepflückt, nimmt sie am Arm. Aber Stella sieht sie nicht einmal. Daphne lässt von ihr ab und Stella geht allein zwischen die Gräser. Nein, sie geht nicht, es geht. Es ist, als müsse sie ihren Beinen sagen, dass sie jetzt hier und dort hingehen sollen. Bei den Gräsern angekommen, lässt sie sich abseits der Häuser nieder. Ohne dass sie es verhindern kann, quellen ihr Tränen aus den Augen. Sie möchte nicht weinen, aber es geschieht einfach, und sie fühlt, wie es an ihrem Gesicht hinabtränt. Zwischendurch hustet sie wieder, weint, hustet, weint, hustet.

Sie weint bitterlich und sieht, ohne wirklich zu sehen, über das sanfte Gras. Der Wind neigt es ein wenig zur Seite, und Stella ist es, als neige es sich mit ihrem Kummer, als trauere es mit ihr. Sie weint darüber, dass sie nicht gestorben ist, dass sie noch am Leben ist, dass sie von einem Mann ans Ufer getragen werden musste und alle am Strand zugesehen haben. Sie weint aber vor allem darüber, dass sie noch ist; eine Blume ohne Blüte, ein Stern ohne Glanz, ein Stein ohne Schwere …

Sie, Stella, hat etwas Furchtbares getan, sie hat etwas so Schlimmes angestellt, sie ist so blöd. Das hat selbst Mama gesagt.

Endlich gibt es keine Tränen mehr, aber sie zittert noch immer, ihre Glieder wollen ihr nicht gehorchen, das Herz will durch das Gras davonrasen. Sie hört immer und immer wieder, wie Wasser über ihr zusammenschlägt und schlägt und schlägt. Wasser in ihr drin und im Haar und zwischen den Zehen. Sie sehnt sich nach ihrem Land, kann es aber nicht finden. Nicht nur ihre Glieder gehorchen ihr nicht, sondern auch ihre Gedanken gehen andere Wege. Oder vielmehr: Sie gehen «weglos».

Stella hat das Gefühl für die Zeit verloren, hat ihr Land verloren, hat die Freundin verloren, hat sich selber verloren. Selbst das Weinen bleibt in ihr stecken. Sie hört keine Töne, Klänge oder Rhythmen mehr. Die Einsamkeit beginnt, ihr trauriges, schauriges Lied in ihr zu singen, ohne dass sie es hören kann. Es ist so still in ihr. Selbst der feine Rhythmus des Grases schweigt, die Sonne schweigt, das Meer schweigt. Stella weiß nicht, wo sie sich Trost suchen soll.

So allein hat sie sich in ihrem ganzen Leben noch nie gefühlt. Sie kann nur eines denken: «Warum bin ich nicht gestorben? Warum bin ich nicht bei Sonnendare und Sonnenjan? Warum bin ich nicht gestorben?» Wieder erbebt sie zitternd, und ein Stöhnen dringt aus ihrem tiefsten Innern, das sie selber erschauern macht.

Mühlespiel

Stella schämt sich unendlich für ihre Tat. Sie beschimpft sich innerlich, dass sie nicht aufgepasst hat; wie hatte sie nur so dumm sein können? Sie beginnt sich abscheulich zu finden, beginnt sich zu hassen. Dabei wird es noch stiller um sie her. Die Dinge sprechen nicht mehr zu ihr. Sie redet sich tapfer ein, dass sie sicher auch alleine aus dem Wasser gekommen wäre, ohne Mama. Bestimmt hätte sie das Schwimmen in dieser Situation gelernt und wäre irgendwie ans Ufer gekommen. Sie erzählt Papa, sie glaube, dass sie allein an Land gekommen wäre, wenn Mama sie nicht gesehen hätte. Der Papa meint beruhigend, sie habe gewiss recht, obwohl er nicht dabei gewesen ist.

Allein Stella wird durch Alpträume geweckt. Wasser schlägt über ihr zusammen, ist im Haar, in ihr drin, wühlt in ihren Eingeweiden, zieht sie an den Füßen hinunter, will sie fressen; Wasser nimmt all ihre Freunde mit fort, alle Geräusche spült es von ihr, alle Klänge, alle Töne rauschen mit ihm davon. Stella wacht auf, zittert am ganzen Leib und weint. Sie weint in die Nacht, in die Stille hinein und fühlt nur Dunkelheit in sich.

Stella weiß nicht mehr, wie sie aus Griechenland nach Hause gekommen sind, sie kann sich an nichts mehr erinnern; wie im Traum nimmt sie die Dinge wahr, als ginge sie selber an sich vorüber. Früher wurde sie von Mama auf den Arm genommen, gewiegt, wenn sie geweint hatte, getröstet. Jetzt ist alles anders. Sie spürt, dass sie größer wird und die Zeit vorbeigeht, in der sie in den Arm genommen wird, gewiegt und getröstet wird. Sie entbehrt dies so sehr in jener Zeit, dass sie sich mehrere Kissen in ihr Bett holt, ihnen Namen gibt, sich an ihnen festhält und in ihnen Trost sucht. Aber selbst die benannten Kissen können ihre Einsamkeit nicht lindern.

Früher hat Stella von Papa «Mühle» spielen gelernt. Es fiel ihr von Anfang an nicht schwer, ja, wurde ihr schon bald langweilig, und sie hat es bereits wieder vergessen. Jetzt aber ist die Leere in ihr so groß geworden, die Dunkelheit so dunkel, dass sie zu dem Spiel greift, als sie es zufällig im Schrank sieht. Langsam zieht sie es hervor, betrachtet es, holt es zu sich ins Zimmer, kauert sich in eine Ecke, öffnet den Deckel. Sie häuft die schwarzen Steine auf einen Haufen und die weißen Steine gegenüber auf einen anderen Haufen. Dazwischen liegt das rot glänzende Mühlebrett. Langsam nimmt sie einen weißen Stein, setzt ihn in die äußerste Ecke, nimmt einen schwarzen Stein und legt ihn gegenüber in die andere Ecke, bedient sich wieder an dem weißen Stapel, hat irgendwann eine weiße Mühle, dann eine schwarze Mühle, dann eine Zwickmühle, spielt erbittert gegen sich selber, denkt sich viele Züge voraus in beiden Parteien, spielt sie aus. Es ist ihr, als höre sie ein mechanisches Pochen. Dies ist besser, es ist viel besser als die Leere, und sie spielt schwarz und weiß und wieder schwarz, nimmt sich selber Steine weg, spielt gegen sich selber eine Zwickmühle, klügelt komplizierte Spielzüge aus, wie sie sich selber besiegen kann oder, anders gesagt, wie sie selber gegen sich verliert. Dort hockt sie in der Zimmerecke und baut Mühlen um Mühlen mit den weißen und schwarzen Steinen, um die unerträgliche Leere in sich gegen das mechanische Pochen auszutauschen …

Trotz ihrer inneren Not hören Stellas Versuche nicht auf, wie ein normales Kind zu sein. Der Wunsch ist so groß, dazugehören zu können, dass sie bereit ist, viel dafür zu tun. Ihre Klassenkameraden merken es und beginnen Stella zu dulden. Sie steht zwar stumm in den Pausen neben ihnen, stört aber auch nicht. Es ist Stellas Duldsamkeit, die geduldet wird, und Stellas Geduld ist es zu verdanken, dass sie erduldet wird. Allerdings bekommt sie nicht wirklich mit, worum sich die Interessen und Gespräche der Gleichaltrigen drehen. Es geht an ihr vorüber. Immerhin steht sie jedoch nicht mehr allein auf dem Pausenhof.

Stellas Gedankenland ist ihr noch immer verschlossen. Nicht einmal der Trost unter dem Tischchen bleibt ihr noch, denn sie ist zu groß gewachsen, um darunter kauern zu können. Selbst das Beten ist ein anderes, ein fremdes, geworden.

Die Schuld für all diese Umstände schreibt sie sich selber zu; sie hat nicht aufgepasst und wäre fast ertrunken. Dies hier ist die Strafe dafür, und sie schickt sich hinein, die Dinge zu nehmen, wie sie nun einmal sind. Allein Stella möchte nicht groß werden. Zu Hause flüchtet sie sich in ihr Puppenspiel, zu ihren weißen und schwarzen Steinen, spielt, dass die Puppe auf einer Matratze ins Wasser gleitet, hinausgetrieben wird und dass sie, Stella, schwimmen kann, die Puppe rettet, sie an Land bringt, in ein Handtuch einhüllt, in die Arme nimmt, lange, lange hält und hält, ihr leise Lieder vorsingt, sie vorsichtig anzieht, sie in ihr Puppenbett bettet, singt, lauscht und weint und sie streichelt.

Frau Anderson

Stella geht zäh in jede Geigenstunde, lernt auch die Finger auf die Saiten zu legen. Nach vielen Wutanfällen der Geigenlehrerin, in denen sie Stella anschreit, ihre «Spitzsteinstimme» zu Felsblöcken anschwellen lässt, lernt Stella endlich, Noten zu lesen. Sie begreift nicht, warum man Noten lesen muss, nur damit man dann spielt, was irgendwo steht. Es ist viel schöner zu spielen, was einem selber einfällt; es ist wunderbar, so laut und so leise spielen zu können, wie man selber es wünscht. So kann man Töne hervorzaubern, die einem tief innen entsprechen.

Stella schickt sich jedoch auch in das Notenlesen. Sie lernt schwer, ist immer wieder abgelenkt vom Klang der Geige, die Finger möchten anders spielen, als die Noten vorschreiben. Aber sie glaubt inzwischen zu wissen, dass sie auf eine Weise nicht richtig sei, dass das, was die anderen Menschen sagen, weit mehr Gewicht habe und ausnahmslos stimme. Sie glaubt, dass ihre Meinung falsch sei, meist auch ihr Verhalten. Deshalb hat sie kaum Freunde und ist allein. So denkt Stella, und sie beginnt, sich mehr und mehr zu verlieren. Um sich nicht ganz zu verlieren, kaut sie an ihren Fingernägeln. Wenn der Nagel abgerissen und das Nagelbett verletzt ist, fühlt sie sich wieder, hat sich wieder, ist wieder Stella, hat sich gefunden, hat sich bestraft.

Nun geschieht es, dass Stella eines Tages aus der Schule kommt, und alles ist anders. Mama hat geweint. Das ist unweigerlich der Fall gewesen. Stella hört es zwar nicht, kann es aber sehen.

«Du brauchst heute nicht in die Geigenstunde zu gehen», sagt Mama, «ich habe mit der Lehrerin gestritten und will nicht, dass du noch länger dorthin gehst!»

Stella traut ihren Ohren kaum. Sie fühlt eine unbändige Erleichterung in sich aufkeimen. Sie hat den Eindruck, als falle ein dicker, grauer Stein von ihrer Brust, es ist, als könne sie nun leichter atmen, als sei sie ein Stückchen erlöst.

Später hat man erfahren, dass die Lehrerin in eine psychiatrische Anstalt eingewiesen werden musste.

Es dauert einige Monate, bis eine neue Lehrerin gefunden ist. Stella mag sie von Anfang an. Sie ist klar, geduldig, nicht streng, aber konsequent, wiederholt sich so oft, bis Stella verstanden hat. Ja, sie macht sich sogar die Mühle, die Dinge auf verschiedene Arten zu erklären, sodass es Stella sicher verstehen kann, was sie genau meint.

Die neue Lehrerin heißt Frau Anderson. Frau Anderson hört aus der Art, wie Stella den Bogen streicht, eine Besonderheit heraus. Sie hört, dass Stella einen sogenannten guten Ton hat. Sie entlockt der Geige saubere, volle Töne, die ein wunderschönes Klangvolumen haben. «Es klingt schön, wie du spielst», sagt Frau Anderson zu Stella. Diese errötet aus großer Verlegenheit. Noch nie hat jemand zu ihr gesagt, dass sie schön spielt. Sie glaubt sofort, dass es Frau Anderson nur sagt, um ihr zu schmeicheln, um gut anzukommen. Sie glaubt ihr nicht wirklich. Es kann nicht sein, dass sie, Stella, etwas gut macht, das wäre gewiss nicht möglich. Dennoch freut sie sich und beginnt, gut und gerne zu üben. Sie übt für Frau Anderson. Diese mag Stella, und ihre ruhige, sanfte, aber überaus bestimmte Art erreicht, dass sich Stella wieder ein wenig öffnen kann. Zumindest im Geigenspiel geschieht es hin und wieder, dass sie ihre Ohren ein wenig entfalten kann. Manchmal spielt ihr Frau Anderson etwas vor. Dann lauscht Stella hingebungsvoll und hört, wie gut, wie sanft, wie rein Frau Andersons Töne sind.

Geburtstagsfeier

In der Schule gibt es ein Mädchen, das alles beherrscht, was im Unterricht gefordert wird. Sie malt am allerschönsten, hat eine Schrift, die viele Mädchen nachahmen wollen, kann gut Englisch, ist fleißig und geschickt in der Handarbeit. Kurz: Stella verehrt sie sehr, blickt zu ihr auf, liebt sie all ihrer unglaublichen Fähigkeiten wegen. Und Rosa, so heißt sie, fühlt sich von Stella angezogen. Rosa findet Stella nett und lädt sie zu ihrer Geburtstagsfeier ein.

Stella ist hübsch angezogen, fühlt sich gut in ihrem Samtkleid und mit den geflochtenen Zöpfen. Sie hält ein Geschenk für Rosa in den Händen. Mama hat es wunderschön eingepackt, und Stella ist stolz darauf. Sie ist in feierlicher Stimmung, durchzogen von einer unglaublichen Freude. Mit leuchtenden Augen steigt sie aus dem Auto, mit dem sie Papa hingebracht hat.

Der Kaffeetisch ist bunt gedeckt, Mohrenköpfe, Kuchen und andere Leckereien liegen darauf. Alle Kinder setzen sich und singen ein Geburtstagslied. Stella macht eine außerordentliche Entdeckung: Sie hört den Rhythmus dieses Liedes, lauscht in sich hinein, lauscht ihrer Freude, und auch diese hat einen Rhythmus. Diese Freude ist fein, aber durchaus wahrnehmbar.

Mit klarer und heller Stimme singt sie das Geburtstagslied, dessen Rhythmus mit ihrer Freude zusammenschmilzt. Sie singt und singt. Alle sind schon fertig, und Stella singt noch immer. Rosas Mama unterbricht Stella: «Du singst aber schön, Stella, sing noch eine Strophe ganz allein für Rosa, möchtest du das?» Stella ist verlegen, aber sie möchte es gerne, sie ist so voller Freude, dass sie die letzte Strophe glockenrein noch einmal singt. Alle klatschen in die Hände. Stella versteht nicht warum und klatscht auch, dann ist die Tafel eröffnet. Noch nie hat Stella so viele Mohrenköpfe auf einem Tisch gesehen und noch dazu alle zum Essen. Sie isst nur Mohrenköpfe. Es müssen wohl sechs oder acht gewesen sein. Jedenfalls ist es Stella schlecht, und sie beendet ihr Mohrenkopfessen jäh, vergisst aber ihre Übelkeit, denn jetzt beginnen die Kinder, Spiele zu machen. Stella kennt von den eigenen Geburtstagsfeiern die «Reise nach Jerusalem» und reiht sich in die Schlange von Kindern um die Stühle ein. Die Musikkassette tönt, und alle gehen um die Stühle. Stella huscht von Stuhl zu Stuhl. Die Musik erstirbt, und sie setzt sich.

Sie ist ganz und gar in Musik und Stuhl, in der Kinderschlange mit den Kindern, mit dem Lachen, mit der Freude. Sie ist so dabei, dass sie in inneren Jubel ausbricht. Dazwischen immer die Stühle, das Setzen, das Gehen, das Laufen, die Musik, der Rhythmus, das Setzen. Stella huscht immerfort im Kreis um die Stühle. Geschickt lenkt sie ihre Tänzerfüße herum, stoppt rechtzeitig, setzt sich rechtzeitig und – hat gewonnen. Alle klatschen in die Hände, und Stella wird auf einen Stuhl gestellt und bekommt einen Blumenkranz in das Haar. Sie hat gewonnen. Wie in einem wunderschönen Traum steht sie auf dem Stuhl und findet sich zum ersten Mal seit langer Zeit wieder schön. Sie findet sich nicht unmittelbar gut, aber sie findet sich in Ordnung. Sie ist dabei, darf sich freuen, darf gewinnen, hört wieder, hört leise, aber hört wieder. In diesem Augenblick beginnt sie, ihre Freundin Rosa zu lieben. Sie liebt alle Kinder, besonders aber Rosa, die sie eingeladen hat.

Rosa

Rosa ihrerseits mag Stella. Sie ist flink, singt schön, spielt Geige wie Stella, die sie bewundert, und sie fühlt sich dadurch geschmeichelt, wird offen für Stella, findet Stella faszinierend, so undurchdringlich, geheimnisvoll. Sie hat so weiche Haut und so sanfte, traurige Augen. Das macht sie sich nicht wirklich klar, aber Stellas Erscheinung zieht sie an. Rosa beschließt, sich in der Schule neben Stella zu setzen. Sie kann Stella dazu bewegen, sich weiter vorne in der Klasse zu platzieren. Stella ihrerseits findet den Mut, aus der hintersten Ecke in der Klasse hervorzukommen, um an Rosas Seite sitzen zu dürfen. Rosas scharfem Verstand entgeht es nicht, dass Stella weder lesen noch schreiben kann. Sie selber langweilt sich im Unterricht, malt unentwegt Strichmännchen in ihr Heft, fingert an ihren Sachen herum, spitzt die Stifte, sitzt unruhig auf dem Stuhl, rutscht hin und her. Stella hingegen ist still, sitzt still, malt keine Strichmännchen, versucht aufzunehmen, was der Lehrer sagt, kann es nicht. Rosa macht es sich zur Aufgabe, Stella zu helfen. In der Pause nimmt sie Stella ins Schlepptau und steuert mit Zettel und Stift auf eine Bank zu.

«Schau, Stella, es sind nur Buchstaben aneinandergereiht», meint sie geduldig. Die Buchstaben und ihre seltsamen Bedeutungen kennt Stella inzwischen. Sie weiß, wie das «W» ausgesprochen wird. «Also», beginnt Rosa von neuem, «es sind nur Buchstaben aneinandergereiht, wie auf einer Perlenkette.» Stella versteht. Sie lauscht aufmerksam auf Rosas Stimme, die sich so warm anhört. Es ist wundervoll, ihr zu lauschen, und es ist wundervoll zu hören, wie sich Rosa ihr zuwendet. Eben über diese Art von Zuwendung versteht Stella sofort, was Rosa meint. Sie begreift. Stella beginnt zu lesen, reiht Buchstabe an Buchstabe, perlenkettengleich knüpft sie Laut an Buchstabe und Buchstabe an Laut. Rosa schreibt «schön» auf das Papier, lacht sie an und fragt, was sie da geschrieben habe. Stella liest langsam, braucht lange, aber Stella liest. Mit bald elf Jahren lernt Stella das Lesen allein über die Zuwendung eines anderen Mädchens.

Es entsteht eine Freundschaft zwischen den beiden, die einen besonderen Charakter hat. Entweder in der Unterrichtsstunde oder aber danach erklärt Rosa alle Dinge, die Stella nicht aufnehmen konnte, noch einmal. Sie wendet sich Stella zu, und über ihre Liebe zu ihr nimmt Stella auf, versteht, erkennt, lernt.

Stella ihrerseits ist voller Ehrfurcht, Bewunderung, ja Rührung, dass sich die Freundin so kümmert, so bemüht. Sie lauscht immerfort auf die Freundin, kann ihre Gefühle erlauschen, erlauscht, wenn sie traurig ist, tröstet sie, wenn sie traurig ist, stimmt sie, wenn sie ungestimmt ist, freut sich mit ihr, wenn sie sich freut. Rosa fühlt sich wohl mit Stella. Immer wenn sie mit ihr zusammen ist, geht es ihr gut. Aus diesem Grund macht sie sich gern die Mühe, ihr alle Dinge noch einmal beizubringen. Sie fragt sich nicht, warum Stella im Unterricht nichts versteht. Sie merkt nur, dass Stella Schwierigkeiten hat und dass sie, Rosa, in der Lage ist, diese zu lindern. Sie werden gute Freundinnen, und Stella lädt Rosa zu sich ein und umgekehrt. Es ist ein Geben und ein Nehmen.

Stella hatte die Fähigkeit verloren, die Gefühle eines jeden zu erlauschen. Sie ist so in sich zurückgezogen gewesen, dass sie nicht mehr alles hat wahrnehmen können. Allein durch Rosas Anwesenheit und Hilfe beginnt sie wieder zu hören. Jetzt geht es mit Stella aufwärts und je ausgeglichener und ruhiger sie wird, desto mehr kann sie hören. Aber sie muss sich den Dingen zuwenden, um lauschen zu können. Auf diese Weise gewinnt sie wieder etwas Selbstachtung. Stella weiß jedoch, dass sie auf Rosa angewiesen ist, und wenn Rosa erkrankt, ist sie entsetzlich allein und hilflos. Sie fühlt sich wie ein Nichts, wenn die Freundin nicht an ihrer Seite ist, ja sie fühlt sich verloren wie in einem riesigen Feld, verliert die Orientierung und kann nur hoffen, dass die Freundin bald wieder gesund wird.

Wenn Rosa einmal krank wird, weiß Stella immer, warum dies geschieht. Sie kennt sie so gut, dass sie es bereits vorher weiß, wann sie krank wird. Es geschieht immer dann, wenn Rosa sich zu sehr langweilt, zu wissensdurstig in der Schule ist und ihre Mama zu streng. Dann wird sie so unruhig, dass sie nicht genug schläft, und das macht sie krank.

Stella denkt darüber nach, wie sie Rosas Krankheiten zurückdrängen könnte. Eines Tages erlauscht Stella in Rosa jene Unruhe, jenes unrhythmische Pulsieren in ihrem Kopf, den Klang von Dissonanzen, die unwiderruflich drängend, ja beinahe nervenverzehrend klingen. Stella fragt Rosa, was sie denn so sehr beschäftige. Rosa erzählt, dass sie richtige Bücher lesen möchte, Erwachsenenbücher. Sie wolle wissen, wie die Länder der Erde alle heißen, welche Völker dort leben, was sie auf ihren Kontinenten machen, welche Musik sie spielen und so weiter, und so weiter. Sie, Rosa, finde keine Wissensquellen, die ihr dies alles eröffnen würden. Stella fragt teilnahmsvoll:

«Warum willst du das denn alles wissen?»

«Weil es mich nun einmal interessiert», antwortet Rosa knapp. Stella verspricht, ihren Papa zu fragen, ob er Bücher ausleihen könne. Papa weiß so viele Dinge, hat so viele Bücher. Rosa ist begeistert, und Stella besorgt ihr Bücher von Papa.

Neben Papas Büchern bringt sie auch Reversi mit; jenes Spiel, das sie einst gegen den Mathematikprofessor gewonnen und verloren hat. Sie fragt Rosa, ob sie es kenne. Rosa verneint. Stella bringt es ihr bei, und sie spielen Reversi miteinander. Stella gewinnt wieder, lässt Rosa gewinnen, gewinnt selber, sie dreht grüne Steine um, die rot werden, und lauscht nach Rosa, die von dem Spiel gebannt ist und deren Dissonanzen im Kopf sich glätten und sich zu manchen Harmonien auflösen. Dann bringt Stella das Mühlespiel mit. Wenn sie hört, dass es besonders schlimm mit Rosas Unruhe ist, spielen sie Mühle während der Schulstunde. Stella hat das Spielfeld auf einen kleinen Zettel gemalt und kleine Steinchen schwarz und weiß angemalt. Diese Erfindung macht es möglich, Rosa auch im Unterricht zufriedenzustellen. Denn Stella weiß so zu spielen, dass die Freundin, wenn sie diese überhaupt gewinnen lässt, sich äußerst mühen muss, um Siegerin zu werden. Dies alles trägt dazu bei, dass Rosa ruhiger wird, zufriedener, stiller.

Rosa wird nicht krank. Stella hat Rosa an ihrer Seite, und beide Mädchen mögen einander, brauchen einander, halten einander fest …

Laternenglocken

Es ist Laternenzeit. Wie jedes Jahr liebt Stella jene dunklen Wochen im Jahr, in denen sich die Bäume lichten und kahl werden. Besonders gemütlich wird es dann zu Hause. Mama bastelt viel mit den Kindern, was Stella sehr liebt. Sterne und Sternchen werden gefertigt, ja ganze Puppenlandschaften mit der Schere ausgeschnitten. Der Geruch des Klebers und das Rascheln des Papiers verbreiten eine eigentümlich voradventliche Stimmung, deren Klänge Stella immer aufs Neue erfreuen und mit einer Vorfreude auf den Nikolaustag und das Weihnachtsfest erfüllen.

Tief beeindruckt ist sie von der Geschichte des heiligen Martin, der seinen Mantel geteilt und eine Hälfte dem Bettler geschenkt hat. Inbrünstig singt sie Sankt-Martinslieder und andere Laternenlieder, bastelt Laternen, freut sich, wenn das Teelicht in ihnen leuchtet.

Natürlich läuft in Stellas Klasse niemand mehr Laterne. Aber sie hat Glück, dass der kleine Bruder noch zu solchen Veranstaltungen geht. Stella darf mit. Sie zieht umsichtig Schal, Mütze und Handschuhe an, da es kalt ist. Ihre Laterne ist ballonartig in gelb-orange-farbenen Tönen gestaltet. Es scheint ihr, als trage sie eine aufgehende Sonne am Stock. Ehrfürchtig nimmt sie den Laternenstock mit der daran baumelnden Sonne in die Hand und verlässt zusammen mit Mama und dem Bruder das Haus. Es ist nebelig und sehr kalt draußen. Sie haucht in die eisige Dämmerung hinein und hat ihre helle Freude an jenen gedämpften Klängen, die ihr Atem als Nebel in die Dunkelheit malt. Immer wieder haucht sie in die kalte Luft, bis ihr schwindlig wird und sie beinahe strauchelt.

Bald sind alle Kinder eingetroffen und sie bewundert dieses Jahr die Laternenpracht anders als die Jahre zuvor. In den letzten Jahren war es wunderschön gewesen in jenem dem Martinsfest eigenen, leuchtenden Singen mitzugehen. Es war gewissermaßen so, als träumte man einen wunderschönen Traum während des Laternelaufens. Dieses Jahr aber ist sie bewusster und nimmt es viel klarer wahr.

Interessiert schaut sie sich jede einzelne Laterne der Kinder genau an. Alle sind ein bisschen anders, einige unterscheiden sich sogar ganz von den anderen. In jedem Fall sind die Farbunterschiede gewaltig und mit ihnen auch das Leuchten, das aus einer jeden Laterne dringt.

Schon sind die vielen Menschen aufgebrochen, singen und bewegen sich in den Wald hinein, wo es ganz dunkel ist. Stellas Ohren wandern von einer Laterne zur anderen, von Laternchen zu Lichterballons und von runden zu eckigen Laternenformen. Dabei hört sie, dass eine jede Laterne einen anderen Klang hat, der von Größe, Farbe und Form derselben abhängt. Es tönt wie Glockengeläut. Jede Laterne hat ihren Glockenton. Durch das «Laterne, Laterne, Sonne, Mond und Sterne. Brenne auf, mein Licht …» hindurch lauscht sie auf die Glockenklänge. Die gesamte Gruppe bewegt sich im Rhythmus der Lieder. Stellas Herz beginnt zu pochen. Sie merkt kaum, wie in ihrem Kopf eine Glockenmelodie der Laternen und Laternchen, der Farben und Formen zu entstehen beginnt. Glockenton reiht sich an Glockenton. Sie fängt an in Gedanken, Laternen und Laternchen zu sortieren, möchte sie in eine bestimmte Reihenfolge bringen, ja am liebsten auch übereinander schachteln, stockwerkweise, damit die Glocken und Glöckchen nicht so durcheinander klingen. Dazu sollen alle in einem bestimmten Rhythmus gehen und andere Töne dazu singen. Immer ausgereifter wird ihr Laternenglockengesang in ihrem Kopf. Schließlich klingt er so vollendet, dass sie nicht merkt, wie sie eine ganz andere Melodie und einen neuen Rhythmus, im Gegensatz zu dem «Sankt Martin, Sankt Martin ...», anstimmt. Zwar geschieht dies zunächst leise, was auch nicht schlimm gewesen wäre. Aber instinktiv beginnt sie nun außerdem vorsichtig, an einigen Kinderjacken und Mäntelchen, Schulterchen und Händchen zu zupfen und zu schieben, damit sie in die richtige Reihenfolge kommen sollen.

Die Ohren sind bei den Laternen und in den Laternen, zwischen den Laternen und auf den Laternen, und sie überhört die Ermahnungen von Mama, die sie schließlich an die Hand nehmen muss, damit sie endlich von ihrem seltsamen Zupfen und Schieben ablässt. «Sie sind schon alle gut angezogen, Stella», meint Mama beschwichtigend, aber mit Nachdruck. Erst jetzt rutschen Stellas Ohren an ihren Platz, und sie hört, was Mama sagt, kommt zu sich. Wehmütig seufzt sie in sich hinein. Es wäre einfach so schön gewesen, wenn die Glocken in der richtigen Reihenfolge hintereinanderher gelaufen wären. Es hätte so wunderschön getönt. Aber sie sieht ein, dass das nicht geht, dass hier Lieder gesungen werden, die sie nicht zu bestimmen hat, und dass die Menschen in einer von ihnen gewählten Reihenfolge hintereinander herlaufen und nicht in einer, die sie bestimmen kann.

Nun begnügt sie sich mit dem Durcheinandertönen, was sie allerdings ständig in sich ordnet. Die Ohren wieder bei den Laternen und Laterchen, läuft sie glücklich in der zusammengewürfelten Schar mit, freilich in der Nähe der Mama, die gut auf der Hut ist, da sie solch seltsame Handlungsweisen von ihrer Tochter schon kennt und sie gerne im Blick hat. Stella ihrerseits ist bei dem tiefen und dunklen «Bim-bam» bis zum höchsten, hellsten «bim-bim», hält dennoch die Stimme des gerade angestimmten Liedes und schafft es mit der Zeit, Glockentöne, Gesang und Rhythmus für sich zu stimmen und ihr Klangerlebnis vollkommen zu machen.

Klangkirschen

Der Hochsommer bringt immer eine Reise zur Oma mit sich. Auch dieses Jahr reist Stella mit der Familie wieder an jenen Ort; zu den Kirschen, zu dem großen Garten, zu Omas Einmachschürze.

Die Fahrt mit dem Auto erscheint Stella wie eine Ewigkeit, obwohl sie in Wirklichkeit nur zwei Stunden unterwegs sind. Rund um das Haus liegt ein herrlicher Garten mit vielen Obstbäumen, Gemüse- und Blumenbeeten. Aber am meisten freut sich Stella auf die Oma selber. Sie steht schon in der Eingangstür, als das Auto auf den knirschenden Kies des Hofes fährt. Stella scheint es, als sei die Oma noch kleiner geworden, ihre Hände noch krummer, die Haare noch weißer. Selbst die Einmachschürze wirkt verblichener. Sie ist rosa mit roten Blumen und einem Reißverschluss, an dessen Zug sich ein Ring befindet. An diesem Ring hat Stella als kleines Kind immer ziehen wollen. Der Klang, der jenes Ziehen des Verschlusses verursachte, machte einen riesigen Spaß. Bei jeder Gelegenheit hatte sie der Oma aufgelauert, um blitzschnell in die Höhe zu springen und ihr den Reißverschluss der Einmachschürze aufzuziehen. Die Oma war immer geduldig. Lachend zog sie ihn jedes Mal gleich wieder zu, worauf Stella stets mit innerer Spannungsfreude wartete, da dies auch wieder ein herrlich ziehendes Geräusch machte …

Jetzt sind die roten Blumen auf dem Rosa verblasst, und die Schürze ist bereits mehrfach geflickt worden. Unter der Schürze verbirgt sich ein kleiner, runder Körper; etwas gebeugt. Stella hatte sich früher oft gefragt, mit was sich die Oma immer ausstopft unter ihrer Schürze. Jetzt weiß sie natürlich, dass nur die Oma daruntersteckt.

Am zweitschönsten nach der Einmachschürze ist Omas Gesicht. Sie hat ein liebes, weiches, etwas hängendes Gesicht. Doch es sieht schön aus. Ihre Augen sind grau mit einem leisen Grün darin, sitzen hinter einer dicken Brille, aber verfehlen trotzdem ihre Wirkung nicht, denn sie blicken überaus aufmerksam und wach, scheinen mehr zu sehen als andere Augen ... Dann ist da noch Omas Stimme, deren Klang Stella besonders liebt. Noch immer stellt sie der Oma stets viele Fragen, um sie damit zum Sprechen zu bringen, weil sie einfach ihrer Stimme so gerne lauscht. Natürlich kann die Oma auch gut erzählen, weiß eine Menge von der Welt und den Menschen, erzählt viel und gerne von ihrem Mann, der schon lange im Himmel ist, wie Stella dies für sich nennt. Omas Stimme tönt sanft und leise, ja beinahe beruhigend. Nur selten, wenn Stella und ihre Geschwister zu aufsässig werden, bekommt sie einen unerwartet scharfen Klang, der sich aber im nächsten Moment wieder legen kann.

Wann immer die Oma lachen muss, lacht Stella auch, weil das Lachen bei der Oma so lustig klingt. Ein glucksender Ton von innen heraus sucht sich den Weg durch den weit geöffneten Mund, in dem eine wunderschöne künstliche Zahnreihe steht, die Stella noch immer großen Respekt einflößt, da sie manchmal etwas wackelt. Kurz: Stella liebt ihre Oma und freut sich jedes Mal sehr darauf, wenn sie sie sieht. So läuft sie auch jetzt in ihre Arme, die sie weich und warm umschließen. Das ganze Haus duftet nach leckerem Essen, das die Oma vorbereitet hat, und zum Nachtisch gibt es selbst gemachtes Eis ...

Nach dem Essen eilt Stella in den Garten. Sie rennt direkt zu den Kirschbäumen. Einer ist darunter, den sie ohne Leiter erklettern kann. Schon von weitem dringt der Kirschklang in ihre offenen Ohren, empfängt sie immer klangvoller mit seinen roten Kugeln. Stellas Herz klopft vor Freude. Endlich am Baum angelangt, bleibt sie wie verzaubert stehen, legt die Hände um die raue Rinde, legt das Ohr an den Stamm und horcht dem leisen Singen in dem Kirschbaumstamm. Es ist gewissermaßen der Grundton zu den darüber hängenden Klangkirschen.

Sie versucht, so vorsichtig wie möglich den Baum zu erklettern, verletzt aber seine Rinde doch leicht, was sich wie ein Kirschstammstöhnen anhört. Schließlich ist sie auf dem ersten Ast. Von allen Seiten klingt es ihr nun entgegen. Sie schickt die Ohren in die Äste bis hin zu den dunkelroten Kugeln. Jede hat ihren Klang, dabei tönen sie doch alle recht ähnlich. Ein Geklimper und Geklingel, ein Kirschtongemisch und einen Säfteschall erlauscht Stella. Besonders interessant scheint ihr dieser Säfteschall zu klingen. Sie steckt ihre Ohren in eine Kirsche, um sie ganz genau zu erforschen. Dabei lernt sie, dass die Kirschen unterschiedlich viel Saft haben und dass der Säfteschall davon abhängt, wie prall und rot eine Kirsche ist. Sie muss lachen, steckt die Ohren von einer in die nächste Kirsche, horcht sich die dicksten und reifsten aus und pflückt sie ab. Dann kommen sie in den Mund. Das Darauf-Beißen dröhnt beinahe in ihrem Kopf. Es ist aber nur sehr kurz und klingt, als ergieße der Säfteschall seinen gesamten Schall aus der Kirsche in den Mund und von dort aus irgendwohin, was Stella nicht besonders interessiert …

Sie klettert noch ein Stückchen höher, ist nun im Kirschbaum, ist selber Kirschbaum, ist selber Kirsche, ist Säfteschall und Kirschklang, ist roter Ball und Klangkirsche. Sie muss lachen, weil es so lustig um sie herum tönt und klingt und klimpert.

Jetzt kommt ihr die Idee, sich mit Kirschen zu behängen. Sie erlauscht dicke und große Zwillingskirschen, die sie sich über die offenen Ohren hängt. Dazu legt sie über jedes Ohr ein dünnes Paar obendrauf, damit der Klang unterschiedlich ist. So beginnt sie, sich nach und nach mit immer mehr Kirschen zu behängen. Dabei achtet sie sehr darauf, dass die Kirschen in eine bestimmte Reihenfolge kommen, um eine Kirschklangharmonie hervorzurufen. Sie steckt Kirschen in ihr Haar, in die Gürtelschlaufen ihrer Jeans, an die Schuhbänder und in ihren grobmaschigen Pullover, bis sie schließlich über und über mit Kirschen bedeckt ist. Nun sitzt sie im Baum und lauscht auf die Klänge, tauscht hier und dort noch welche aus, steckt noch andere hinzu, bis sie schließlich damit zufrieden ist und essend dem Kirschklang lauscht.

Nachdem sie satt ist, erwacht der Wunsch in ihr, nach den Klängen der Kirschen zu tanzen. Aber sie sitzt im Baum, wie soll sie hinunterklettern, ohne ihr Kirschkleid zu zerstören? Allein der Wunsch ist so groß in ihr, dass sie es versuchen möchte. Schließlich wachsen unten auch noch Kirschen, an die sie gut herankommen kann. Somit könnte sie ja ausbessern, falls notwendig.

Endlich unten angekommen, ist sie von Kopf bis Fuß mit Kirschsaft bespritzt, obwohl gar nicht alle kaputtgegangen oder heruntergefallen sind. Natürlich ist die Harmonie zerstört. Aber sie macht sich sogleich ans Werk, um den Schaden auszubessern. Dafür braucht sie viel Zeit. Zum Schluss jedoch ist es nahezu perfekt, und endlich kann sie mit dem Tanz beginnen. Zunächst gilt es, im Baum den Rhythmus seines Klangkörpers zu erlauschen. Dafür hält sie das behängte Ohr an den Kirschbaumstamm, neigt den Kopf dicht an die Rinde, schließt die Augen. Nun horcht sie auf, hat den eigentümlichen, etwas komplizierten Klang erlauscht, bewegt sich vom Baum weg, hört ihn immer noch. Ihre Bewegungen sind fließend. Auf Zehenspitzen bewegt sie sich hin und her, auf und ab, geht in die Knie, streckt sich nach oben, dreht sich langsam und beginnt schließlich zu hüpfen; erst einmal, dann immer öfter. Sie hüpft so viel, dass die Kirschen hochfliegen und an ihr wieder aufprallen, was sie hell auflachen lässt. Endlich, nach langem Tanz, ist sie müde und macht sich daran die Kirschen an sich abzuessen. Tief zufrieden und glücklich geht sie, mit Kirschsaft bemalt, zum Haus.

Die Oma bekommt einen mächtigen Schrecken, als sie Stella bemerkt, denn es sieht beinahe wie Blut aus. Aber dann lacht sie laut, und Stella freut sich an ihrem warmen Lachton. Sie verspricht, der Oma beim Waschen ihrer Kleider zu helfen, denn sie sieht erst jetzt, wie sie eigentlich aussieht. Singend zieht sie sich um und weicht anschließend mit der lachenden Oma die Kleider in Wasser ein …

«Tennisbälle»

An Stellas Körper beginnt sich langsam manches zu verändern. Sie ist gut elf Jahre alt und möchte nicht wachsen, nicht groß werden, keine Brüste bekommen. Stella liebt noch immer ihre Puppen, quält sich mit Rosas Hilfe durch den Schulalltag, ist zufrieden mit ihrem Leben, wie es ist.

Stella ist mit Rosa befreundet, so soll alles bleiben. Sie hört nicht mehr so intensiv wie früher, nicht mehr die gesamte Klangwelt. Ihr Gehör, ihre Ohren haben sich weit nach innen gestülpt, liegen in ihrem Inneren. Das ist aber auch der Grund, weshalb es ihr so schwer fällt, nach außen hin aufzunehmen, was ihr gesagt und vermittelt wird. Es ist, als läge eine Art Ruhe über Stellas Leben, und die Veränderungen, die nun auf sie einstürmen, empfindet sie als Störung. Sie ist zufrieden, wie es ist, hat einen schmalen Weg zwischen sich und der Welt gefunden, auf dem sie gehen kann. Jede Veränderung bedeutet Gefahr …

Jeden Abend, wenn sie die Erhebungen auf ihrem Oberkörper betastet, drückt sie diese hinein, damit sie wieder verschwinden sollen. Aber sie verschwinden nicht, wachsen leise und stetig weiter. Sie findet sie riesig, wenngleich sie für einen Außenstehenden kaum wahrnehmbar sind. Stella findet auch ihre Hüften riesig. Sie versucht, sich nicht darum zu kümmern.

Bei Rosa ist es anders. Sie beginnt gewissermaßen zu blühen. Pickel wachsen ihr im Gesicht, die Brüste werden sichtbar größer, sie kleidet sich anders, redet anders und wird für Stella immer fremder. Ihre vertrauten, immer häufiger zu «stimmenden» Klänge verändern sich. Es kommt ein Grundton hinzu, der diese Einheit mehr und mehr «verzweit», «verdreit», vervielfältigt, fortschwemmt, verändert und geradezu hässlich macht. Immerhin hat ihr der Platz an Rosas Seite einen beinahe festen Stand in der Klassengemeinschaft erschlossen.

Rosa weiß sich zu bewegen, zu sprechen, zu lachen, zu antworten. Dadurch finden sie viele Mädchen und auch zunehmend Jungen interessant. Stella steht meist neben ihr in den Pausen. Eines Tages lauscht sie einem für ihre Ohren fremden und seltsamen Gespräch: Marie, ein anderes Mädchen, tritt zu Rosa und sagt leise, was sie denn wohl davon hielte, die Pille zu nehmen. Nicht, dass sie, Marie, dies jetzt wolle, sie möchte bloß wissen, was sie davon hielte. Rosa meint, sie würde dies im Fall der Fälle sicherlich tun. Ihre Mama hätte gesagt, dies sei eine Notwendigkeit, und sie wolle mit ihr rechtzeitig zum Arzt gehen und ihr die Pille verschreiben lassen.

Dann wendet sich Marie Stella zu und fragt sie, was sie denn machen würde im Fall der Fälle. Stella starrt sie nur an und weiß um ihr Leben nicht, was sie antworten soll. Was würde sie tun im Fall der Fälle? Sie würde bestimmt keine Pille schlucken, nicht freiwillig. Sie kennt das von ihren Krankheiten; Pillen fühlen sich im Hals wie Tennisbälle an, wollen nicht hinunter, würgen einen dabei, machen – so hat sie es gehört, als sie noch alles gehört hat – einen wahrhaft widerwärtigen, ekelerregenden Klang und hinterlassen, wenn man denn überhaupt diesen Tennisball geschluckt hat, einen fiesen Geschmack im Mund. Nein, eine Pille würde sie nicht schlucken, und sie sagt es laut, da Marie sie immer noch fragend anschaut: «Nein, eine Pille würde ich nicht schlucken!» Erstaunt meint Marie:

«Nein? Wie willst du es denn dann machen? Mit einer Spirale? Aber Mama hat gesagt, dass man so jungen Mädchen noch keine Spirale gibt.» Stella weiß nur eines, was das auch immer heißen mochte, sich eine Spirale legen zu lassen: dass sie sich niemals eine Spirale legen lassen würde, wohin auch immer. Sie sagt schlicht: «Nein, eine Spirale lasse ich mir auch nicht legen.» Marie steht der Mund offen und sie meint nur: «Wahrscheinlich bist du ganz schön blöd im Kopf!» Stella lauscht den Worten nach: «Blöd im Kopf … blöd im Kopf … blöd im …» Marie entfernt sich, und Stella sieht ratlos zu Rosa, die wiederum ratlos mit den Schultern zuckt und fragt, ob Stella denn nicht aufgeklärt sei. «Nicht aufgeklärt? Was ist das, aufgeklärt sein?»

«Ach», meint Rosa genervt, «das ist noch nichts für dich; du bist anders als die anderen Mädchen.»

Anders als die anderen Mädchen. Natürlich ist sie anders, das wissen doch alle. Aber Rosa meint offensichtlich nicht das und ist nicht bereit, es Stella zu erläutern. Sie erklärt nicht, warum Mädchen irgendwann im Fall des Falles Tennisbälle verschlucken oder sich irgendwelche Spiralen irgendwohin machen lassen wollen oder nicht wollen oder vielleicht doch wollen.

Stella fühlt, dass eine bislang noch kleine, aber dennoch eine Kluft zwischen ihr und Rosa sich aufzutun beginnt. Nachdenklich steht sie im Pausenhof, samtweiche Haut, bezopft, pickellos und allein, denn Rosa ist mit Marie fortgegangen.

Stella spürt instinktiv, dass es einen Bereich geben muss, der ihr verborgen bleibt. Sie fühlt nicht wirklich den Drang, dies alles wissen zu wollen. Sie ist doch mit allem zufrieden, wie es nun einmal ist. Sie hat genug zu tun mit der Schule, mit dem Schreiben und Rechnen, dem Lesen und all dem anderen. Sie beschließt, die Tennisbälle Tennisbälle und die Spirale Spirale sein zu lassen. Mochte das alles doch bleiben, wo der Pfeffer wächst!

Allein die Kluft zwischen Stella und Rosa wächst, und sie hört es deutlich: Rosa ist es nunmehr peinlich, mit ihr gemeinsam die Pausen zu teilen. Stella ist keineswegs erzürnt über Rosa; vielmehr gibt sie sich selber die Schuld daran und sagt sich, wenn sie blöd im Kopf ist, dann ist das ihre Schuld, und Rosa kann nichts dafür.

Stella fühlt sich schuldig, geht Rosa nicht hinterher, damit sie sich nicht ihretwegen schämen muss, ist aber immer für Rosa da, wenn diese «gestimmt» werden möchte, wenn sie traurig ist, sich unwohl fühlt. Dann lauscht Stella ihren Nöten, wenngleich sie auch nicht immer versteht, was Rosa da alles erzählt. Gestärkt und «gestimmt» entfernt sich Rosa dann von Stella und verbringt ihre Zeit nun mit anderen Mädchen, nicht mehr mit ihr …

Laurens

Nach Stellas zwölftem Geburtstag ereignet sich etwas Einschneidendes: Sie hat noch immer geflochtene Zöpfe, spielt noch immer manchmal mit Puppen, will noch immer nichts von ihren sprießenden Brüsten wissen. Sie fühlt sich von Rosa verlassen, kennt aber die Einsamkeit, schickt sich in sie, zieht die Ohren noch weiter zurück, stülpt sie zu sich herein, erzählt alles ihrer Geige, kämpft sich durch den Schulstoff. Jetzt hilft Mama oft bei den Hausaufgaben.

Es ist Stellas unbeugsamem Willen zuzuschreiben, dass sie unter diesen Umständen, so wie sie denkt und lebt, immer noch dem Klassenverband angehört. Sie wird in Ruhe gelassen und darf ihr Sosein in der gewohnten Umgebung ausleben.

Der Herbst ist mit all seinen Farben, Stürmen und Tönen über das Land gezogen. Stella liebt diese Stimmungen, die Klänge, in denen die Natur sich alt und müde zeigt und in ihrem Dahinsterben eine solche Pracht von Blättern und Früchten an den Tag legt, dass es einem den Atem verschlagen kann.

Die Herbstferien haben begonnen, und auf dem Weg in den Urlaub sieht Stella aus dem Auto hinaus in die herbstlichen Wälder, über die Stoppelfelder und kann sich nicht satt sehen an den glühenden Farben, die sich über die Natur hin ausbreiten. Die Sonne flutet ein goldenes Licht über die Landschaften, ja selbst über die Häuser, an denen das Auto vorbeifährt.

Sie fühlt eine seltsame innere Regung in sich, ist wie tief innen am Beben und am Aufleben. Sie stülpt die Ohren ein wenig nach außen, gerade so, dass es erträglich scheint, gerade so, dass die Schönheit draußen nicht zu sehr schmerzt. Es breitet sich eine stille Freude und Ausgeglichenheit in ihr aus.

Nun kommen sie langsam an jenem Ort zum Stehen, wo sie die Ferien mit Freunden verbringen wollen. Die anderen sind bereits da. Stella steigt aus dem Auto, hört das eigentümliche Rauschen der umherstehenden Tannen, den Geruch von Kuhdung und von jenem so klaren Wind, den man in den Städten nicht mehr zu fühlen bekommt. Sie geht mit den Eltern einige Schritte auf das Ferienhaus zu und sieht die Freunde in der Tür stehen.

Der erste Blick fällt auf Laurens.

«Ich muss ihn kennen, bin ihm irgendwo schon einmal begegnet», denkt sie rasch. Er ist ihr so vertraut, dass sie meint, ihn jeden Tag ihres Lebens gesehen zu haben. Dieser Augenblick ist es, in dem Stella es wagt, ihre Ohren hervorzustülpen, um zu lauschen. Sie kann sich dem Drang nicht entziehen, alles, was an diesem Menschen ist, seinen Rhythmus, sein Gemüt, sein Dasein, zu erlauschen. Tief berührt bleibt sie im Eingangsbereich stehen, sieht ihn an, erlauscht ihn. Es ist nicht schwer, seinen Rhythmus zu hören, denn es scheint ihr, als sei es ihr eigener. Sie kennt ihn so gut, dass sie sich in ihn hineinstellen möchte, sich in ihm bergen will.

Sie erspürt in ihm jemanden, der ihre Einsamkeit zerteilt und sie fühlt sich durch die Begegnung mit ihm «zweisam» im «Einsam».

Stella sieht nicht einmal seine wirkliche Gestalt, sieht nicht einmal, dass er vier Jahre älter ist als sie, dass er bereits ein Mann ist, sieht nicht die feinen Züge, nicht die Augenfarbe. Sie erkennt nur Gemeinsamkeit, Gleichgesinntheit. Allein in der Nähe dieses Menschen sein zu dürfen, lässt sie innerlich jubeln. Sie hört nicht, dass sie ihr Gepäck aus dem Auto räumen soll, hört es erst, als man sie anfasst, als man es zum dritten Mal in schroffem Ton zu ihr sagt.

Rasch stülpt sie die Ohren wieder ein, verstaut sie tief innen, ohne jedoch zu vergessen, was sie gehört hat, und beginnt ihre Reisetasche mühsam aus dem Auto zu ziehen. Sie kippt beinahe um, bis sie das Gleichgewicht mit der Tasche wieder gefunden hat.

Stella hat die Vorstellungsrunde der Bekannten völlig überhört und weiß nicht einmal, wie er heißt. Sie fragt sich auch nicht danach, hat sie doch schon längst erlauscht, wie sein Rhythmus ist, kennt ihn bereits. Der Name scheint demgegenüber eine Äußerlichkeit zu sein. Sie erschrickt, als er neben sie tritt und ihr die Tasche aus der Hand nimmt. Der Worte nicht mächtig, geht sie jubelnd hinter ihm her. Dabei stülpt sie die Ohren wieder heraus, erlauscht seine Bewegungen, den Klang seiner Schritte und hätte bereits nach diesem kurzen Weg seinen Schritt aus hunderten von anderen herauslauschen können.

Mama sagt ihm, in welchem Zimmer er die Tasche abstellen könne. Er stellt das Gepäckstück vor ihrem Bett auf den Boden. Sie ist nicht in der Lage, sich zu bedanken, weiß ihre Stimme nicht zu finden, schaut ihn nur unentwegt an. Er scheint sich darüber lustig zu machen und grinst zu ihr herunter. Ein Lächeln huscht über ihr Gesicht. Noch immer sind die Ohren draußen, und sie hört seinen Rhythmus in sich selber schlagen. Eine stille Verehrung und ein nicht erklärbares Einigkeitsgefühl erfüllen sie ganz.

Es wäre für Stella keine Frage gewesen: Hätte sie ihr Leben für ihn geben können, sie hätte es ohne zu zögern getan. Es ist eine andere Verehrung, als sie Herrn Pam entgegenbringt. Es ist tiefer, vertrauter, abstandsloser, als sie es jemals erlebt hat.

Mama kommt herein, zeigt ihr, wo sie ihre Kleider auspacken kann. Stella hört es noch nicht, muss erst die Ohren wieder einfalten.

«Ist dir nicht gut, Stella?», hört sie Mama fragen. Da hat sie die Ohren schon wieder in sich, antwortet schnell: «Doch, es geht mir sehr gut, Mama.» Sie räumt schnell und still ihre Tasche aus und weiß nicht, was mit ihr geschehen ist.

Die Familien treffen sich zum Abendessen. Er sitzt ihr gegenüber, und sie hat große Mühe, etwas zu essen und gleichzeitig darauf zu achten, dass sie ihn nicht ständig ansieht. Dennoch treffen sich ihre Blicke beim Essen, und sie sieht schnell wieder auf ihr Brot, vergisst, Marmelade darauf zu streichen, und isst es lediglich mit ein wenig Butter. Allein sie schmeckt nichts, vergisst auch, mehr zu essen, sieht stumm in ihre Teetasse, trinkt schluckweise, hält sich an ihr fest, bis die Mahlzeit vorüber ist.

Es werden nun Ämter verteilt. Alle Kinder sollen abwechselnd abwaschen und abtrocknen, morgens frische Milch vom Bauern holen und so weiter. Das ist für Stella nichts Außergewöhnliches. Sie kennt es von zu Hause, hat da bereits gelernt, alle Arbeiten im Haushalt zu verrichten, kann putzen, aufräumen, abwaschen, den Tisch decken und vieles mehr. Sie hört nicht, wie sie eingeteilt wird, versucht vielmehr, ihr Innerstes, diese Stürme von Tönen, zu ordnen. Wieder erschrickt sie, als er ihr beim Verlassen des Raumes sagt, dass er und sie an der Reihe seien, das Geschirr zu spülen. Am nächsten Morgen sollten sie beide Milch vom Bauern holen. Alle verlassen die Küche. Nur sie bleibt mit seinem Rhythmus, seiner Stimme, seinem Klang zurück.

Stella ist noch immer stumm. Zerstreut nimmt sie Teller vom Tisch, stellt sie auf die Spüle zum Abwaschen. Den Wursteller stellt sie, anstatt in den Kühlschrank, auf das Fensterbrett. Durch sein hell-dunkles Lachen wacht sie schließlich auf.

«Nein, das gehört doch in den Kühlschrank!» Stella sieht, was sie gemacht hat, schämt sich unendlich, errötet, nimmt den Teller und weiß nicht, wo der Kühlschrank ist.

«Hier ist der Kühlschrank, hinter der Tür», sagt er gut gelaunt.

«Ach so», bringt Stella heraus und stellt den Teller endlich an den richtigen Platz. Er hat bereits Wasser für den Abwasch eingelassen.

«Willst du abtrocknen oder abwaschen?» Es ist ihr so egal, dass sie irgendwas sagt und sich ein Handtuch nimmt, das am Haken hängt. Er lacht wieder und beginnt mit dem Abwasch.

«Habt ihr eine gute Reise gehabt?», fragt er interessiert.

«Ja», meint Stella und weiß nichts mehr darauf zu sagen.

«Morgen früh müssen wir zusammen Milch holen gehen. Ich weiß, wo der Hof liegt. Es ist nicht so weit! Hast du einen Wecker?»

«Nein», sagt Stella.

«Gut, ich klopfe an deine Tür und dann wachst du auf, o. k.?»

«Ja, ist gut», sagt Stella und fühlt, wie sie anfängt, sich auf den nächsten Tag zu freuen. Selten hat sie sich so sehr auf den nächsten Tag in ihrem Leben gefreut. Selbst die Geburtstage und die Weihnachtsfeste verblassen neben der Aussicht, mit ihm zusammen Milchholen zu gehen. Stella trocknet so langsam ab, dass er keinen Platz mehr auf dem Abtropfgitter findet und sich selber ein Handtuch nimmt. Als der Stapel etwas kleiner wird, greift er wieder ins Waschwasser. Stella hat die Ohren geöffnet und lässt sie geöffnet, merkt nicht, dass er ihre Arbeit mit erledigt. Dann fragt sie sich plötzlich, wie er eigentlich heißt, und überlegt, ob sie das fragen kann. Sie beschließt, es aber sein zu lassen, weil sie sich unsicher ist, ob es womöglich komisch klingt, wenn sie danach fragt.

Er indessen findet Stella wunderschön. Sie nimmt gerade einen neuen Teller und reibt gedankenverloren auf ihm herum, als er auf sie hinabblickt, das feine, helle Haar betrachtet und ihren samtenen Hals, der leicht gebeugt in ihren Oberkörper fließt. Eine unerklärliche Sanftmut, eine so stille

Weichheit geht von ihr aus, dass er große Zuneigung zu ihr empfindet. Natürlich ist sie noch keine Frau, das sieht er wohl, aber sie ist zart, und er fühlt etwas in sich, was ihn unbedingt veranlassen möchte, sie zu beschützen und zu behüten. Er wird sie hier nicht aus den Augen lassen, wird zusehen, dass ihr nichts geschieht, dass nichts sie traurig macht. Das alles macht sich in einem einzigartigen Gefühl von Liebe in ihm breit.

Sie sind mit dem Abwasch fertig. Es ist Zeit, sich zu verabschieden. Er reicht Stella seine Hand und sagt: «Bis morgen.» Stella reicht ihm die ihre, und sie berühren einander zum ersten Mal. Stella weiß nicht, wie empfindlich ihr Körper ist, weiß nicht, dass er durch all die Erlebnisse, die hinter ihr liegen, wie durchlässig geworden ist. Sie weiß zwar, dass vieles anders ist als bei anderen Mädchen; dass sie aber wieder in der Lage ist, mit der Haut hören zu können, dass ihre Haut gleich einem virtuosen Instrument sämtliche Klangelemente aus sich hervorbringt, ist ihr neu. Und in jenem Moment, in dem er lediglich ihre Hand in die seine schließt, eine einfache Geste, die so ganz aus dem Innersten seiner Liebe herstammt, erlauscht sie das Großartige: Seine Hand hat denselben Rhythmus wie ihre Hand. Sie verschmelzen gewissermaßen ineinander. Stella ist so bewegt, so ganz mit den Ohren in seiner Hand, dass sie nicht merkt, wie sie wieder stumm bleibt, und auch nicht, wie lange sie ihre Hand in seiner hält. Sie ist wie eine Art Rettung, diese Hand, ein Halt inmitten eines undurchdringlichen Meeres. Stella versinkt in seiner Hand, kann nicht loslassen, nicht freiwillig, senkt den Kopf, schließt die Augen ...

Er lässt es geschehen, hält ihre kindliche Hand. Einige Haarsträhnen haben sich im Lauf des Tages aus den Zöpfen gelöst und fallen über das weiche Gesicht. Sie ist blass. In einer vorsichtigen Bewegung hebt er die freie Hand, führt sie leise an ihren Kopf und streicht ihr die Haarsträhne hinters Ohr. Unmittelbar zuckt Stella zusammen, blickt zu ihm auf, zieht ihre Hand zurück – Überraschung und Erstaunen im Blick, aber auch Überwältigung. Sie ist so bewegt von dieser neuen Berührung, dass sie glaubt zu beben. Er hat ihr Haar berührt, es hinter ihr offenes Ohr gelegt. In ihr wirbelt alles. Sie weiß nicht, wie zart die Haut über ihrem Ohr ist, fühlt es zum ersten Mal. Er merkt ihr inneres Zurückziehen, wartet einen Augenblick, bis er sagt: «Hey, ist gut, Stella, dann bis morgen!» Stella bleibt stumm, nickt, verlässt die Küche, geht in ihr Zimmer, das sie mit der Schwester und dem Bruder teilt, ist betäubt, ist glücklich, ist traurig, ist aufgewühlt, jubelt und hat offene Ohren. Noch lange lauscht sie in sich hinein; es ist, als singe ihre Haut ein Lied, als schwinge sie in seinem Frequenzbereich weiter, als hielte die Berührung an.

Milch holen

Stella findet kaum Schlaf, wälzt sich im Bett hierhin und dorthin, vergräbt den Kopf in ihrem Kissen, krallt sich darin fest, jubelt und fühlt immer wieder seine Hand, seinen Rhythmus, seine Wärme durch ihre Hand; fühlt, dass das gut ist, fühlt, dass sie nicht allein ist. Dieses Wissen, dass sie nicht allein ist, dass es eine Hand gibt, eine Wärme, die ihrer Wärme gleicht, ist mehr als Glück, ist beinahe mehr, als sie ertragen kann.

So etwas kann nur der «Vater unser» machen, denkt sie noch, wühlt in ihrem Bett und schläft schließlich verkehrt herum, mit dem Kopfkissen unter sich und nur halb zugedeckt, ein.

Es pocht an der Tür. Schlaftrunken richtet sie sich auf und hört diese dunkle Stimme: «Hallo, ich bin's, Laurens, wir müssen Milch holen!» Stella ist hellwach, zieht sich rasch an und kommt mit offenen Haaren heraus. Ihre Wangen sind noch gerötet vom Schlaf, die Augen nur halb offen.

Leise sagt er zu ihr: «Guten Morgen, Stella, komm, wir gehen hier entlang.» Sie haben das Haus hinter sich gelassen, gehen auf einem Feldpfad. Stella saugt die frische Morgenluft ein; die Sonne schickt ihre ersten Strahlen über das Land, und ein leises Rauschen geht durch die Bäume. Sie lauscht in den Morgen hinein, ist überwältigt von den Klängen der Natur, hört den Sonnenton, hört das «Einigsein» mit ihm, lauscht nach den Klängen des Windes. Sie ist so ergriffen, dass sie stehenbleibt. Sie kann nicht weiterlaufen.

«He, was ist?», fragt er dunkel. Sie findet keine Worte, es ihm zu schildern. Sie fühlt sich in all dem Wunderbaren, in all diesen Klängen und Eindrücken wie verloren. Sie hat das Gefühl zu entschweben. Er merkt, dass sie von etwas ergriffen ist, das ihm verborgen bleibt, möchte sie davor schützen, wagt es nicht, sie an der Hand zu nehmen. Deshalb nimmt er nur seinen kleinen Finger und berührt sie an ihrem Finger, nur kurz, nur leise. Sie fühlt einen Sturm in sich, findet zu sich, will sich ergreifen und nimmt seine Hand in ihre Hand. Da ist der Halt wieder, da ist sie, da ist er, da sind sie, da ist Einigkeit. Fest hält sie ihn, will ihn nicht mehr loslassen.

Auch Laurens möchte Stella nicht mehr loslassen, hält sie fest, gibt Halt, liebt sie, möchte sie in seine Arme schließen, an sich ziehen. Allein seine ganze Zuneigung lässt er in die Hand sinken, in ihre Hand, so viel kleiner als seine. Er hat den Eindruck, dass er sie in seiner Hand hält, nicht nur ihre Hand, sondern das ganze Mädchen, auch ihr Haar, auch ihren Nacken, ihren Duft und ihre Zartheit.

«Hier ist der Hof», sagt er, nachdem sie eine Weile gegangen sind. «Gehen wir hinein.» Stella hört die Kühe, riecht die

Milch, den Frieden dieser Landschaft, hält ihn fest. Er gibt die Milchkanne mit der anderen Hand der Bäuerin, die sie füllt, dann kramt er in seiner Hosentasche, holt Geld heraus und bezahlt, nimmt die Milchkanne in die Hand, lässt Stella nicht los. Sie gehen nach Hause. Als das Haus in Sichtweite kommt, denkt Laurens, keiner von denen dort solle erfahren, was zwischen ihm und Stella vor sich geht. Er hat das Bedürfnis, es geheim zu halten. Doch wie dies Stella sagen? Aber Stella hat schon längst gehört, was er denkt, lässt seine Hand los und sagt zu ihm:

«Es ist unser Geheimnis.»

«Ja», meint er erstaunt, ist erleichtert, und beide bringen die Milch in die Küche. Die anderen sind schon wach, und alle nehmen das Frühstück zusammen ein.

«Pingpong»

Die Tage fliegen geradezu an Stella vorüber. Ihre Geschwister, Ausflüge, die Eltern, alles verschwimmt hinter dem, was in ihrem Innersten vorgeht. Selbst die Tatsache, dass Laurens' Freund dabei ist, nimmt sie nur wie von ferne wahr. Eines Mittags, als es still ist im Haus, schleicht sie sich hinaus, erträgt es drinnen nicht mehr. Da sieht sie Laurens mit dem Freund weiter vorn auf dem Weg. Als hätte er sie gehört, wendet er sich um und winkt ihr. Sie geht auf die beiden zu.

Laurens sagt, sie gingen rudern auf dem See, ob sie mitkommen möchte. Stella aber hat inzwischen offene Ohren, eine singende Haut, und sie ist so empfindsam, dass sie verneint. Käme jetzt noch der Rhythmus des Ruderns hinzu, das Singen der Sonne auf der Wasseroberfläche, würde sie keinem Gespräch mehr folgen können. Deshalb meint sie lachend, dass sie noch das Eichhörnchen im Wald beobachten wolle, wendet sich winkend um und geht leise zum Haus zurück.

Im Keller des Hauses befindet sich eine Tischtennisplatte. Stella hat zu Hause schon manches Mal mit dem Papa gespielt. Jetzt schlägt Laurens vor, mit ihr zu spielen. Sie hat Sorge, dass sie zu schlecht spielt, aber schließlich ist er älter, größer als sie, und die Aussicht mit ihm zusammen zu sein, lässt sie kurzerhand ja sagen.

Beide gehen hinunter. Der Raum riecht modrig, die Füße hallen auf dem Boden, es herrscht eine eigentümliche Atmosphäre. Der Ball klackert laut auf der Platte und hinterlässt ein lautes «Pong». Laurens schlägt den Ball gerade an, damit sie ihn gut zurückschlagen kann. Er zeigt ihr, wie man Vorhand und Rückhand spielt. Stella lernt es schnell. Sie spielen lange zusammen, bis sie vorschlägt, es hundert Mal hin und her zu schaffen, ohne dass der Ball hinunterfalle oder jemand einen Fehler mache. Laurens findet den Vorschlag lustig, und sie beginnen. Er zählt laut und mit einem rhythmischen «Pingpong, Pingpong» geht es los.

Sie sind konzentriert, blicken dem Ball nach, und Stella hört, wie sie einen ganz eigenen Rhythmus entwickeln. Mit diesem fortwährenden «Pingpong, Pingpong» kommen sie zu einem gemeinsamen Rhythmus. Es ist ihr beider Rhythmus, der durch nichts gestört, der ihnen nicht genommen werden kann. Sie spielt aufmerksam, muss zwischendurch lachen, freut sich über dieses gemeinsame Spiel, freut sich, dass sie nicht einsam ist, freut sich über den gemeinsamen Rhythmus.

Sie sind schon bei fünfzig. Stella hat aufgehört zu kichern, nimmt den Ball von seinem Schläger immer wieder entgegen, schickt ihn zurück, es hallt, es ist dies gemeinsame «Pingpong, Pingpong». Bei siebzig fühlt sie sich ihm so nahe, dass sie meint, mit sich selber zu spielen. Ihr Herzschlag wird eins mit ihrem gemeinsamen Rhythmus, und sie glaubt, durch das Klackern des Balles hindurch sein Herz hören zu können. Sie kommen bis hundert und spielen weiter. Er zählt nicht mehr. Irgendwann fängt er den Ball ein, schweigt, und es ist plötzlich still. Laurens geht zu Stella, wagt nicht, sie anzufassen, nimmt trotzdem ihre Hand in seine beiden Hände. Stella zuckt zurück, ist noch versunken in die Rhythmusmelodie des Eins-Seins mit ihm. Ihr Herz pocht sonnenwärts mit dem seinigen.

Sie schließt die Augen, und innen fühlt sie wie Fadensonnen, geflügelte Mondlichter, Rhythmusgefieder, getaucht in die Einigkeit der Zweiheit …

Laurens' Krankheit

Wieder haben sie gemeinsam abgewaschen, und er will sie am anderen Morgen zum Milchholen wecken. An jenem Abend fühlt sich Laurens krank, spricht aber nicht zu Stella darüber, zieht sich in sein Bett zurück, sinnt darüber nach, warum Stella so unnahbar ist, warum sie so zart ist, so weich, noch so Kind? Er bekommt Zweifel, ob es richtig ist, sie so sehr zu lieben. Lange findet er nicht in den Schlaf. Übelkeit nagt an seinen Eingeweiden, und als er endlich eingeschlafen ist, wacht er von Krämpfen geschüttelt wieder auf, muss sich erbrechen, weckt seinen Freund.

Stella indes liegt schlafend in ihrem Bett, träumt unruhig. Sie träumt, dass er sie in seiner Hand hält und diese dann langsam von ihr fortzieht und sich von ihr entfernt. Sie erwacht einsam, lauscht in die Dunkelheit, schleicht sich aus dem Bett, geht zur Tür hinaus und lauscht ins dunkle Treppenhaus. Stella glaubt seinen Rhythmus nicht mehr hören zu können. Irgendetwas ist passiert. Sie schleicht sich zu seinem Zimmer, das er mit dem Freund teilt. Ihre Haare sind offen und zerzaust, das Nachthemd – geerbt von der Schwester – schleift am Boden. Sie sieht durch das Schlüsselloch, während ihr Herz bis zum Hals klopft. Dort drin ist Licht. Stella weiß augenblicklich, dass etwas nicht stimmt, traut sich aber nicht, das Zimmer zu betreten. Sie friert und hat Angst, lauscht aber dennoch weiter. Da sieht sie, wie er sich ruckartig erhebt und aus dem Zimmer stürmen will. Sie springt von der Tür weg, hinein ins dunkle Treppenhaus, bleibt ungesehen, schleicht sich in ihr eigenes Bett, weil sie das Gefühl hat, es stehe ihr nicht zu, mit anzusehen, was er da nachts macht. In jener Nacht schläft sie kaum noch.

Laurens ist so krank, dass ein Arzt kommen muss, der ihn schließlich ins Krankenhaus einweist.

Peter, Laurens' Freund, geht am nächsten Morgen mit Stella Milch holen. Er geht eigentlich abends mit ihrer Schwester zum Hof, um andere Dinge zu besorgen. Stella ist stumm. Sie weiß nicht, ob Laurens ihr Geheimnis vor dem Freund verschlossen gehalten hat. Peter bemerkt ihre Wortlosigkeit und sagt zu ihr:

«Laurens ist im Krankenhaus. Sie wollen ihn operieren. Es ist keine schlimme Operation. Heute Nachmittag können wir ihn besuchen. Kommst du mit?»

«Ja», sagt Stella schnell. Mehr hat sie nicht zu sagen und zu fragen und bleibt stumm bis zum Frühstück.

An jenem Tag geht sie hinaus, geht zwischen die hohen Tannen, vermisst Laurens und – entdeckt ihr Land wieder. Sie tritt durch das große Holztor, findet zu der Wiese, tanzt über die Wiese, tanzt zu ihrem Haus, und dort drinnen wartet Laurens auf sie. Diesmal ist der Klang des Raumes in Farblinien getaucht, die sich rasch und flächig bewegen. Sie hört

Formengewinde, die sich zwischen Farbenleitern in Purpur hindurchdrehen. Zeitlinien getaucht in Wasserlicht finden zueinander und werden eins …

Wie lange es her ist, dass sie nicht mehr in ihrem Land gewesen ist, kann sie nicht sagen, sie weiß nur, dass sie es eine Ewigkeit entbehrt hat. – Lange verweilt sie dort, unfähig, sich aus den Zeitlinien zu lösen.

Die Ferientage verstreichen für Stella damit, dass sie stets auf den Augenblick wartet, in dem sie zum Krankenhaus fahren. Sie gibt vor, dass sie wegen des Kartenspielens dorthin möchte. Denn bei jedem Besuch spielen sie mit Laurens Kartenspiele, sind lustig miteinander, besiegen einander. Als Laurens wieder auf den Beinen ist, gelingt es ihm, sich neben Stella zu setzen, und er berührt ihr Bein mit seinem Fuß unter dem Tisch. Für Stella hat dies eine ähnliche Wirkung wie das Handhalten. Selbst durch seinen Fuß kann sie seinen Rhythmus hören, seine Wärme bei sich spüren.

Der Abreisetag ist gekommen. Laurens ist eben wieder aus dem Krankenhaus entlassen, die Autos werden gepackt, und sie machen sich daran, Abschied zu nehmen. Stella ist bedrückt und weiß nicht, wie sie sich von Laurens verabschieden soll. Ja, sie will es gar nicht, will sich nicht von ihm trennen. Allein es kommt dazu. Er tritt zu ihr, nimmt noch einmal ihre Hand mit seinen Händen, hält sie von oben und von unten, wärmt sie, fühlt sie, will sie an sich ziehen. Doch das unbestimmte Gefühl von Unnahbarkeit hält ihn zurück. Stella ihrerseits ist wie benommen; mechanisch überlässt sie ihm ihre Hand, hört den Rhythmus in der Ferne. Es ist, als verabschiede sie einen Teil von sich selber.

«Sieh mich an», bittet Laurens sie. Stella schaut hoch, sieht ihn bereits in der Ferne, ist stumm. «Ich werde an dich denken!», meint Laurens und fährt fort: «Wir können uns schreiben!» Stella nickt, sieht ihn davongehen, obwohl er noch immer ihre Hand hält.

Unfähig zu sprechen, nimmt sie benommen wahr, wie er nun ihre Hand an sie zurückgibt, sich umdreht und geht…

Zu Hause

Wieder zu Hause angelangt, fühlt sich Stella allein, selbst das Wiedersehen mit Rosa, mit dieser anderen Rosa, kann sie nicht erfreuen. In ihrer Umgebung ist niemand, mit dem sie ihre Erlebnisse hätte teilen können. Sie ist so erfüllt von Laurens, so voller Liebe, Zuneigung, lauscht am Abend ihrer Haut, die noch immer von den Berührungen klingt, als sei es erst gerade geschehen. Es gibt keine Ohren, die ihre Empfindsamkeit verstanden hätten. Stella nimmt in ihrer inneren Not ein kleines Buch zur Hand, das sie zu einem ihrer Geburtstage geschenkt bekommen hat, und schreibt mit ungelenker Handschrift auf, was sie bewegt, erzählt dem Buch von dem gemeinsamen Rhythmus, von seinem Herzschlag, von seinen Händen, ihrer Haut, und sie findet Trost und Erleichterung.

Stella entschließt sich endlich, von ihren Puppen Abschied zu nehmen. Schließlich ist sie geübt, Abschied zu nehmen, hat es schon einmal getan, als sie beinahe ertrunken wäre. Sie weiß, wie es ist, weiß, wie sie es anstellen muss. Sie räumt gleich alle ihre geliebten Puppenfreunde, mit denen sie so oft gespielt hat, in Kästen und Kistchen, wäscht die Kleider, legt auch diese sorgsam zu den Puppen.

Ihre Zimmerecke leert sich. Papa nimmt Stellas Ordnungsdrang zum Anlass, das Zimmer zwischen ihr und dem Bruder zu trennen. Stolz ist sie über ihr eigenes Zimmer, richtet es ein, hält es alleine sauber, putzt oft das Fenster. Dieses hat für Stella eine besondere Bedeutung. Der Schreibtisch steht direkt davor, und sie schaut oft lange zu dem kleinen Stück Himmel hinauf. Immer sieht er anders aus. Jeden Tag singt er eine andere Melodie. Die Wolkenformen und deren Farben schmelzen in ihr zu Tönen zusammen, die sie bis in ihre Haut hören kann. Manchmal gelingt es ihr, den Rhythmus eines Wetters zu erlauschen. Selbst ein grauer, verhangener Regentag hat seine Melodien. Sie sind leiser, bedeckter, aber keineswegs unrhythmisch. Sie muss nur lange genug horchen, dann offenbart die graue Wolkenwand den dumpf untermalten Rhythmus mit seinem eigentümlichen Klang. Es ist jener Klang, der Stella den Regen hören lässt, bevor dieser fällt. Es liegt eine Art Spannung in ihm; ein gewisses «Gehalten-Sein», ein «Noch-Nicht, aber Gleich», ja, ihm wohnt ein Klang inne, der ihr Herz ein wenig schneller schlagen macht. Manchmal kann sie erraten, wie lange es dauern wird, bis der Regen fällt. Dann wird jener dumpfe Rhythmus stärker, gleicht beinahe einem Pflanzenrhythmus, etwa dem eines Löwenzahnes, der kurz davor steht, seine winzigen Fallschirmchen fliegen zu lassen. Ein noch «in sich Gehaltensein» und dann das Lösen, Loslassen und schließlich das Fallen der Tropfen. Je nach Wolke, Tageszeit, Jahreszeit, Windrichtung ist der Rhythmus ein anderer.

Stella liebt jene Rhythmen, erlauscht sie nur allzu gerne. Wenn sie bei den Hausaufgaben an ihrem Schreibtisch ins Stocken kommt, sieht sie empor, sucht Trost und Mut in jenen Rhythmen, findet sie, lauscht lange, merkt nicht, wie die Zeit vertönt, vorbeieilt an ihr. Allein sie findet durch jenes Getön wieder zu sich, fühlt sich erfrischt, gestärkt, ermutigt, findet ihren eigenen Rhythmus wieder und arbeitet weiter …

Jeden Abend, wenn Stella im Bett liegt, betet sie nicht mehr das Vaterunser, sie betet zum Vater unser, betet nicht, dass er sie und Laurens wieder zusammenführe, betet nur, dass es Laurens gut gehen möge, dass sich für ihn alles zum Rechten wenden, dass er glücklich sein soll. Danach geht sie in ihr Land, geht durch das Tor, trifft Laurens, hält seine Hand, und er hält ihre Hand in seinen beiden Händen, sie hört ihren gemeinsamen Rhythmus, hört Fadenwasserlichter in weiten Formenstunden und findet in den Schlaf.

In der Schule verbringt sie ihre Pausen häufiger alleine oder gesellt sich zu jenen, die auch keine Freunde haben, um nicht einsam auszusehen. Anstelle der Mama macht Anna mit ihr die Hausaufgaben. Stella ist unermüdlich, versucht Vokabeln und Formeln zu lernen, vergisst sie wieder, lernt sie aufs Neue, meldet sich nicht in der Schule, hat die Ohren wieder eingestülpt.

Sie hat es aufgegeben, ihre Brüste zurückzudrängen, lässt sie wachsen, wenngleich sie sich abscheulich mit ihnen fühlt. Sie schickt sich darein, dass ihr Körper sich verändert. Allerdings verbirgt sie jede Veränderung geschickt, trägt nur sehr weite Sachen. Die Sweatshirts hängen weit bis über die Hüften, und die Hosenbünde versteckt sie darunter. Stella nimmt an Gewicht zu und wird stämmig.

Eine andere Entdeckung bewirkt, dass sie sich noch abscheulicher vorkommt: Es gibt Tage, an denen sie ganz scheußlich riecht, wie sie findet. Mama gibt ihr ein Deo, mit dem sie sich unter den Armen besprühen soll. All das ist für Stella befremdlich, wohnt doch in ihrem Körper ein so anderer Geist, eine so andere Stimme, ein so anderes Gehör. Sie glaubt selber, dass ihr Eigentliches eine andere Gestalt besitze, dass dieser hässliche, stinkende Körper nicht zu ihr gehöre. Sie findet nur schwer Zugang zu ihren Beinen, den Armen, zu ihrem Gesicht, den Hüften, den Brüsten, dass sie es oft nicht schafft, die Haare rechtzeitig zu waschen, versteht nicht, warum diese so schnell fetten, versteht nicht, warum sie sich selber fremd wird, versteht nicht den Geruch an sich selber, kurz: versteht nichts an sich selber. Stellas Erscheinung ist wahrlich nicht besonders schön. Nur ihre Haut ist nach wie vor samtweich, hat keinen einzigen Pickel, keinen Makel.

Auf Klassenfahrt

Stella ist mit ihrer Klasse auf Klassenfahrt. Abends im Badezimmer beginnen die Mädchen sich zu waschen, mit Cremes einzureiben, begutachten ihre Beine, ihre Schenkel, ihre Pos. Mit großem Erstaunen sieht Stella, dass manche ihr Gesicht zuerst mit einer Creme einschmieren, dann diese mit Wasser abwaschen und anschließend mit einer anderen Creme wieder einreiben. Sie fragt sich ratlos, warum um alles in der Welt sie das tun. Diese Tätigkeiten klingen recht dumpf und tönen eher von der Rumpfgegend her als vom Gesicht.

Sie selber wäscht ihr Gesicht nur mit Wasser und ist dann fertig. Damit verbraucht sie nur einen Bruchteil der Zeit, die andere Mädchen für die Toilette in Anspruch nehmen. Der Gesang des kühlen und klaren Wassers auf ihrem Gesicht ist perlenklar, beinahe silbrig. Das Wasser riecht an diesem Ort besonders gut. Stets lässt sie es noch einen Moment auf der Haut perlen, bevor sie es mit dem Handtuch trocknet. Wenn sie morgens ihr Gesicht wäscht und die Sonne bereits scheint, geht sie auch gerne mit nassem Gesicht nach draußen, fühlt die Sonne in den Klangperlen auf der Haut, wodurch wiederum neue Melodien entstehen. Diese werden immer leiser und zarter, je mehr das Wasser trocknet. An einem wunderbar klaren Morgen steht Stella vor allen anderen Mädchen auf, geht ins Bad, wäscht ihr Gesicht mit kaltem Wasser. Mit beiden

Händen nimmt sie Wasser und verteilt es, über das Waschbecken gebeugt, im Gesicht. Dann geht sie nach draußen in die Morgensonne. Es ist so still, dass sie die Stille hören kann. Wieder schwindet der Perlenklang von ihren Wangen. Durch die Stille und die klare Morgensonne bekommt er einen solchen Zauber, dass Stella den Atem anhält. Harfenperlendes Sonnengetön, gemischt mit leicht rhythmischem Stockwerkgeläut, klingt davon.

Lange lauscht sie ihm nach, merkt nicht, dass die anderen aufstehen, laut redend sich dem Bad nähern. Sie hält noch die Augen geschlossen, ist mit den Ohren in der Umgebung, möchte herausfinden, wo die Töne hingehen nach ihrem Erklingen, möchte wissen, wo die Töne sich verbergen, wenn ihr Ohr sie nicht mehr hören kann. Allein sie schreckt jäh auf, als sie angefasst wird:

«Hey, Stella, ist dir nicht gut?»

«Äh, doch, doch, es geht mir sehr gut ...», antwortet sie so schnell sie kann. Dann geht sie rasch ins Schlafzimmer, um sich anzukleiden.

Stella wird bereitwillig geduldet in der Gemeinschaft. Keiner setzt sich woanders hin, wenn Stella dazukommt. Stets ist sie still und hört, was die anderen alles Interessantes zu erzählen, welche Kleider sie sich wieder gekauft haben und welche Creme angeblich die beste ist. Manchmal tuscheln sie miteinander, und Stella hört, wie sie über die sogenannte Regel sprechen, welche Mädchen sie schon haben und welche nicht. Diese sogenannte Regel, das Frauwerden, ist für Stella etwas, was noch sehr weit weg scheint. Sie kümmert sich nicht darum. Aber sie fühlt, dass man im Klassenzusammenhang an Achtung gewinnt, wenn man die Regel schon hat. Also findet sie es interessant und fragt sich, wann es bei ihr so weit sei. Allerdings zweifelt sie, ob sie das überhaupt bekommen werde, da sie sich ja so sehr von den anderen unterscheidet.

Die gesamte Klasse geht während der Klassenfahrt zum Reiten. Stella liebt zwar die Tiere, hat aber auch Scheu vor ihnen. In vergangenen Ferien ist Mama mit ihr reiten gegangen. Es ist ihr als unvergessliches Erlebnis in Erinnerung geblieben. Dieses Gefühl, auf dem Pferderücken zu sitzen, getragen zu werden, die Wärme des Tieres unter sich zu spüren und mit dem Rhythmus des Tieres eins zu werden – das war wunderschön. Stella freut sich auf das Reiten. Sie geht mit den anderen Mädchen und Jungen aus der Klasse zum Reitstall, bekommt ein Pferd zugewiesen.

Das Reiten fällt ihr leicht; während die anderen größte Mühe haben, sich dem Rhythmus ihres Tieres anzupassen, kann Stella es auf Anhieb. Dafür wird sie gelobt. Es sind die schönsten Stunden auf der ganzen Klassenfahrt, die sie auf dem Rücken ihres Pferdes verbringt. Wenn sie es hinterher mit Stroh abreibt, hält sie leise Zwiesprache mit ihm, befühlt es, legt ihre Wange an seinen warmen Hals, lauscht in es hinein. Sie merkt, dass das Pferd ihr zugetan ist, sich an ihr reibt, sich von ihr versorgen, satteln, striegeln lässt. Der Wunsch keimt in ihr auf, auch daheim reiten zu dürfen.

Stella lässt die Rätsel der anderen Mädchen auf sich beruhen. Auch das Rätsel, wie sie selber denn nun aussieht, ob sie schöne Beine oder ein hübsches Gesicht hat, lässt sie zunächst dahingestellt. Wen könnte sie auch fragen und wie?

Einige aus ihrer Klasse haben einen Freund. Sie nennen es «miteinander gehen». Sie ist sich unsicher, ob sie Laurens ihren Freund nennen darf, weiß nicht, was es bedeutet, einen Freund zu haben oder miteinander zu gehen. In den Ferien ist sie mit Laurens gegangen, zum Milchholen. Geht sie nun mit ihm, oder ist sie nur mit ihm gegangen?

Es gibt durchaus auch Kinder in der Klasse, die nicht zu jenen tollen Mädchen gehören wie Marie oder Rosa. Aber zu diesen Mädchen findet Stella nur oberflächlichen Kontakt. Eine echte Freundin ist nicht darunter. Sie, Stella, unterscheidet sich von den anderen Kindern. Aber sie kennt nicht die Gründe, erlebt nur schmerzlich ihre Einsamkeit. Wie immer findet sie sich mit der Situation ab, fügt sich in sie, flüchtet in ihr Land, flüchtet in jene Farbenklänge und Formenleitern …

Eines Tages erhält sie einen Brief von Laurens. Mit bebenden Fingern öffnet sie den Umschlag. Das Herz will ihr davon, sie holt es zurück, liest hastig weiter, ist vor Freude benommen. Sie liest den Brief oft und oft. Dann setzt sie sich hin, um ihm zu antworten. Immer wieder beginnt sie aufs Neue. Allein die Worte fehlen ihr.

Schließlich sucht sie eine Kunstkarte, beschriftet sie mit wenigen belanglosen Sätzen. Für dasjenige, was sie ihm hätte sagen wollen, findet sie keine Worte. Stella steckt die Karte in einen Umschlag, schickt ihn aber nicht ab …

Reiten, Geigenspielen, Tagebuch

Stella äußert zu Hause den Wunsch zu reiten. Von Anna weiß sie, dass es auch eine Art zu reiten gibt, die Voltigieren heißt. Man springt im Galopp auf das Pferd und macht auf dem Pferderücken so etwas wie Gymnastik. Stella ist fasziniert, und Mama geht mit ihr in den Reitstall, damit sie es ausprobieren kann. Anders als beim Reiten legt man beim Voltigieren nur einen Gurt auf den Pferderücken, sitzt direkt auf dem Fell oder einer dünnen Decke.

Stella ist aufgeregt, aber die Reitlehrerin ist nett und erklärt ihr, wie sie es machen muss. Als sich alle aufgewärmt haben, geht es los. Mit offenem Mund beobachtet Stella ein älteres Mädchen, wie es sich an den Griffen des Gurtes festhält und auf das galoppierende Pferd springt. Es jubelt in ihr. Dieses Mädchen kennt den Rhythmus des Pferdes. Einige kennen ihn noch nicht so gut, andere wiederum sehr gut. Jetzt ist sie an der Reihe. Sie springt mit dem Pferd im Galopp mit, während sie sich mit beiden Händen an den Griffen festhält, springt ab, und das große Mädchen hilft ihr auf das Pferd. Dort oben thront sie jetzt, fühlt den warmen Pferderücken unter sich, fühlt den Rhythmus, fühlt das Glück in sich einströmen, streichelt das Pferd.

Stella entdeckt, dass Tiere anders klingen als Menschen. Ihre Töne haben nicht eine solche Vielfalt, wie die von Menschen. Sie sind leiser, und man könnte sie keinem Instrument zuordnen. Dafür ist ihr Rhythmus besonders stark ausgeprägt. Vielleicht könnte man sagen, dass die Klänge von Tieren allein den Rhythmusklängen zuzuschreiben sind. Stella merkt, dass ihr Pferd nie «gestimmt» werden muss. Es kommt zwar vor, dass sich der Rhythmus minimal verschiebt, was sich durch eine leise Art des Stolperns zeigen kann, aber das Pferd «stimmt» immer. Es wirkt beruhigend zu wissen, dass der Rhythmus des Pferdes morgen auch noch so sein wird wie heute, dass er übermorgen da sein wird, in einer Woche, bis es irgendwann einmal stirbt. Diese Entdeckung flößt Stella eine große Achtung vor dem Tier ein. Dieser Achtung entsprechend geht sie auch mit ihm um, und das Pferd schlägt nie aus, wenn sie ihm die Hufe auskratzt, wirft nie den Kopf hoch, wenn sie es aufzäumt. Es ist ihr stiller Freund, eine Art unerschütterlicher Halt, und sie empfindet tiefe Dankbarkeit dem Tier gegenüber.

Stella hat jetzt neben dem Geigenunterricht diese Art zu reiten entdeckt und freut sich nunmehr auf jede Stunde. Sie wird flink, gelenkig, geschickt und biegsam. Das hat zur Folge, dass sie auch im Schulsport sehr gute Leistungen erbringt. Sie übt zu Hause, dehnt ihre Beine, stärkt die Muskulatur, trainiert Liegestütze mit Steinen auf dem Rücken, beginnt, ihren Körper zu gebrauchen. Sie macht so gute Fortschritte bei den Reitstunden, dass sie bald zu den Besten aus ihrer Gruppe gehört.

Eines Tages wird Stella von der Lehrerin angesprochen, ob sie nicht Lust habe, Turniere zu reiten. Nein, das hat Stella nicht. Sie kann sich nicht vorstellen, auf dem Pferderücken geprüft zu werden, zu versuchen, besser zu sein als andere Mädchen. Sie will nur den Rhythmus des Pferdes fühlen, mit dem Tier eins werden, nicht geprüft werden, nicht zu Turnieren fahren. Die Lehrerin ist enttäuscht und wendet ihre Aufmerksamkeit nunmehr Kindern zu, die an Turnieren reiten wollen. Das ist der Grund, warum Stella am Ende ihres zwölften Lebensjahres das geliebte Reiten aufgibt.

Die Geigenstunden indessen sind für Stella schwierig geworden. Frau Anderson verlangt von ihr, ein Musikstück auswendig zu lernen. Sie bemüht sich, spielt die Noten oft und oft und immer wieder. Doch jedes Mal klingt in ihr die Melodie anders, als der Komponist sie vorgesehen hat. Sie verliert die richtigen Noten aus dem Sinn, spielt zwar im Stil des Stückes und des Komponisten weiter, aber wesentlich fantasievoller, baut die Hauptthemen um, verlagert sie in andere Tonarten, steigert den Rhythmus, bringt so viel Spannung in das Spiel, dass sie zu schwitzen beginnt. Dies kommt aber nur vor, wenn sie alleine übt. In den Stunden bricht Frau Anderson stets ab, sobald sie die falschen Töne hört. Die Lehrerin und auch Stella geben nicht auf. Allein es gelingt nicht. Stella ist von den Noten abhängig, sonst vermischt sich ihr eigener Rhythmus mit dem der Musik und sie erfindet andere Melodien.

Unterdessen denkt Stella jeden Abend an Laurens. Trotz ihres Landes, in dem sie ihn stets in Gedanken besucht, vermisst sie den richtigen Laurens. Sie fragt sich oft, wann sie sich wohl wieder sehen würden. An einem Frühlingstag kommt Stella von der Schule nach Hause und findet wieder einen Brief von ihm vor. In ihrem Zimmer öffnet sie ihn. Laurens schreibt von der Schule und von seinen beruflichen Zielen. Er schreibt nicht, dass er Stella vermisse, schreibt nicht, dass er sich nach ihren Händen sehne.

Stella fühlt in den Zeilen, dass die Kluft zwischen ihnen gewachsen ist. Sie kennt seine Zweifel nicht. Laurens hat gemerkt, dass mit Stella alles anders steht als mit anderen Mädchen. Er weiß nicht, wie er ihr gerecht werden kann, weiß nicht, wie er sie beschützen kann im Leben vor allem, was auf sie einströmen wird. Er ist traurig und ratlos, wohnt in einer anderen Stadt, besucht eine andere Schule, kann nicht zu ihr, kann nicht über ihr Haar streichen, sie nicht an sich ziehen, nicht leise zu ihr reden. Das alles zusammen lässt ihn jenen ratlosen Brief schreiben, und Stella hört die Botschaft dieses Briefes. Dennoch schreibt sie ihm diesmal zurück, schreibt, dass sie sich in der Schule müht, wie das Wetter ist, schreibt wortlos, wie sehr sie ihn liebt, bettet ihre Sehnsucht zwischen die Zeilen, findet aber Worte, die ihm alles Gute wünschen …

So geschieht es, dass diese beiden jungen Menschen mit ein und demselben Rhythmus, die wie füreinander geschaffen scheinen, sich im Strudel der Zweifel und im Strudel der kluftgroßen Wortlosigkeit verlieren. Stella wird Laurens nie vergessen, und auch Laurens wird Stella nie vergessen. Immer wieder ruft sie die Erinnerung an seine Hände in sich wach, an jenen rhythmischen Halt, an das Pingpong ihrer Zweisamkeit und nicht zuletzt daran, wie er ihr das Haar hinter das offene Ohr gestrichen hat.

Wenn Stella für sich ist, mit sich alleine, in sich hineinhorcht, kommen ihr manchmal Worte, die sie aufschreiben kann. Worte aus dem Nirgendwo, die ihre Einsamkeit und Wortlosigkeit in Sätze einkleiden. Stella weiß aber gleichzeitig, dass jene Wortkleider von einem Außenstehenden nicht verstanden werden können. Sie sind gewissermaßen zu durchscheinend, die Worte zu still ...

Für die Dinge, die im äußeren Leben um sie herum geschehen, hat sie kein Gehör. Sie hat die Ohren weit nach innen gerichtet, dorthin, wo sie die Rhythmen ihres Lebens erlauschen kann. Diese unterscheiden sich von denjenigen der anderen Mädchen so gewaltig, dass sie sich in sich selber eine Ihr-Land-Welt und eine Buchwelt schafft.

Der Wille, die Kluft zwischen sich und den anderen Mädchen gering zu halten, wird kleiner. Allein sie ist bemüht, für die Schule zu lernen. Es ist, als sei die Schule überhaupt die Brücke zu dem Leben außerhalb von ihr. Während die anderen Mädchen zu Partys gehen, sich schminken, erste Discobesuche machen, ist Stella zu Hause, schreibt in ihr Buch und spielt auf der Geige. Der Schulstoff lässt sich nur schwer überwinden, da die Ohren wieder so außergewöhnlich stark nach innen gestülpt sind, dass sie diese biegen und mit Gewalt einen Spalt breit öffnen muss, um überhaupt etwas aufnehmen zu können.

Allein in den Religionsstunden öffnen sich die Ohren von alleine. Herr Pam erzählt eines Tages über den Sinn des Lebens.

Der Religionsunterricht

Zunächst spricht Herr Pam über die Pflanzen, über ihre Eigenschaft, die Luft, die die Menschen ausatmen, zu verwandeln. Dabei betont er, dass jede noch so kleine Pflanze ebenso eine Bedeutung hat wie ein großer Baum. Dann erzählt er von den Tieren und wie jedes Tier seine Aufgabe hat, erzählt von den winzigsten Mikroorganismen, die im Wasser leben, von denen sich wiederum andere Tiere ernähren, bis hin zu den Fischen, die ihrerseits wieder Nahrung für andere, größere Fische sind. Er spricht von den Vögeln und ihren Stimmen, von den Fledermäusen, die in anderen Frequenzbereichen kommunizieren, spricht von weiteren Tieren und ihren Wundern, ihren Fähigkeiten und Aufgaben. Dann beginnt er über die Menschen zu reden: Jeder Mensch habe seine Stimme, seine Aufgabe. Jeder Einzelne habe eine Botschaft für die Erde, jeder Einzelne sei auf der Erde, um seine Botschaft, seinen Beruf zu leben. Manche Menschen wüssten nicht bewusst, was ihre Botschaft sei, andere wiederum kennten ihre gut. Dies sei ganz verschieden. Schließlich bedeute das Wort «Beruf» Berufung, und daraus könne man ja hören, dass man als Mensch «berufen» sei.

An jenem Tag lehrt er die dreizehnjährigen Schüler und Schülerinnen ein Gedicht von Jiménez. Lange hat er sich überlegt, ob es nicht zu früh sei für zeitgenössische Dichtung, dann aber hat er sich dazu entschlossen:

«Wirf den Stein von heute weg.
Vergiss und schlafe. Wenn er Licht ist,
wirst du ihn morgen wieder finden,
zur Dämmerzeit, in Sonne verwandelt.»

Stella versteht auf Anhieb die Aussage dieser Worte. Herr Pam spricht das Gedicht zweimal vor, und sie kann es auswendig, nimmt es mit in die Ohren, die sie wieder einstülpt nach dem Religionsunterricht, nimmt es mit nach Hause in ihr Buch, in ihr Land, in dem sie es Laurens vorträgt. Sie beschließt, gleich am selben Abend ihren Kummer und die Einsamkeit hinter sich zu lassen, ja zu vergessen, so wie es Jiménez gemeint hat, und dann würde sie es morgen wieder finden, und es wäre vielleicht nicht mehr so schmerzhaft, vielleicht in Sonne verwandelt. An jenem Abend findet Stella gut in den Schlaf, es gelingt ihr zu vergessen. Das Einschlafen ist damals, als sie noch ein kleines Kind war, anders gewesen. Sie hatte fliegen können, hatte Musik gehört. Sie fragt sich, wann das wohl aufgehört hat. Damals, als sie fast ertrunken wäre – so glaubt sie sich zu erinnern. Danach war ja alles anders gewesen.

Stella wacht auf, erinnert sich an das neue Gedicht und fasst zum ersten Mal den Gedanken, dass Einsamkeit und Kummer eine positive Seite haben könnten. Wie ist das noch mit dem Wort Einsamkeit? «Ein-same-keit» spricht sie sich vor und sinnt während des gesamten Schulweges darüber nach, ob Einsamkeit irgendwelches Saatgut in sich enthalten könnte. «Saatgut» natürlich im übertragenen Sinn. Ja, ihre Gedanken überschlagen sich beinahe, und sie stellt sich die Frage, ob vielleicht alles seinen Sinn haben könnte. Wenn Jiménez in seinem Gedicht recht hat, dann ist es so, wie sie glaubt. Stella ist aufgeregt, fühlt sich angeregt und durchgeregt, erregt und überregt. Sie beschließt, alles in ihr Buch einzutragen, wenn sie wieder zu Hause ist.

Stellas Buch wird zu ihrer eigenen Philosophiefibel. Ohne dass sie sich dessen bewusst ist, arbeitet sie fortwährend an ihrer Weltanschauung. Sie schreibt hinein:

«Herr Pam hat gesagt, dass jeder Mensch eine Aufgabe hat, so, wie jede Pflanze und jedes Tier eine Aufgabe haben. Ich frage mich, was meine Aufgabe ist. Ich bin so anders als die anderen Menschen. Aber sicher ist doch, dass ich ein Mensch bin, und ein Mensch hat eine Aufgabe. Ich muss immer darüber nachdenken, was meine Aufgabe ist. Wann erfahre ich meine Aufgabe? Und wie finde ich meine Aufgabe? Es macht mich ganz kribbelig, wenn ich daran denke, dass ich für eine bestimmte Sache hier bin. Jedenfalls habe ich im Moment noch keine Ahnung, was es sein könnte. Dann ist da noch die Sache mit dem Stein. Ich vertrau es dir an, liebes Tagebuch, dass ich glaube, dass Jiménez recht hat mit seinem Gedicht. Es ist so, dass sich Dinge und Sachen in der Nacht verwandeln können. Aber was passiert mit ihnen? Es stimmt, was er sagt, weil ich manchmal aufwache und froh bin, wo ich doch abends ganz traurig in mein Bett steige.»

Solche und hunderte andere Gedanken gehen durch Stellas Kopf, und sie versteckt das Tagebuch immer sorgfältig in ihrem Kleiderschrank.

Stella wird krank

Stella ist vierzehn Jahre alt. Ihr Leben ist kaum verändert, bis auf den Umstand, dass sie noch mehr für die Schule lernt, noch mehr in ihr Tagebuch schreibt und beginnt, Bücher zu lesen.

Sie ist fasziniert von der Kultur der Indianer, öffnet ihre Ohren für diese Bücher und liest nunmehr in jeder freien Minute. Das Verhältnis der Indianer zur Natur, ihre Tapferkeit, ihr Glaube, ihre Kunst zu reiten, zu sticken, zu flechten, zu nähen und alles, was diese Kultur noch an den Tag legt, berühren sie tief. Stella schreibt die Gedanken über die Indianer in ihr Buch:

«Liebes Tagebuch, heute habe ich von dem Schamanen gelesen. Er kann Geister vertreiben, richtige böse Geister, und er weiß Wunden zu heilen mit Kräutern aus der Natur. Das möchte ich auch lernen. Er legt einen Brei aus Kräutern auf eine Wunde, und die Wunde heilt, ohne Pflaster, ohne Verband oder so etwas. Woher weiß er, wie das geht? Klar, er hat es von dem Schamanen vor ihm gelernt und der hat es von dem gelernt, der vor ihm war und so weiter. Aber woher wusste das der erste Schamane, den es überhaupt gab? Laurens ist mein Freund geblieben, auch wenn wir uns nicht sehen. Ich liebe keinen anderen. Marie ist mit Tobias aus der Klasse befreundet, sie gehen Hand in Hand. Ich gehe nicht Hand in Hand mit Laurens, aber er ist doch mein Freund.»

Sie findet ihre Worte müde und plump im Gegensatz zu dem, wie die Dinge in ihr selber klingen und leben. Dennoch glaubt sie, dass das Schreiben ein Weg sei, langsam gegen die Wortlosigkeit anzugehen.

Mit Erstaunen sieht Stella, dass Marie bereits mit dem dritten Jungen zusammen ist. Sie denkt darüber nach, wie die Liebe so schnell von einem zum anderen wandern kann. Wie es sein kann, dass sie sich in so kurzer Zeit auf so viele Menschen ergießt. Marie muss ein unbeschreiblich großes Herz haben, dass sie imstande ist, ihre Freunde so schnell zu wechseln. Sie, Stella, liebt nur den Einen.

Das Jahresende eilt heran. Die Natur hat noch keinen Schnee gebracht, was Stella bedauert, da sie die Stille und die leise Musik des Schnees so liebt. Es ist kalt und feucht draußen, die nackten Bäume glänzen in der Nässe, dichte Wolken bedecken den Himmel. Der Lärm draußen ist größer als im Sommer, wenn die Bäume Laub tragen. Jetzt findet er zwischen kahlen Zweigen überall hindurch bis hin zu Stellas Ohren, sucht sich seinen kalten Weg von den Autos und dem gesamten Stadtverkehr bis in Stellas Zimmer. Dort scheint sich sämtlicher Lärm über sie zu ergießen. Sie verschließt die Ohren fester, stülpt sie mehr nach innen.

Die Indianerbücher fesseln sie weiterhin. Stella versucht, die Tapferkeit der Indianer als eine Art Vorbild zu nehmen, versucht, sich keine Gefühlsregung anmerken zu lassen, übt, stundenlang in der Schule ihre Sitzstellung nicht zu verändern. Nach außen hin ist sie gleichmütiger geworden, scheint endlich ihren Weg gefunden zu haben, endlich stabiler zu werden, kräftiger. Sie ist nicht dick, wirkt aber kräftig, und durch jene scheinbare innere Ruhe, die jedoch ihren Übungen zuzuschreiben ist, erscheint sie reifer. Es geschieht sogar, dass sie manchmal Herrin über die Einsamkeit und Trauer in ihrem Innern werden kann. In solchen Momenten breitet sich Friede in ihr aus.

Am Ende dieses Jahres, in jener baumglänzenden, kalten Zeit, feiert Stella mit den Familienmitgliedern das Silvesterfest. Bereits beim Essen fühlt sie eine große Übelkeit in sich aufsteigen, möchte sich zurückziehen. Das Lachen und Spielen der anderen gellt in ihren Ohren, so sehr sie diese auch verschließt. Allein es ist ihren indianischen Übungen zu verdanken, dass ihr niemand etwas anmerkt.

Endlich liegt sie in ihrem Bett, hat Mama doch verraten, dass ihr übel ist. Aber Mama glaubt, wie sie selber auch, dass das Fest sie überanstrengt hat.

In der Nacht ziehen sich ihre Eingeweide zusammen. Stella stöhnt in sich hinein, krampft ihre Hände in das Kissen, das früher einmal Aurel geheißen hat, zieht die Knie an den Oberkörper und wälzt sich in Krämpfen hin und her. Zwischendurch schläft sie ein, wird von neuen Krämpfen geschüttelt, fühlt, wie das Fieber glühend in ihr aufsteigt. Dennoch scheint es ihr am Morgen besser zu gehen. Sie kann nichts zu sich nehmen, legt sich wieder ins Bett und hat jetzt den Eindruck, schwer, ja auf irgendeine Weise sehr schwer krank zu sein.

«Jetzt brauche ich einen Schamanen», denkt sie, «der mir einen Kräutertrank zubereitet und alles wieder in Ordnung bringen kann.» Mama ist besorgt, gibt ihr Kamillentee und eine Wärmflasche, die sie auf ihren heißen Bauch legt. Das Fieber steigt weiter. Dann endlich kommt das erlösende Erbrechen. Stella wird leichter, hat neue Krämpfe, wird noch leichter, wieder krümmt sie sich, und es wird leise in ihr. Sie wird leichter und immer leichter, bis sie glaubt, bald nicht mehr zu sein. Sie fühlt sich jenseits der Leichte.

Im Fieber ziehen ihr die Bilder durch den Kopf, wie Laurens nachts krank wurde und sie im hellen Nachthemd durch das Schlüsselloch geguckt hat. «Vielleicht habe ich dasselbe wie Laurens», sagt sie zu sich selber.

Indes werden Stellas Krämpfe immer heftiger, sie wird geschüttelt und krümmt und wälzt sich auf dem Fußboden. Sie merkt nicht, dass ein leises Stöhnen von ihr ausgeht, riecht aber einen unguten Geruch, der ihrem Körper entströmt. Das Fieber steigt. Mama und Papa haben eine Verabredung, denn obgleich sich Stella auch krümmt, ist sie immer wieder guter Dinge zwischen den Schmerzen. Die Auswirkung der indianischen Übungen wird ihr beinahe zum Verhängnis.

Stella ist nun jenseits der Leichte, ihre Gedanken schweifen jetzt oft ab von ihren schmerzenden Eingeweiden. Sie sieht sich plötzlich im Wasser, wie das Wasser über ihr und in ihr zusammenschlägt, sieht sich ertrinken, fühlt sich Abschied nehmen von allem, was da ist, fühlt die Trennung von ihren Puppen, vollzieht die Trennung von ihren Mitmenschen. Allein es gibt jetzt einen Unterschied: Da ist Laurens, und sie kann sich nicht von ihm trennen. Es ist, als sei er mit ihr verwachsen, und sie beginnt einen inneren Kampf auszufechten. Jedes Mal, wenn das Gefühl über sie hereinbricht, das sie schweben machen möchte, denkt sie an Laurens, fühlt, dass sie ihn loslassen müsste, hält ihn aber fest. Dazwischen wird sie von den Krämpfen auf so erbärmliche Weise gequält, dass ihr die Sinne schwinden wollen. Sie ist nicht länger im Stande, die Ohren verschlossen zu halten. Wie von unsichtbaren Händen werden sie aufgebogen, und alle Geräusche aus der Nasswelt gellen zu ihr hin.

Draußen fährt ein Laster mit lautem Motorengeräusch an. Die Kälte «schwemmt» die Geräusche an Stellas bebendes Ohr. Es wird «stockwerklaut». Obwohl sich Stella die Ohren zuhält, nützt es nichts. Der Lärm klettert in immer höhere Stockwerke, verschanzt sich in ihrem Gehör. Bald weiß sie nicht mehr, ob der Lärm von draußen oder aus ihr kommt, ja ob er vielleicht sogar von ihr selber kommt. Sie erlebt sich als einen Geräuschdonner, als ein Krachchaos. Schließlich muss sie sich abermals übergeben und kommt dadurch etwas zu sich …

Stellas Schwester ist zu Hause, hört ihr Stöhnen, sieht, wie sie sich von Schmerzen geschüttelt am Boden wälzt, die Handflächen an beide Ohren gepresst, holt eine Decke, um sie einzuhüllen. Stella merkt es nicht. Endlich kommen Mama und Papa nach Hause; die Dämmerung hat eingesetzt, und sie sehen, dass Stella sterbenskrank ist. Endlich kommt sie ins Krankenhaus. Kurze Zeit später bereits wird sie operiert.

Als Stella erwacht, liegt sie in einem Krankenhausbett, hat große Schmerzen und ist nicht in der Lage, auch nur einen Finger zu bewegen. Wie aus weiter Ferne nimmt sie wahr, dass der ohrenbetäubende Lärm verschwunden ist. An seine Stelle ist nun absolute Stille gerückt. Ja, es ist so still, dass sie mit den Ohren nach Klängen sucht. Aber wie sehr sie auch ihre Ohren in die Umgebung schickt, sie ist stumm.

Eine Krankenschwester kommt, misst den Blutdruck, ist besorgt, gibt ihr noch eine Spritze, spritzt etwas anderes in die Infusion. Stella dämmert wieder weg. Sie wähnt sich weit weg. Endlich hört sie in der Ferne Musik, Silberklänge in Farbenferne.

Ein leises Gefühl macht sich in ihr breit, dass sie gerettet ist. Sie kann an Laurens denken, träumt, er hielte ihre Hand, lasse sie nicht mehr los. Der Morgen dämmert, als sie wieder erwacht. Die Nachtschwester hat ihr einen Eierbecher mit Tee hingestellt. Doch Stella schafft es nicht, ihn an die Lippen zu heben, kann noch immer nicht ihre Glieder bewegen, fühlt nicht einmal Durst. Zu schwach, um zu lauschen, fällt sie wieder in einen Dämmerzustand, diesmal ist es wie damals, als sie ein Kind gewesen ist, sie schwebt auf jene hohen Pflöcke, schwebt in das Licht hinein, in die Musik.

Sie erwacht, als sich das Zimmer mit vielen Menschen füllt. «Es müssen alles Ärzte sein», denkt sie abwesend. Ist sie vielleicht doch am Sterben? Die Ärzte schauen sie an, einer hebt die Bettdecke, setzt sich auf den Bettrand und befühlt die Wunde. Schmerz zuckt durch ihren Bauch, und sie stöhnt leise.

«Ist ja gut», meint der Arzt beruhigend zu ihr, «es ist normal, dass es wehtut. Aber es ist nicht geschwollen, das ist gut so, und du darfst auch etwas trinken.» Stellas Stimme klingt heiser, als sie herauspiepst, sie habe keinen Durst.

«Komm», sagt der Arzt, «du weißt nur nicht, dass du Durst hast», schiebt kurzerhand seinen Arm unter ihre Schulter, hebt sie ein wenig hoch und führt mit der anderen Hand den Eierbecher an ihren Mund. Stella trinkt gierig, trinkt alles aus und fühlt, wie Leben in sie einkehrt, lächelt und lässt sich wieder in die Kissen zurücksinken.

«Siehst du», sagt der Arzt, zieht seinen Arm unter ihr weg und steht auf. Als Stella wieder allein ist, hat sich alles verändert. Die Schmerzen sind besser geworden, sie kann klarer denken, sie versucht ihre Finger zu bewegen. Es gelingt. Eine unbändige Freude macht sich in ihr breit. Sie lebt, sie hat überlebt, sie wird weiter leben. Und schon verschwindet die Stille, verwandelt sich langsam in ihre alt-gewohnte Klangwelt …

Bald kann sie wieder etwas essen, und die Lebenskräfte kehren in sie zurück. Sie wird auf eine andere Station verlegt, in ein Zimmer, in welchem bereits vier weitere Frauen liegen. Stella fühlt sich wieder besser und beginnt bald damit, die Menschen in ihrer Umgebung zu hören und zu «stimmen».

Die Frauen reden viel und lange, jede erzählt Stella ihre Geschichte von vergangenem Glück, von Einsamkeiten, Hoffnungen, Trauer, und Stella hört dem zu, was sie schon kennt. Sie lernt, dass das, was die Frauen zu erzählen haben, nur eine abgewandelte Form dessen ist, was sie selber schon einmal erlebt hat. Deshalb ist sie in der Lage, das Erzählte in sich aufzunehmen, mitzuempfinden, zu verstehen und somit auf eigentümliche Weise das Leid zu lindern.

Es entsteht ein so großer Friede in ihrem Krankenhauszimmer, dass sie es am liebsten nie wieder verlassen möchte. Hier kann sie die Ohren öffnen, lässt sie von einer Frau zur anderen wandern, lauscht und stellt mit überschäumender Freude fest, dass der Klang des Raumes sich mit jeder Geschichte verschönert. Über den Grundton, der ohnehin schon existiert, legen sich wundersame Harmonien, legen sich bunte Farblinien um Aufwärtsgeläute, legen sich steilwandige Lichtklänge, und im Laufe der Tage schwillt es an zu einer eigentümlichen Symphonie.

Jeden Tag kommen die Ärzte, um nach ihr und den anderen Frauen zu sehen. Dann rückt der Tag ihrer Entlassung unweigerlich heran. Es ist ein Freitag, und als die Ärzte ihr mitteilen, dass sie nun nach Hause könne, bittet sie, noch das Wochenende bleiben zu dürfen.

Die Putzfrau, die täglich den Boden wischt, achtet darauf, dass Stella immer frisches Wasser an ihrem Bett hat, und Stella fühlt, dass sie gerne in ihrem Zimmer arbeitet. Jede Blumenvase füllt sie mit neuem, frischen Wasser, jeden Nachttisch wischt sie liebevoll ab und sucht das Gespräch mit Stella.

Die Putzfrau spricht nur gebrochenes Deutsch, und Stella kann kaum verstehen, was sie sagt, aber sie fühlt und hört es dennoch. Was die Putzfrau zu erzählen hat, unterscheidet sich vom inneren Klang her nur wenig von dem, was ihr die anderen Frauen geschildert haben. Sie lauscht, während die Putzfrau, auf den Schrubber gestützt, erzählt. Ihre dunklen Augen sind warm und traurig. Ihr Gesicht ist bereits von unzähligen Runzeln durchzogen, und jede Falte scheint einen Teil ihrer Lebensgeschichte auszudrücken. Stella lernt, dass das Aussehen eines Menschen mit dessen Lebensgeschichte zusammenhängt, ja dass sie miteinander verwachsen sind.

Keine dieser Frauen weiß wirklich, warum sie vor Stella all ihre Geschichten ausbreiten. Es geschieht einfach, und sie fühlen tief in sich drinnen, dass es ihnen gut tut, dass sie ihr Leid in dieses Mädchen hineinlegen, ja geradezu ablegen können.

Selbst die Krankenschwestern halten sich gerne in Stellas Nähe auf. Das führt dazu, dass ihr eine besondere Zuwendung zuteil wird. Sie bekommt Süßigkeiten geschenkt, einmal sogar ein Geldstück. Die Station ist nicht voll, und die Schwestern haben Zeit, mit Stella Spiele zu machen. Zwischen den Spielen erzählen sie ihr aus ihrem Leben, von ihren Lieben, ihren Freuden und Leiden. Stella lauscht, «stimmt» einen jeden Menschen, der mit ihr zusammenkommt, hört, wie sie in der Lage ist, dessen Töne zu verändern, zu verwandeln, erklingen zu lassen.

Am Montag wird Stella entlassen. Sie fühlt sich noch schlapp, ist aber erfüllt von neuem Lebenswillen, freut sich auf das Geigenspiel, freut sich auf Mama und Papa, auf ihre Geschwister.

Papa hat ihr in der Zwischenzeit ein neues Bett gebaut. Es ist ein Hochbett und aus dicken Holzbalken gezimmert. Sie kann eine alte Decke an die Seite des Bettes hängen, sodass sie dort oben nun ganz für sich ist. Sie empfindet eine Art Schutz darin. Es ist, als tönten die Geräusche hier kaum zu ihr hin, als sei sie durch das Bett geborgen. Noch zwei Wochen muss sie zu Hause bleiben, liest Indianerbücher, lernt immer mehr von ihnen, schreibt in ihr Tagebuch, was sie lernt, liegt immer in dem neuen Bett.

Die Schule beginnt wieder

Stella erscheint es beinahe wie ein Sprung über einen gewaltigen Abgrund, wieder in die Schule gehen zu müssen. Dennoch freut sie sich und wird tatsächlich freundlich von den Mitschülern empfangen. Sie erzählt vom Krankenhaus und auch, dass sie inzwischen eine Frau geworden ist. Dadurch erwächst das Gefühl in ihr, wieder ein Stück mehr zu ihnen zu gehören.

Endlich fällt der erste Schnee. Stella erwacht in der Nacht, lauscht nach draußen, und es will ihr am nächsten Morgen in der Schule nicht gelingen aufzupassen, solange dieser Schnee in dicken Flocken vom Himmel fällt. Wie schon in der Vergangenheit breitet sich ein großes Glücksgefühl in ihr aus. Morgens, nach dem Aufstehen, öffnet sie das Fenster, blinzelt in die glitzernde Morgenluft, atmet ihre Klänge ein und fühlt sich gestärkt und ermutigt.

In den Pausen ist sie nicht mehr so in sich gekehrt wie früher. Seit sie im Krankenhaus war, fühlt sie immer größeres Interesse für andere Menschen in sich aufkeimen. Deshalb beginnt sie damit, sämtliche Schüler der Schule zu beobachten, ihnen zu lauschen, ja zu erlauschen, wie sie klingen. Es gibt solche mit hohen Tonlagen, mit niederen, lauten, leisen, ja sogar hässlichen Grundtönen. Einige heben sich von den meisten anderen durch ein wechselndes Klingen ab, andere wiederum behalten ihren Grundrhythmus weitgehend bei. Über allen Schülern herrscht stets ein Überton, der hauptsächlich für die Stimmung in der Schule verantwortlich ist. Manchmal ist es sogar auch vom Wetter abhängig, wie die Schule klingt. Es gibt Tage, an denen der gesamte Schulrhythmus schneller schlägt als an anderen Tagen. Je länger Stella in den Schulhof lauscht, umso präziser kann sie das gesamte Schulhofgetön in ihrem Gehör splitten und den einzelnen Schülern zuordnen.

Sie erwirbt sich darin ein so großes Geschick, dass sie bald in der Lage ist zu erhören, wer von ihnen traurig, verzweifelt, glücklich oder verliebt ist. Sie beobachtet ihre Bewegungen, ihre Blicke und lauscht ihren Klängen, sieht, wenn sie sich vorsichtig und unauffällig einem Mitschüler oder einer Mitschülerin zuwenden. Bald kann sie auch genau erkennen, wer in wen verliebt ist, so dass sie die erste auf dem ganzen Pausenhof ist, die weiß, wer mit wem befreundet ist oder es bald sein wird. Die Schüler stehen in den Pausen in Grüppchen beieinander und besprechen meist, neben anderen Themen wie Kleidung, Musik und Filme, wer mit wem geht, wer in wen verliebt ist, wer unglücklich verliebt ist. Stella indessen kennt diese Neuigkeiten bereits, schweigt aber darüber.

Ebenso wie sie diese Verliebtheiten erlauscht, merkt sie auch schnell, wenn ein neuer Schüler in die Schule kommt. Eines Tages entdeckt sie ein Mädchen im Pausenhof. Sie ist stämmig, trägt eine türkisfarbene Hose, und das Haar fällt in einem kräftigen, schwarzen Zopf über ihre Schulter. Sie sieht ausländisch aus. Das verraten die dunkleren Augen und die dunklere Haut. Stella erlauscht sofort, dass sich dieses Mädchen anders anhört als alle anderen. Sie steht Tag für Tag allein auf dem Pausenhof – türkisfarbene Hose vor roten Backsteinen. Ihr Klang ist voller Wehmut, voller Trauer und voller Kraft. Ihre Klangskala reicht tiefer hinab und höher hinauf als die der meisten anderen Schüler. Außerdem tönt sie klarer und auf eigentümliche Weise heller.

Stella möchte zu ihr gehen, mit ihr in der Pause stehen, damit sie nicht allein ist. Aber sie traut sich nicht, lässt es mit dem Beobachten, mit dem Erlauschen ihres fremdschönen Klanges bewenden. Zu ihrer großen Erleichterung entdeckt sie bald, dass das Mädchen nicht mehr allein ist, weil sie einen Freund gefunden hat. Auch er sieht ausländisch aus, klingt anders. Er hört sich an wie ein alter Mann, wenngleich sie nicht abschätzen kann, wie alt er wirklich ist. Er besucht die achte Klasse, scheint aber viel älter zu sein.

Das türkis Mädchen – so nennt es Stella bei sich – fühlt Zuneigung zu jenem Jungen, und Stella erlauscht, dass sie irgendwo einen gemeinsamen Klang haben, auch wenn sie sich sehr unterschiedlich anhören. Das türkis Mädchen zeigt nicht, dass sie diesen Jungen liebt, und dieser zeigt seine Liebe auch nicht. Dennoch besteht eine Verbindung zwischen ihnen, was Stella fortwährend hört. Sie ist froh, dass sie mit jenem Jungen ihre geheimnisvolle Art teilen kann.

Ein Geheimnis

Stella schreibt beinahe jeden Abend in ihr Tagebuch.

«Liebes Tagebuch, heute habe ich das türkis Mädchen mit dem Jungen gesehen, wie sie sich nach der Schule trafen. Sie lieben sich. Ich freue mich für sie, dass sie sich gefunden haben. Ich würde auch gerne jemanden finden, aber ich habe Laurens. Der einzige Unterschied liegt darin, dass ich ihn nicht leibhaftig bei mir habe. Aber was für ein Unterschied ist das? Was macht es aus, dass ich ihn nicht berühren kann? Es ist doch eigentlich nur mein eigener Vorteil, den ich erträume und entbehre. Wenn er doch glücklicher ist so, warum will ich es ihm nicht lassen? Es gibt so viele Mädchen und Jungen auf dem Schulhof, die unglücklich sind, weil sie nicht das haben können, was sie sich erträumen. Ich habe es selbst gehört. Wären wir nicht alle viel glücklicher, wenn wir uns darüber freuen würden, dass es einem anderen gut geht, ohne den Wunsch zu haben, dass wir etwas bekommen müssen? Liebes Tagebuch, ich entschließe mich hiermit, schriftlich, nicht mehr so sehr meinen eigenen Vorteil in den Dingen zu suchen, sondern mich zu freuen, wenn es einem anderen gut geht. Ich fühle mich dadurch erleichtert, und es ist wie eine Art Erhellung in mir ...»

Als Stella das geschrieben hat, fühlt sie sich besser und ist fortan bemüht, Laurens nicht mehr so ihretwegen zu vermissen, ihm zu wünschen, dass es ihm gut gehe, dass er glücklich sei. Ihre eigene Liebe möchte sie nicht mehr in ihn allein ergießen, zu gewaltig scheint ihr diese Liebe zu sein, zu gewaltig für einen einzigen Menschen.

Das stille Kapitel

An dieser Stelle möge man sich ein Kapitel mit etwa zwanzig leeren Seiten denken. Auf diesen Seiten stünde, wie still Stellas Leben dahinfließt.

Äußerlich gibt es in jener Zeit bis zu ihrem fünfzehnten Lebensjahr nichts Nennenswertes zu berichten. Aber sie ist weiterhin Stella, versucht zu überleben mit ihren Ohren, die ihr immer neue Klangräume erschließen.

Die Worte müssten sich hier brechen, stärker als stark werden, einsamer als einsam; müssten sich verdichten, über sich hinauswachsen, Klangbrücken schlagen:

Klangräume reihen sich an tönende Stockwerke. Stockwerke, die bis zu den Wolken hinaufragen, Stockwerke, die bis tief in die Erde hinabreichen. Wurzelschlösser in den Ohren und runde Kristalle, nach Ecken klingend. Raum vertönt, und Zeit setzt sich auf Wolkenränder, zum Fallen bereit, Vogelgesang in Zeitkästchen und Sonnenstrahlen in klangfarbenen Tüten, bis zur Unendlichkeit kenntlich. Fruchtreiche Klänge, getaucht in Unterwassergesang. Grasmelodien in Oktavenfächern, gebreitet in die Zeit. Gestundete Dissonanzen, zerfetzt in Ozeane hinaus, darin verklingend als Gesangskörner. Schließlich Samengesang in Wolkenerde, zu Vogelblumen werdend, die umher duften, bis zu den Stockwerken empor. Jener Duft zwitschert in Überwolken dahin, in Ohrmuschelgehäuse …

Stella und Anne Frank

Mit fünfzehn liest Stella das Tagebuch der Anne Frank. Sie liest es beinahe in einem Zug. Dabei weint sie, versteht nicht, wie Menschen anderen Menschen, was Menschen mit Menschen, warum Menschen Menschen und weshalb Menschen …, versteht nicht, wie Anne dies alles durchstehen konnte, ohne sich frei bewegen zu können, ohne auf Schnee zu treten, ohne im Sommer schwimmen zu gehen, ohne in die Schule zu dürfen, ohne andere Menschen kennenzulernen. Sie hat so lange ausgeharrt, so viel innere Kraft bewiesen – und dann wird sie doch in den Tod geschickt. Stella weiß, dass ihr Schicksal für Millionen von Menschen steht, beginnt zu begreifen, dass es Menschen gibt, die anderen Menschen …, Menschen, die unmenschlich sind zu anderen Menschen. – Natürlich weiß sie, dass es Grausamkeiten auf der Erde gibt, dass es Menschen gibt, die morden. Aber dass es in solch ungeheurem Ausmaß geschieht, wird es ihr erst jetzt bewusst.

Stella findet Interesse am Geschichtsunterricht in der Schule. Von jedem einzelnen König, Herrscher, Diktator ist sie so ergriffen, so in der Person darin, fühlt sich hinein, hört sich hinein, legt die Ohren hinein, dass sie nicht mehr in der Lage ist, die Zusammenhänge der aufeinanderfolgenden Könige, Herrscher und Diktatoren zu begreifen.

Sie schreibt schlechte Geschichtsarbeiten, bringt die Jahreszahlen durcheinander. Hätte man sie eine Arbeit schreiben lassen über das innere Wesen dieses oder jenes Herrschers, sie hätte aufs Lebendigste und in präzisester Weise das gesamte Innenleben dieses Menschen schildern können. Allein es geht im Geschichtsunterricht nicht um das Wesen der verschiedenen Persönlichkeiten, sondern um Fakten: wann sie gelebt haben, wie lange, welche äußeren Ereignisse in ihrem Leben aufgetreten sind, was sie getan haben und so weiter. Stella bleibt nichts anderes übrig, als diese Fakten auswendig zu lernen. Immer und immer wieder lernt sie diese, bis sie sich ihr endlich einprägen. Aber selbst dann noch vergisst sie wieder, bringt alles durcheinander, kann auf die Fragen im Unterricht keine Antwort geben.

In den sprachlichen Fächern ergeht es ihr nicht anders. Ihre Aussprache ist nahezu perfekt. Allein sie lernt nur durch Zuhören, versteht nicht, wie die Laute, Wörter und Sätze in ein Grammatikkorsett hineingepresst werden sollen. Hätte man sie nach Frankreich geschickt und sie sechs Wochen lang nur Französisch hören und sprechen lassen, sie hätte die Sprache ausgezeichnet beherrscht. So aber quält sie sich mit den Vokabeln, mit der Grammatik und ihren Ausnahmen, versteht nicht die Logik darin und schreibt schlechte Noten in den Fremdsprachen.

In ihr Tagebuch schreibt sie:

«Liebes Tagebuch, ich kann nicht verstehen, warum die Menschen alles immer in irgendwelche Formen pressen müssen. Warum können wir nicht einfach die Sprachen mündlich lernen? Warum müssen wir im Mathematikunterricht Wahrscheinlichkeiten ausrechnen, die niemals im Leben je eine Bedeutung haben? Ich verstehe das alles nicht und bin schlecht in der Schule. Aber was soll's? Anscheinend bin ich die Einzige, die dies alles in Frage stellt. – Es erscheint mir beinahe als Glück, dass es Anne Frank erspart blieb, diesen ganzen Kram büffeln zu müssen, oder hätte sie dieses Faktenwissen vielleicht doch lernen wollen?? Eigentlich hätte es zu ihr gepasst. Sie war wissensdurstig und sehr klug. Aber wer weiß das schon wirklich? Gerade nehmen wir die Französische Revolution durch. Es ist unglaublich, dass es Menschen gibt, die einem anderen Menschen den Kopf abhauen können. Das verstehe ich einfach nicht. Das heißt, nein, ich verstehe es vielleicht. Sie müssen so unglaublich gehasst haben, dass sie den anderen nicht mehr als Mensch, sondern als ernsthafte Bedrohung ihres eigenen Lebens gesehen haben. Aber ob ich dann einem anderen Menschen den Kopf abschlagen würde? Ich kann es mir nicht vorstellen. Aber wenn es tatsächlich einen Vater unser gibt, warum lässt er Menschen anderen Menschen solche Grausamkeiten antun? Das verstehe ich nicht!»

Das Buch von Anne Frank jedenfalls gibt Stella Mut, weiter ihre Tagebuchaufzeichnungen zu Papier zu bringen und es macht sie dankbar für ihr eigenes Leben. Schließlich ist sie,

Stella, frei, darf nach draußen, darf lesen, wozu sie Lust hat, ist nicht eingesperrt.

Das türkis Mädchen

Es ist Sommer und Stella steht kurz vor ihrem sechzehnten Geburtstag. In den Ferien besucht sie ein Freizeitlager, an dem sie bereits zum zweiten Mal teilnimmt. Diesmal ist das türkis Mädchen dabei, ohne ihren Freund. Stella fühlt sich wie magisch von ihr angezogen. Ihr Klang ist so tief und so wundervoll, dass sie sich ihm kaum entziehen kann. In der Mittagspause schleicht sich das türkis Mädchen manchmal in den Musikraum des Ferienlagers, um Klavier zu spielen. Stella steht an der Tür und lauscht ihrem Spiel. Es erinnert sie an irgendetwas, aber sie kann sich nicht erklären, was es ist. Jedenfalls nimmt sie sich vor, das türkis Mädchen kennenzulernen.

Die Gruppe, in der sich beide Mädchen befinden, ist sehr aktiv. Sie machen Spiele, basteln zusammen, fahren Rad, gehen schwimmen, singen gemeinsam und vieles mehr.

Zu Hause im Sportunterricht hat Stella beim Ballspielen beinahe noch nie einen kräftigen Ball gefangen. Sie hatte Angst vor dem Ball, Angst, dass die anderen Kinder lachen, wenn sie ihn nicht fangen würde. Das Klingen, das der Ball auslöst, wenn er durch die Halle fliegt, in die Hände eines anderen klatscht, von diesem weiter geworfen wird und wiederum klatscht; das Tönen um die Weite, Höhe und Intensität der Würfe, der aufgeregte Ton, der über all den Köpfen surrt, das alles hatte sie davon abgehalten, den Ball jemals rechtzeitig fangen zu können. Also hat sie sich immer im Hintergrund gehalten, wenn die Ballspiele stattfanden.

Hier im Ferienlager ist es etwas anderes. Sie findet Kontakt zu den Mädchen ihrer Gruppe und den anderen Kindern und lernt in Kürze, selbst die härtesten Bälle zu fangen. Natürlich tönt es hier auch. Aber durch die neue Gemeinschaft kann sie das Spiel besser einschätzen, weiß im Voraus, welche Kinder wie stark werfen, und kann aufgrund der Art des Tönens rechtzeitig feststellen, wie sie sich dem Ball entgegenzustellen hat, damit er ihr nicht entgleitet oder sie gar verletzt. Vor allem aber kann sie sich leichter in jenen Grundklang hineinbegeben, der dem Spiel innewohnt.

Das gibt ihr Selbstbewusstsein, und sie bekommt Mut, auf das türkis Mädchen zuzugehen. Längst hat sie erfahren, dass sie Jonah heißt.

Die Gruppe plant eine Wanderung. Sie wollen weit laufen und packen ihre Rucksäcke mit Reiseproviant voll. Dann geht es los. Die Leiterin erläutert die Wanderroute, gibt einige Sicherheitshinweise, und die Gruppe macht sich auf den Weg.

Stella hält sich in Jonahs Nähe, und es entspinnt sich bald ein Gespräch zwischen ihnen. Gebannt lauscht Stella ihrer Lebensgeschichte, ihren Abenteuern, ihrem leichten Akzent. Je mehr Jonah ihr erzählt, desto mehr wird sie von Stella verehrt und bewundert. Wie langweilig scheint nur ihr eigenes Leben zu sein, verglichen mit Jonahs Leben. Jonah hat ihre Lehrer und Freunde alle im Ausland zurücklassen müssen, hat eine neue Sprache erlernt, ja sie hat ganz von vorne angefangen. Jonah erzählt so interessant, dass Stella nicht merkt, wie die Zeit vergeht. Die Gruppe macht eine Pause, sie packen ihre Brote aus, essen und trinken, sind vergnügt.

Wolken ziehen auf, und jemand meint, es werde bald regnen. Stella ist das gleich. Sie achtet darauf, dass Jonah an ihrer Seite bleibt, so interessiert ist sie an ihr. Die Wolken werden dichter, und die ersten Tropfen fallen. Regensachen werden ausgepackt, angezogen, aber sie gehen ihre Route weiter. Der Regen wird heftiger. Stella freut sich, lauscht den Tropfen durch Jonahs Erzählung hindurch. Sie fühlt, wie ihr das Wasser übers Gesicht rinnt, hebt den Kopf zum Himmel und schließt während des Laufens die Augen. Dann zieht sie ihre Kapuze ab, und Jonah sieht voll Erstaunen, dass nun der Regen direkt auf Stellas Kopf prasselt und ihr in den Nacken läuft, während Stella lacht.

«Regen ist etwas Herrliches», ruft Stella glücklich aus. Jonah sieht sie gebannt an und meint dann:

«Ich habe jetzt so viel erzählt. Jetzt erzähl du mal.» Stella sieht Jonah entgeistert an. Was soll sie schon erzählen? Im Gegensatz zu Jonahs Leben ist das ihrige langweilig und grau. Sie meint trübe:

«Es gibt nicht viel zu erzählen aus meinem Leben!»

«Das glaub ich nicht», sagt Jonah selbstbewusst, macht eine kurze Pause und meint dann: «Erzähl mir, ob du einen Freund hast!»

Stella bleibt abrupt stehen. Wie kann sie jemandem das erzählen? Wie würde jemand ihre Liebe zu Laurens begreifen? Die hielt nun schon beinahe vier Jahre an, ohne dass sie ihn gesehen hat und ohne dass sie jemand anderen geliebt hat.

«Was ist?», fragt Jonah. «Warum erzählst du es nicht?» Stella antwortet unsicher:

«Weil ich nicht weiß, ob du das verstehen kannst. Ich habe es noch nie jemandem erzählt!»

Jonah schweigt und meint dann: «Wenn du es nicht erzählen willst, verstehe ich das!»

Stella ist hin- und hergerissen, fühlt aber ein solches Vertrauen zu Jonah, dass sie sich tatsächlich entschließt, ihr die Geschichte mit Laurens zu schildern.

Der Regen prasselt auf sie herunter, während sie gehen.

Es rauscht in den Bäumen rings um sie herum. Stella atmet tief ein, saugt den frischen Duft des Waldes in sich hinein, als könnte er ihre Zunge lösen. Dann beginnt sie, von Anfang an zu erzählen, immer auf der Hut, um sofort aufzuhören, wenn sie auch nur die kleinste Regung von Spott in Jonah wahrnehmen würde. Aber Stella vernimmt nichts dergleichen in der Freundin. Diese lauscht und hört zu. Stella staunt über sich selber, dass sie all dies einem Menschen schildern kann. Jonah scheint sogar zu verstehen.

Der Regen hat indessen nachgelassen, sie gehen noch immer. Weder Jonah noch Stella haben ein Gefühl für die Zeit. Stella ist erstaunt, ja beinahe erschrocken, dass ihr jemand zuhört und nicht sie diejenige ist, die lauscht.

Als Stella geendet hat, schweigen beide. Stella lauscht in die Stille, lauscht in den Regen hinein, lauscht hinüber zu Jonah, die neben ihr geht, die nicht gelacht hat, die sich nicht von ihr abwendet, die in Gedanken versunken scheint. Stella stülpt die Ohren noch weiter hinaus, hört den Ton in Jonah, erlauscht ihren Rhythmus. Es ist beinahe ihr eigener Rhythmus, nur dass er deutlicher, klarer und heller klingt. Sie möchte die Freundin in die Arme nehmen, möchte weinen vor Glück, wie viele Jahre hat sie gewartet auf einen Menschen, der verstehen kann? Allein Stella nimmt Jonah nicht in die Arme, sieht zum Waldboden, und Jonah beginnt zu reden, sagt, dass Stella etwas ganz Besonderes sei, dass sie noch nie einen Menschen getroffen habe mit solch einer Treue im Herzen, dass sie noch nie jemandem wie Stella begegnet sei. Stella klappt der Unterkiefer herunter. Wie kann Jonah nur darauf kommen, dass sie etwas Besonderes sei? Sie vollbringt weder in der Schule irgendwelche Leistungen, noch ist sie besonders hübsch, noch hat sie ein interessantes Leben hinter sich, sie hat überhaupt nichts vorzuweisen. Also sagt Jonah das nur so, anders kann es nicht sein. Jonah beteuert wieder und wieder, sie meine es ernst, dass es etwas Besonders sei, vier Jahre lang einen Jungen zu lieben, ihm treu zu sein, ohne ihn zu berühren, ohne ihn zu sehen. Sie denkt für sich: Wie ist das möglich? Wie sehr muss Stella ihn lieben! Das ist wirklich, wirklich besonders.

Von jenem Tag an wird das türkis Mädchen eine innige Freundin von Stella, und diese erlebt zum ersten Mal in ihrem Leben, wie es ist, eine echte Freundin zu haben, eine Freundin, die zuhört, die versteht, die sie annimmt, wie sie ist.

Sie achten und schätzen sich gegenseitig, obwohl sie sich so unglaublich voneinander unterscheiden. Aber sie haben eine gemeinsame Melodie. Diese ist klar und umfasst viele Oktaven. Einige Töne sind in sich gedreht und gekrümmt, ohne eine Dissonanz hervorzubringen. Vielmehr geben sie dem gesamten Klangbild mehr Fülle, mehr Leben. Sofort liebt Stella jene Melodie, die zwischen ihr und Jonah aufklingt.

Jonah denkt viel nach über Stella, findet, dass Stella Laurens schreiben müsse, dass sie ihn noch immer liebe. Vielleicht kommt es doch zu einer Beziehung? Sie versucht auf Stella einzureden, und diese kann sich nicht vorstellen, einen solchen Brief an Laurens zu schreiben. Aber sie kann sich vorstellen, Jonah mit in die Stadt zu nehmen, in der Laurens wohnt, um ihn unter dem Vorwand zu besuchen, dass sie Jonah, die ja von anderswo stammt, die Stadt zeigen möchte. Das also beschließen die Freundinnen.

Stellas Begegnung mit Laurens

Zusammen mit Jonah macht Stella Ferien in der Nähe von Laurens' Wohnort. Dann kommt der Tag, an dem die beiden in jene Stadt fahren, um sie gemeinsam zu besichtigen. Abends wollen die Mädchen zurück sein.

Stella findet am Abend zuvor nicht in den Schlaf, wälzt sich von einer Seite zur anderen, versucht, sich Laurens vorzustellen. Es gelingt nicht. Inzwischen ist er zwanzig, ein richtiger Mann. Sie ist nicht einmal in der Lage, sich sein Aussehen von damals ins Bewusstsein zu rufen. Zu tief, zu verinnerlicht ist die Beziehung. Eine Beziehung ist es tatsächlich. Wer sagt schon, dass eine Beziehung zwischen zwei Menschen nur dann existiert, wenn sie einander sehen und anfassen können? Eine Beziehung besteht auch durch eine innere Verbundenheit, und diese fühlt Stella in sich.

Sie schläft unruhig, vergräbt die Hände in das Kissen, wie sie es schon so oft getan hat. Im Morgengrauen erwacht sie. Es ist noch vor fünf Uhr. Sie steht leise auf, zieht sich an und schleicht nach draußen.

Hier liegen Felder und Wiesen vor dem Haus, schlafen noch in der Nachtdämmerungsstille. Bäume schimmern in der Ferne. Der Herbst hat seine ersten Boten ausgeschickt und goldene Flecken über die Bäume gestreut. Die Wiesen dampfen im Morgendunst, und silbergrau schimmern die Stoppelfelder bis in den Himmel. Stella geht ein ganzes Stück in die Wiesen hinein, hat nasse Füße, merkt es nicht. Dann stülpt sie die Ohren nach außen und lauscht in die Dämmerung.

Ein silberheller Klang liegt über der Landschaft, so schön, dass es ihr beinahe den Atem nimmt. Sie muss sich anstrengen, um ihn wirklich hören zu können, erlauscht ihn aber immer genauer und erkennt eine wundersame Melodie, die sich über jenen silbrigen Tönen ausbreitet. Weiter erlauscht sie eine Art Atem der Natur, einen leisen Rhythmus, wie denjenigen eines Herzens, der in ihr erklingt. Es ist der Rhythmus, der über und unter dem Nebel, zwischen und außerhalb von ihm, ja überall erpocht. Stella geht noch ein Stück weiter, um den Geräuschen des Hauses, die für gewöhnliche Ohren keine Geräusche wären, aus dem Weg zu gehen, bis sie ganz in jener Musik darinnen steht, welche die Natur an diesem Morgen erklingen lässt. Immer neue Klänge eröffnen sich ihr, immer neue Schwingungsbereiche erreichen ihre Ohren. Es sind Töne, die weit jenseits dessen liegen, was wir vernehmen können; Tonbereiche, die das Klangerleben immer vollkommener machen.

Die Sonne bricht langsam durch den Nebel, und Stella weint; weint nicht aus Trauer, sondern aus Ehrfurcht vor dieser Schönheit. Sie ist berührt, weiß nicht, wie lange sie dort gestanden hat. Der Nebel lichtet sich. Das Tönen wird anders.

Stella erkennt, wie besonders die Klänge der Dämmerungszeiten des Tages verborgen liegen. Es ist das Hinübergleiten von einer Zeit in die andere von einem Zustand in den anderen. Die einen Tiere legen sich in ihre Höhlen zum Schlafen, die anderen erwachen langsam. Aber in dieser Dämmerungszeit sind alle wach, singen ihre Tierlieder in diese Zwischenzeit.

Endlich geht Stella wieder zum Haus zurück. Sie hat gelernt, dass sie ihre Ohren wieder einstülpen muss, wenn sie diesen Klängen gelauscht hat. Oft hat sie erlebt, dass ihr sonst jeder Laut, der von Menschenhand erzeugt wird, beinahe das Gehör sprengt und unerträgliche innere Schmerzen verursacht.

Sie geht zu Jonah, die inzwischen erwacht ist und sich wundert, dass Stella mit nassen Füßen und kalten, geröteten Wangen vor ihr steht. Stella erklärt, dass sie nicht mehr habe schlafen können und spazieren gegangen sei.

Im Zug sieht Stella unentwegt aus dem Fenster und beobachtet den Himmel. Er sieht anders aus als sonst, irgendetwas zieht sich in ihm zusammen. Die Wolkenformationen ändern sich langsam, wachsen an. Das ist eigentlich nichts Ungewöhnliches, aber Stella sieht an der seltsamen, dunklen Farbe der Wolken, dass sie etwas Bedrohliches in sich haben. Ein leicht dröhnender, unrhythmischer Klang bestätigt es. Sie spricht wenig mit Jonah, und Jonah spricht wenig mit Stella, weil sie merkt, wie angespannt sie ist.

Endlich stehen sie vor Laurens' Haus. Stella fühlt ihr Herz bis zum Hals schlagen, fühlt das Pulsieren bis in ihre Haut hinein. Stella bebt, und die Tür öffnet sich. Sie gehen die vielen Treppen nach oben, und in der Tür steht Laurens, groß und ernst. Stella erscheint er im ersten Moment fremd. Sie kann sich fassen und stellt Jonah, ihre Freundin, vor. Hinter Laurens tritt sein Freund aus der Türe und wird Jonah als Peter vorgestellt. Als alle in der Wohnung sind, kocht Laurens Tee, und sie setzen sich miteinander um den Sofatisch. Stella sieht aus dem Fenster und merkt, dass Sturmböen aufkommen, dass sich der Himmel weiter verdunkelt, dass es unheilvoll tönt. Sie sagt jedoch nichts dazu, findet es zu unwichtig. Schließlich passiert so etwas öfters, dass sich der Himmel verdunkelt und dicke Wolken aufziehen, die von Sturmböen über den Himmel gepeitscht werden.

Alle vier fahren hinaus und wollen eine alte Mühle besichtigen. Es sei ein gutes Stück zu laufen, erklären die Freunde, ob es ihnen etwas ausmache. Nein, sagen die Mädchen, sie hätten festes Schuhwerk, und es mache nichts.

Bislang hat Stella nicht gewagt, in Laurens' Gesicht zu sehen. Auch ist sie zu aufgeregt, als dass sie ihn erlauschen könnte. Als sie noch jünger war, ist es anders mit ihr gewesen. Es passierte meistens von alleine, dass sie jemanden erlauschte. Jetzt können Aufregung, Scham oder Angst und Ärger sie davon zurückhalten zu lauschen. In diesem Moment ist sie aufgeregt bis in die Fingerspitzen, fühlt noch immer das Beben auf ihrer Haut.

Endlich sind sie auf einem kleinen Parkplatz angekommen. Dieser Ort scheint weit draußen vor der Stadt zu liegen, denn es liegt viel Ruhe über ihm. Diese Ruhe ermöglicht es Stella, sich selber ein wenig zu beruhigen, und als sie sich aufmachen und sie sich bewegen kann, geht es ihr besser.

Laurens beobachtet sie von der Seite. Sie hat nichts von ihrer Zartheit eingebüßt in den letzten Jahren, ist zwar eine Frau geworden, aber wirkt in seinen Augen immer noch zerbrechlich, ja kindlich. Er sieht auf ihren Gang und stellt fest, dass sie leicht, aufrecht und sehr rhythmisch geht. Mit den Beinen holt sie weit aus. Kraft liegt darin, denkt er, und schaut auf ihr Haar. Es ist dunkler geworden, hat aber nichts von seiner Feinheit verloren. Sie hat es aus der Stirn gestrichen und mit einer Haarspange über dem Scheitel gebändigt, so fällt es gewellt über die Schultern. Sein Blick gleitet über Stellas Haut. Sie ist immer noch weich, durchscheinend, ja beinahe porzellanfarben. Schweigend geht er neben ihr her. Stella blickt nicht zu ihm auf und tut so, als schaue sie sich interessiert die Umgebung an. Er erzählt ihr von dieser Gegend, erzählt, dass es noch Bauern gäbe, die hier ohne Strom leben, das Wasser aus einem Brunnen schöpfen und mit Holz heizen. Stella hört ihm aufmerksam zu, versinkt immer stärker in seine dunkle Stimme, hört nicht mehr die Worte, sondern nur noch den Klang und stülpt langsam ihre Ohren nach außen, nicht viel, nur einen Spalt breit. Es geschieht allmählich und behutsam, denn sie fürchtet, dass der Eindruck sie sonst überwältigen könnte.

Laurens hat seine Erzählung abgeschlossen und schweigt wieder. Der Wind ist so mächtig geworden, dass Stella die Haare nur so um den Kopf flattern. Immer wieder streicht sie

sie hinter die Ohren, aber sie wollen nicht halten, und sie gibt irgendwann auf.

Es dauert nicht lang, und die ersten Regentropfen fallen. Da lächelt sie zum ersten Mal und sagt zu ihm, dass sie Regen möge. Er lacht und meint, es ergehe ihm auch so, und beide heben die Gesichter den Tropfen entgegen, die über ihre Wangen rinnen.

Jonah und Peter unterhalten sich angeregt miteinander, scheinen den Regen kaum zu merken. Irgendwann jedoch haben sie ihre Kapuzen auf den Köpfen. Laurens und Stella lachen in den Regen hinein und zucken abwechselnd unter besonders dicken Tropfen zusammen, die ihnen in die Augen fallen. Bald kommen sie in eine waldreichere Gegend. Stella fühlt die Geborgenheit unter den Bäumen, lauscht auf deren Klänge, die sie aber nur leise hört. Der Wald hat eine beruhigende Wirkung auf sie und sie öffnet ihre Ohren noch ein Stück weiter. Es wird dunkler draußen. Laurens fühlt wie damals einen überwältigenden Drang, sie zu berühren, sie an sich zu ziehen, zu schützen, wünscht, dass ihr niemals etwas zustoßen möge. Aber er hält sich zurück, denn er merkt, dass sich an Stellas Zerbrechlichkeit kaum etwas oder gar nichts verändert hat. Sie wirkt – wie damals – auf unerklärliche Weise unnahbar. Damals hat er gedacht, dass Stella noch ein Kind sei und dies damit zusammenhinge. Aber jetzt ist sie eine Frau und hat sich in dieser Hinsicht noch immer nicht verändert. Das erscheint ihm wie ein Rätsel.

Eine große Erleichterung macht sich in ihm breit, als er fühlt, wie Stella ihn leicht, wie aus Versehen, an der Hand berührt. Er nimmt ihre Hand vorsichtig in seine, in Sorge, sie könnte sie wieder zurücknehmen, allein durch das Berührtwerden. Stella hält seine Hand und fühlt seine Wärme in sich einströmen. Durch den Regen hindurch öffnet sie die Ohren ganz, dies geschieht, ohne dass sie es will. Sie lässt es geschehen und lauscht und vernimmt wieder seinen Rhythmus. Zunächst leise und dann lauter und immer lauter; er ist so laut, dass er beinahe den Regen überpocht. Stella merkt nicht, dass sie ihre Hand zudrückt, immer weiter, bis ihr die Knöchel weiß werden. Erst als er stehen bleibt, sie ansieht, kommt sie zu sich.

«Stella, ist ja gut, ich lass dich nicht los.» Der Regen läuft über ihre Haut, und sie blinzelt fortwährend unter diesem nassen Vorhang, unfähig, etwas zu sagen, findet keine Worte für ihn, steht nur da und sieht ihn an.

Indessen sind Jonah und Peter weitergelaufen, und Stella hört wie von weit her, dass sie laut lachen und sich gegenseitig fangen.

Sie steht noch immer wortlos vor Laurens.

«Was ist mit dir?», fragt er in die Stille. Stella weiß nicht zu antworten. Noch immer stehen sie da, als plötzlich wie von weit her, wie aus großer Ferne, eine Melodie in ihr aufsteigt. Es ist eine Melodie, die in ihrem gemeinsamen Herzrhythmus pulsiert und ebenso den Rauscheklang des Regens in sich birgt, wie die Liebe, die in ihr lebt. Gebannt lauscht sie den Tönen, merkt nicht, dass diese im menschlichen Hörbereich liegen, merkt nicht, dass sie langsam den Mund öffnet und zu singen anhebt. Laurens neigt den Kopf, sieht sie erstaunt an und lauscht. Es sind Töne, die so anders klingen, als alles, was er bisher gehört hat. Dabei befasst er sich jeden Tag viele Stunden lang mit Musik. Stellas Melodie wechselt die Tonarten in einer eigentümlichen Reihenfolge. Der Rhythmus dagegen bleibt immerfort konstant. Zwischendurch macht sie Pausen, gewissermaßen Pausen, die von Gesang erfüllt sind. Diese bewegen sich stets in derselben Tonart. Ihr Gesang ist so eigentümlich und wehmütig, dass er ihn tief berührt.

Er denkt, er müsste diese Klänge aufschreiben, sollte daraus ein Musikstück komponieren. Doch der Gedanke währt nur kurz, und schon ist er wieder verzaubert von ihren Klängen. Sie singt jetzt so leise, dass der Regen und das zunehmende Rauschen des Windes die Töne von ihren Lippen forttragen, fort und hinein in den Wald, durch die Baumwipfel hindurch immer weiter nach oben. Dann verstummt sie. Er glaubt, sie immer noch singen zu hören, aber Stellas Mund ist geschlossen.

«Woher kennst du das?», fragt er erstaunt und bewegt zugleich. Stella fühlt, wie ein Schreck sie durchfährt. Er spürt diesen Schrecken bis in seine Hand und kann ihn sich nicht erklären. Warum erschreckt sie vor seiner Stimme, erschreckt, wenn er sie stärker berührt? Laurens findet keine Antworten. Sie ist so anders als alle Frauen, die er je gekannt hat.

Sie hat nicht gemerkt, dass sie gesungen hat. Während ihres Gesangs ist es ihr gewesen, als höre sie ihn nur innerlich. Noch nie hat sie ihren inneren Klang nach außen gestülpt. Es ist das erste Mal. Er fragt wieder: «Woher kennst du das?»

Stella weiß keine Antwort und sagt nur: «Ich weiß es nicht.»

«Es war eine wunderschöne Melodie!», sagt er nachdenklich, «was willst du mit deinen Tönen sagen?»

«Ich weiß es nicht!»

«Wo hast du diese Melodie gelernt?»

Stella ist wieder verstummt. Sie hat keine Ahnung, wie sie von ihrem inneren Hören berichten soll.

Sie ist ratlos und hilflos. Wenn sie Jonah wäre, würde ihr sicherlich das Richtige dazu einfallen. Jonah ist so wortgewandt, so klug, durchschaut die Dinge und kann sie ausdrücken. Aber sie ist nun einmal Stella und fühlt sich in jenem Moment wie in sich selber gefangen. Selbst das viele Schreiben und Suchen nach Worten in ihrem Tagebuch hilft hier nicht. Zu Hause schreibt sie es nur in ein Buch, muss nicht alles für einen anderen Menschen übersetzen. Laurens hält ihre Hand, legt seine andere Hand unter ihre Hand, will sie an sich ziehen. Er kann sich diesmal nicht zurückhalten, hebt sie nach oben zu seiner Wange, hält ihren Handrücken an sein nasses Gesicht. Stella fühlt ihr Herz dem seinen davonrasen, es droht in den Baumwipfeln zu verschwinden. Sie merkt nicht, wie sie die Hand von seiner Wange zieht. Er versteht nicht; versteht nicht, warum sie ihre Hand nicht an seiner Wange erträgt. Er weiß, dass sie ihn liebt, auch wenn sie es ihm nicht gesagt hat.

Stella indessen hat nur ihre Hand von seiner Wange bewegt, nicht aber losgelassen. Wenn sie seine Hand losließe, würde sie verlorengehen, irgendwo hier im Regenwald verklingen. Also hält sie fest, drückt zu. Ratlos sagt er immer wieder: «Stella, ich lass dich nicht los!»

Es dauert eine Weile, bis sich in Stella die inneren Stürme gelegt haben. Zunächst atmet sie hastig, als sei sie außer Atem, dann fühlt sie, wie ihr Herzschlag langsam in sie zurückfindet, endlich dort ankommt, wo er hingehört.

Peter und Jonah sind bereits außer Sichtweite. Stella hört Laurens sagen:

«Komm, lass uns weitergehen.» Sie gehen zunächst weiter, bis Stella den Drang in sich wahrnimmt zu rennen. Sie scheint wieder ganz in Ordnung zu sein, stellt Laurens fest, denn sie zieht ihn jetzt an seiner Hand den nassen Feldweg entlang, bis sie beide rennen. Sie rennen und rennen, treten in Pfützen, die sie mit Schlamm bespritzen, sind von unten nass, sind von oben nass, rennen, als gelte es, zu vergessen, was vorgefallen ist.

Indessen hat der Wind weiter zugenommen. Er ächzt in den Bäumen, knarrt bis in ihre Wurzeln, zerrt an den Ästen und lässt ihre Blätter wie Staub um sie herumwirbeln. Dann haben sie Jonah und Peter eingeholt. Die Mühle sieht man jetzt von weitem weiß durch den Wald schimmern.

Peter meint, sie sollten lieber umkehren; wenn der Sturm noch weiter zunehme, sei es gefährlich im Wald. Ja, das sehen alle ein und gehen zügig durch den Wald in Richtung des Autos.

Der Wind ist jetzt so böig, dass er kleine Äste von den Bäumen bricht, ihnen vor die Füße wirft, dass die Bäume sich biegen und ein Lied anstimmen, das lauter als alles andere in ihren Ohren gellt. Diese Sturmtöne biegen sich in sich selbst, fallen, bäumen sich erneut zu einem Tosen auf, und noch bevor sie irgendwann verschwinden, werden sie von immer neuen Klangströmen heimgesucht, vergrößert, vervielfacht … Nun hört Stella vor sich einen so tiefen und gefährlichen Klang, dass sie plötzlich stehen bleibt, ihre Arme ausbreitet, dabei Laurens' Hand loslässt. Sie bringt die kleine Gruppe zum Stehen. Dann hören sie in ohrenbetäubendem Getöse, dass ein dicker Baum aus der Erde gerissen wird und mitten auf den Weg stürzt. Mit einem gewaltigen Knall, in unendlichen Tonsplittern, schlägt er auf. Sie fühlen die Erschütterung bis in ihr Innerstes. Stella schreit auf, hält sich die Ohren zu, hat den Freunden womöglich das Leben gerettet. Allein es ist ihr nicht bewusst. Sie erkennen, dass sie so schnell wie möglich aus dem Wald kommen müssen. Stella hält die Ohren offen, nur zu ihrer aller Schutz, denn das Getöse raubt ihr bald die Sinne. Es stöhnt und ächzt, knarrt und kracht hinter ihnen und vor ihnen. Sie merken nicht, dass sie langsam vorankommen, aber sie kommen dem Feld immer näher. Endlich sind sie dem Wald entronnen.

Peter hat in der Zwischenzeit Jonah an der Hand genommen, jetzt gehen sie Arm in Arm.

Es ist verständlich, dass Stella nicht in Laurens' Arm vorwärts geht, sondern wieder seine Hand genommen hat. Sie kämpfen gegen den Wind an. Längst hat dieser ihre schützenden Kapuzen von den Köpfen gerissen, und der Regen peitscht ihnen schmerzhaft ins Gesicht. Stella schließt die Augen, lässt sich von Laurens vorwärts ziehen, muss alle Kraft aufbringen, um voranzukommen. Der Lärm vom Wald verebbt langsam hinter ihnen, wird aber abgelöst von einem derart lautstarken Lied, das der Wind singt und brüllt, dass sich Stella gezwungen sieht, die Ohren einzustülpen, um nicht doch noch von den Klängen überwältigt zu werden, zu fallen.

Sie sitzen alle im Auto, durchnässt bis auf die Haut, müde und erschöpft, aber auch von einer seltsamen Zusammengehörigkeit erfasst, die während des gefährlichen Weges durch den Wald in ihnen gewachsen ist.

Laurens sitzt zusammen mit Stella auf dem Rücksitz. Er wagt nicht, den Arm um sie zu legen, ergreift ihre Hand. Stellas Ohren öffnen sich von selber, und sie lauscht auf Laurens' Atem, der langsam ruhiger wird. In ihrer Handfläche ist sein Rhythmus, ist ihr Rhythmus, und sie schließt die Augen, um besser lauschen zu können. Es ist beruhigend und gut, neben ihm zu sitzen. Wenn sie mal nicht mehr ist, wird er mit ihrem Rhythmus weitergehen, oder umgekehrt. Ein Gefühl von innerer Ruhe kehrt in sie ein und mit ihm eine Art Stille, eine Keimstille, eine Regenstille, eine in sich geschwungene Stille. Sie atmet ruhig, und ohne dass sie es merkt, sinkt ihr Kopf langsam auf seine Schulter. Es ist jenes Zusammengehörigkeitsgefühl, das sich in ihr ausgebreitet hat, es ist, als falle ihr Kopf auf die eigene Schulter.

Sie kommen so spät an, dass der letzte Zug bereits abgefahren ist, mit dem Stella und Jonah nach Hause gefahren wären.

Also geht Jonah zu Peter nach Hause, und Stella kommt mit zu Laurens.

«Wir müssen uns erst einmal warm anziehen», sagt Laurens, öffnet seinen Kleiderschrank, kramt darin herum und findet endlich ein paar Sachen, die ihm etwas zu klein sind. Dann zeigt er Stella das Badezimmer, in dem sie sich umzieht. Obwohl Laurens' Kleider gewaschen sind, riechen sie nach ihm, und wieder erklingen Melodien in Stellas Ohren, aber sie verschließt diese nach innen. Der Pullover von Laurens reicht ihr bis zu den Knien, und als sie aus dem Badezimmer kommt, müssen sie beide herzlich lachen.

Stella hat den Eindruck, nicht mehr warm werden zu können. Sie zittert leicht vor Kälte unter den großen Sachen. Laurens merkt es und hängt ihr eine Decke über die Schultern, die sie sich fest um den Körper zieht. Nachdem sie einen Tee getrunken hat, ist ihr wärmer, und sie wird ruhiger. Sie essen gemeinsam zu Abend. So sehr sich auch Laurens bemüht, kommen sie doch in kein wirkliches Gespräch. Er ist derjenige, der erzählt, und Stella hört aufmerksam zu. Aber Laurens mag nicht den ganzen Abend erzählen, möchte gerne in sein Bett, sich ausruhen, sie bei sich wärmen. Aber er denkt dies nicht einmal. Es ist ein unbestimmtes Gefühl, das als Gefühl in ihm stecken bleibt, sich nicht bis zu einem Gedanken formt.

Stella bittet ihn, ihr etwas von seiner Musik vorzuspielen. Er nimmt sein Instrument, stimmt es sorgfältig – selbst für Stellas Ohren ist es sehr gut gestimmt – und beginnt zu spielen. Er spielt Bach; die Töne klingen wie Perlen rauf und Perlen runter, wie Perlen kreuz und quer und mittendurch. Er spielt lange, spielt eindringlich. Stella lauscht seiner Musik, hört, dass sie ergriffen ist, dass sie begriffen ist. Bach ist ohnegleichen. Seine Klänge stimmen immer, es braucht da keine weiteren Stimmen. Stella hat die Angewohnheit, bei

Musikstücken, die sie zum Beispiel in Konzerten hört, sich Stimmen hinzuzudenken, die für ihr Ohr fehlen. Bei Bach und so, wie Laurens ihn spielt, ist dies nicht notwendig. Sie kann ihre wunden Ohren öffnen und sie in sein Spiel hineinlegen. Sie schließt die Augen, gibt sich ganz den Tönen hin, wird ruhiger und kommt immer mehr zu sich. Laurens spielt lange, und Stella lauscht lange. Er spielt nur Bach, als wüsste er, dass dies die Musik ist, die sie jetzt aufrichtet.

Hätte er nur einmal ihre Ohren gehabt, so hätte er all ihre Reaktionen verstehen können. Aber niemand hat je Stellas Ohren gehabt, und damit bleibt die Kluft zwischen ihr und Laurens bestehen. Nicht während seines Spiels. Die Musik ist eine Brücke, die sie zueinander hin schlagen können.

Irgendwann – es ist schon lange dunkel – beschließt er sein Spiel. Stella öffnet wieder die Augen, und sie lächeln einander zu, als hätten sie verstanden, und das haben sie auch in dem Moment. Stella sagt:

«Danke!»

«Bitte, keine Ursache», meint er grinsend, packt das Instrument weg und wendet sich ihr zu.

«Du bist müde, wir sollten schlafen gehen! Ich habe eine Matratze für dich, aber keine warme Decke.»

«Das macht nichts, ich werde schon warm bekommen!», meint Stella. Er breitet die Matratze neben seinem Bett aus, reicht Stella einen riesigen Schlafanzug aus seinem Kleiderschrank, in dem sie aussieht wie eine «Schlummerpuppe», wie er sagt. Beide müssen lachen. Stella legt sich auf die Matratze unter die dünne Decke.

Kerzenlicht verbreitet eine warme Stimmung im Zimmer. Sie schweigen. Stella ist findet keine Worte.

«Du bist schweigsam», meint Laurens.

«Ja», sagt sie bekümmert und fühlt, wie die Kluft zwischen

ihnen wieder zu wachsen beginnt. Wie hätte sie ihm auch die eigentümliche Musik des Kerzenscheins schildern können? Das Geigenspiel wäre viel zu hart und grob dafür, deutsche Worte zu plump, Gebärden zu ungelenk. Also bleibt ihr nur das Schweigen …

Es dauert nicht lange, und Stella beginnt unweigerlich zu frieren. Sie weiß, dass Laurens noch nicht schläft, er schaut sie immer wieder an, schaut von seinem Bett hinunter zu ihr, ihrer Haut, die im Schein der Kerze schimmert. Dann streckt er seine Hand aus, tastet in ihr Gesicht, fühlt ihre Hand und merkt, wie kalt sie ist.

«Komm zu mir, hier ist es warm.» Stella hat Angst. Nicht, dass sie kein Vertrauen zu ihm gehabt hätte, aber sie wagt nicht, sich noch einmal dem gewaltigen Klang seiner und ihrer Herzschläge auszusetzen. Die Liebe in ihr ist so groß, dass sie im Jenseits zu liegen scheint; jenseits der Stockwerke, jenseits der Stille, jenseits im Abseits …

Stella aber sieht ein, dass sie nicht die ganze Nacht hier frieren kann, fasst schließlich den Entschluss, steht auf, legt sich bebend neben ihn unter seine Decke. Er schließt sie über ihr, deckt sie zu, fühlt ihr Beben, legt den Arm um sie, streicht leise über sie, will sie beruhigen. Stellas Ohren sind weit offen, sofort erlauscht sie seinen Rhythmus, und ihr eigener geht schneller, es scheint, als entferne sich ihr Rhythmus von dem seinigen. Fieberhaft sucht sie nach seinem Herzton, versucht, ihren Rhythmus dem seinen wieder anzugleichen, sucht ihr Herz in den regennassen Baumwipfeln, bei der Mühle und schließlich wieder in seinem Zimmer. Endlich findet sie es weit draußen, irgendwo im Nirgendwo, holt es heran, fühlt es in sich schlagen, schlagen zusammen mit Laurens' Herz; es hämmert laut und gewaltig. In diesem Schlagen ist alles, was sie in den vergangenen vier Jahren gefühlt hat, ist die große, reine Liebe, die sie ihm entgegengebracht hat. Es sind Klänge jenseits des Klangs, es sind Laute jenseits der Laute, es ist jenseits der Liebe, und es ist jenseits dessen, was sie jemals in Worte oder menschliche Klänge fassen konnte.

Sie sucht nach Worthäusern, nach Regenbogenbrücken, nach der Auflösung von Wortlosigkeit, findet sie aber nicht.

Laurens hält sie fest, riecht ihren Duft, ihr Haar, das noch immer feucht ist vom Regen, streicht über ihre Hand. Er hält sie fest, als könne sie ihm entgleiten. Stella kann sich kaum beruhigen, findet keine Worte für ihre Liebe, findet keine Ruhe in ihren Ohren.

Obwohl er beruhigend auf sie einredet und glaubt, sie sei noch ängstlich wegen des Unwetters, aufgewühlt, weil sie nicht nach Hause fahren kann, sie leise streichelt, sie aus der Kluft heraus liebt, beginnt Stella zu weinen. So sehr er sich auch bemüht, ihren Kummer zu ergründen, sie kann es ihm nicht sagen.

Als sie eine gute Weile geweint hat, versucht sie es ihm mit jener Melodie zu singen, versucht, ihren Kummer zu ersingen, anstatt zu erzählen. Rhythmische Lichtklänge, Abaufwärtstöne, steinfederne Laute, getaucht in Sonnen. Laurens lauscht halb aufgerichtet ihren leisen, klaren Tönen und hört aufmerksam zu. Allein es bleibt ihm verschlossen, warum ihr Liebeslied sie so traurig stimmt. Verzweifelt fragt er:

«Stella, was hast du? Was will deine Melodie sagen?» Stella weint. Laurens gibt das Fragen auf. Es kommt jetzt nur noch darauf an, sie zu halten, damit der Kummer sie nicht überwältigt. Er dreht sich mit dem Rücken zur Wand, dreht sie selber mit dem Rücken zu sich, zieht sie an sich heran, legt einen Arm unter ihren Kopf und umfasst sie mit dem anderen Arm, deckt sie zu, hält sie warm, wischt ihr die Tränen aus dem Gesicht, und endlich schläft sie ein. Er selber liegt noch lange wach, riecht ihre Haut, berührt ihre Haare und weiß, dass es das letzte Mal ist, dass er sie so nah bei sich haben wird. Da er sich nicht in der Lage sieht, ihr Geheimnis zu ergründen, kann er sie sich auch nicht wirklich als Freundin vorstellen. Er macht es sich klar, versucht, sich keinen Illusionen hinzugeben, und wird dabei traurig.

Während Laurens immer wieder über ihr Haar streicht, weint er selber leise, weint über diesen Abgrund, den er nicht zu durchqueren weiß. Dann legt er den Kopf auf das Kissen, dicht an ihr Haar, hält sie, liebt sie, liebt jenseits der Liebe.

Zweiter Teil

Baumbegegnung

Stella ist allein zu Hause, sitzt an ihrem Schreibtisch, möchte schreiben, findet keine Worte für das Gewesene. So viel Liebe in ihr. Es fühlt sich an wie übervoll, als müsse sie aus allen Nähten platzen. Eine Art Überschuss von etwas hat sich ergeben, von dem sie keine Ahnung hat, wo er hin soll. Doch Liebe allein ist es nicht. Immer deutlicher wird die Resignation, die sie sich selbst zum Vorwurf macht. Warum muss sie auch so anders sein als ihre Mitmenschen? Warum kann sie nicht normal mit Laurens reden, lachen, zusammen sein? Immer deutlicher führt sie sich vor Augen, wie ungeeignet sie für das Leben ist. Wo sie auch hinkommt und was sie auch anfängt, es geht – außer wenn sie Menschen zuhört – ins Nichts, endet in einer Sackgasse.

Sie nagt an ihrem Füller, dessen Tinte eintrocknet, schaut hinaus in die Wolken über den Dächern gegenüber, möchte auch Wolke sein, nur fort, nur zerfetzt werden vom Wind, sich auflösen. Lange sitzt sie so da, möchte schließlich in ihr Land. Allein es ist wie damals, als sie beinahe ertrunken wäre, sie findet es nicht. Selbst die Suche nach ihrem Land endet in einer Sackgasse. Darin ist alles schwarz, kein Licht, Dunkelheit, wo sie auch hinsieht, wo sie auch hinsucht, hintastet. Dann will sie die Ohren öffnen, lauschen, ob noch irgendetwas sich regt, ob es noch irgendwelche Töne in ihr gibt. Doch Stille. Nicht einmal mehr ein Rhythmus, nicht das geringste Pochen, nichts als Leere. Es ist jene Sackgassenleere, die sie bereits erlebt hat, nur noch bewusster, noch stärker. Eine Leere ohne Klänge. Das absolute Nichts. Es wird so eng in ihr, dass sie sich immer stärker zusammenzuziehen scheint. Das Gefühl von drohender Gefahr breitet sich in ihr aus. Sie wird kleiner, enger, dunkler, droht ins Nichts zu entschwinden, will weinen, doch selbst die Tränen haben sich zusammengezogen und wollen nicht fließen. Stella ist nicht in der Lage, sich zu befreien, hat den Eindruck, dass sie platzt und gleichzeitig zusammenschmilzt und immer weniger wird. In sich gefangen und völlig verzweifelt, zieht sie sich die Jacke an und geht nach draußen auf die Straße.

Die winterliche Kälte spürt sie nicht. Der wenige Schnee unter ihren Füßen ist zusammengetreten, stellenweise auch weggeräumt oder vom Salz aufgelöst. Es ist Alltagsverkehr und Menschen gehen an ihr vorüber. Allein sie merkt es nicht. Ihre Schritte sind schnell und hastig, der Atem schwer. Ohne es genau zu merken, glaubt sie, zu wenig Luft einatmen zu können, atmet noch rascher. Sie kreuzt Straßen, geht ziellos einher, gelangt schließlich in den Stadtwald. Das tiefe Bedürfnis, allein zu sein, drängt sie, vom Wege abzugehen und zwischen den Bäumen zu laufen. Der Mischwald ist teils kahl und blattlos, teils streifen sie buschig-spitzige Nadelbäume. Nach einiger Zeit verharren ihre Schritte. Es ist still, ihr Atem wird ruhig, ihre Bewegungen bleiben stehen. Graues Licht zwängt sich mühsam durch das Geäst und die Nadeln. Stella ist wie vom Wald verschluckt, verstillt, verstillstandet. In dem überwältigenden Gefühl des Nichts-Seins streckt sie schließlich ihre Arme aus, stockt in der Bewegung, erkennt dicht vor sich Aststöcke, greift nach ihnen, hält sich fest, krallt ihre Finger fest um einen Stock, als könne er Halt bieten. Sie hält sich stocksteif und steht still. Es ist, als fände sie wieder Gedanken, im Festhalten, im Stockhalten; Gedankenstöcke im Stillstand.

Mit der Zeit fühlt sie die Kälte in den Fingern schmerzen, führt ihre Hände dann langsam zum Stamm hin, bis sie bei der Rinde angelangt sind. Nun lässt sie sie weiter gleiten, um den Stamm herum, bis beide Handinnenflächen auf der Rinde liegen. Sie lehnt ihren Oberkörper an den Baum, als fände sie dort eine Stütze, einen Widerstand in ihrem Nichtraum, und hält einen langen Moment inne.

Stella fühlt die Hände an der Rinde und die Rinde in den Händen, fühlt durch die Rinde hindurch, fühlt in den Baum, lehnt sich stärker gegen ihn. Der Baum hält stand, wodurch Stella einen eigentümlichen Trost empfindet. Es ist ein wirklicher Halt, ein Haltebaum, ein Standbaum, standfest, stammfest.

In diesem Moment nun hört sie den Rhythmus des Baumes leise in ihren Handflächen. Ihr Herz beginnt zu klopfen; es klopft so laut, dass es den Baumrhythmus übertönt. Sie muss sich erst beruhigen. Dann erlauscht sie ihn wieder, diesmal deutlicher. Ihre Ohren gleiten von den Handinnenflächen durch die Rinde in das Bauminnere. Der Rhythmus wird zu einem deutlichen Schlagen, und während die Ohren durch die Jahresringe hindurch lauschen, verstärkt Stella den Druck erneut. Mit geschlossenen Augen ist sie in den Jahresringen, und je näher sie an das Bauminnere heranlauscht, desto lauter wird der Rhythmus. Nun ist es nicht mehr nur ein Rhythmus, sondern es sind verschiedene Rhythmen, die sich unterschiedlich schnell bewegen.

Stella merkt nicht, dass sie ihre Arme um den Stamm legt, das Gesicht mit den geschlossenen Augen an den Stamm presst. Sie will mit ihrem ganzen Körper lauschen. Es ist so eigentümlich, sie fühlt sich geradezu geborgen in diesem Bauminnern, sodass sie es mit jeder Faser ihres Körpers aufnehmen möchte.

Die Rhythmen werden deutlicher. Sie bewegt sich wieder ein Stück zurück durch die Jahresringe, um die Übergänge besser hören zu können, denn bald hat sie erkannt, dass die Unterschiede mit den Jahresringen zusammenhängen. Sie lauscht so weit zurück, dass sie fast wieder bei der Rinde angelangt ist. Nun hört sie das Rauschen des Baumsaftes, das zu dieser Jahreszeit nur sehr gedämpft zu hören ist, und arbeitet sich langsam und gründlich wieder ins Innere vor. Wenn sie darauf gelauscht hätte, wie alt der Baum ist, hätte sie es auf das Jahr genau hören können. Aber sie ist auf der Suche nach etwas anderem. Je weiter sie sich dem Innern nähert, desto lebendiger wird es im Baum. Die Rhythmen schlagen im Inneren gewissermaßen zusammen und ergeben in ihren Schnelligkeiten, Langsamkeiten, Stillheiten oder Lautheiten beinahe so etwas wie eine Sprache.

Nach einiger Zeit ist Stella erschöpft, fühlt sich nicht mehr in der Lage, länger zu lauschen, hält den Baum noch immer umschlungen, das Gesicht an die Rinde gelegt. Sie überlässt die Ohren sich selber und merkt, dass sie weint. Es scheint ihr, als sei der Baum ein Lebewesen, ein Gegenüber, ein Freund, und dies ist es, was sie weinen lässt. Die Einsamkeit fällt von ihr ab wie ein Mantel aus Beton. Endlich hat sie auch das Gefühl, dass die unerträgliche Enge aus ihr gewichen ist, als habe sie diese dem Baum übergeben.

Stella löst sich langsam von seiner Rinde und denkt darüber nach, ob sie nun wieder nach Hause gehen oder den Baum auf irgendeine Art und Weise verabschieden soll. Nach einigem Überlegen beschließt sie, sich wie von einem Freund zu trennen. Ehrfurchtsvoll steht sie ihm gegenüber, dankt ihm in Gedanken für seine Hilfe, denkt dankende Gedanken zu dem Baumfreund.

Sie fühlt sich getröstet, als sie nach Hause kommt. Auf ihrem Schreibtisch stapeln sich Schulbücher, Hefte und unerledigte Hausaufgaben. Müde lässt sie sich auf den Stuhl fallen, schlägt das Mathematikbuch auf und versucht, sich in die Zahlen hineinzufinden. Immer wieder schweifen die Gedanken ab, wollen zum Fenster hinaus, in die Wolken. Stella hält sie zurück, holt sie zurück, zwängt sie zurück auf die kleinen Seiten in dem Lehrbuch für Mathematik. Sie kennt es nur allzu gut, dieses Bemühen um etwas, was sie nicht versteht, das Bemühen um die Wahrscheinlichkeitsrechnung, deren Zweck sie nicht durchschauen kann. Allein sie kämpft, ist einsam dabei, aber kämpft.

Längst ist das Erlauschen von Beziehungen der Schüler auf dem Schulhof, das Wissen um die gegenwärtige Verfassung ihrer Lehrer zur Selbstverständlichkeit geworden. Sie hält ihre Art von Wissen zurück, kann es nicht anwenden, schreibt es oft auf, was ein wenig Erleichterung bringt. Immer wieder fragt sie sich, was sie mit ihrem Leben anfangen soll, und findet jedes Mal, dass es keinen Unterschied machen würde, ob sie lebt oder nicht mehr lebt. Diese Welt ist nicht für sie geschaffen, ist nicht ihre Welt, ist eine fremde Welt, eine Weltfremde. Ja, sie fühlt sich als Weltfremde, und doch ist sie nun einmal hier, wenngleich sie auch keine Ahnung hat, wofür. Bald wird sie siebzehn und macht sich sorgenvoll Gedanken, welchen Beruf sie einmal erlernen soll. Die meisten Klassenkameraden haben Ideen, was sie machen möchten, haben Interessen, wissen, welchem Studium sie sich zuwenden wollen, und sie? Sie hat nicht einmal eine Ahnung, welche Interessen sie hat.

Der einzige Mensch, bei dem Stella Trost und Verständnis finden kann, ist Jonah.

Sie erlebt es als Wunder, dass die Freundschaft mit Jonah weiterhin besteht, denn diese kann sich völlig normal mit allen Menschen unterhalten, ihr Bekanntenkreis ist ebenso riesig wie ihr Aktionskreis. Immer hat sie tolle Jobs und schöne Freunde, kann sich ausdrücken, ist attraktiv und voller Lebensfreude. Für Stella ist es ein Rätsel, warum Jonah neben all diesen – ihr selber unerreichbaren – Eigenschaften ein so großes Interesse für sie aufbringt. Es geschieht manchmal, dass sie Stella nach der Schule besucht. Dann steigt sie in Stellas Welt ein, lauscht Stellas Ansichten und tiefsinnigen Gedanken, ist an ihrem Leben interessiert, während sie den heißen Tee schlürft, den Stella immer zubereitet. Jonah erzählt Stella viel aus ihrer Draußenwelt, wie es Stella bei sich nennt; von ihren Freunden, Freundinnen, Lehrern und Partys. Stella findet es immer hoch interessant, weil der Blickwinkel, aus dem Jonah berichtet, ein ganz anderer ist als ihr eigener: der des normalen Lebens, eben der Draußenwelt. Beinahe scheint ihr Jonah nunmehr die einzige Brücke nach draußen zu sein.

Stella empfindet übergroße Dankbarkeit Jonah gegenüber und versucht sie jedes Mal zu «stimmen», wenn sie bei ihr ist, sie zusammen spazieren gehen, sich an den ersten Schneeglöckchen und Primeln freuen. Jonah bemerkt manchmal, dass sie stets anders von Stella weggeht, als sie dort erschienen ist. Sie ist fröhlicher, ausgeglichener, ohne dass sie oder Stella sagen könnten, woran es genau liegt. Stella ihrerseits liebt Jonahs Rhythmus, erlauscht sofort, ob er zu schnell oder zu langsam, zu leise oder zu laut ist. Sie lauscht dem, was Jonah zu erzählen hat, so aufmerksam, dass sie in die Lage kommt, dasjenige zu empfinden, was Jonah erlebt hat. Wenn Jonah Kummer hat, erlauscht Stella ihn, nimmt ihn in sich auf und verdünnt ihn, indem sie ihn in sich verwandelt, ihn mit Jonah teilt.

Das Praktikum

Eines Tages kommt der Lehrer auf das bevorstehende Praktikum zu sprechen. Die Schüler dürfen frei wählen, in welchem Bereich sie es absolvieren möchten. Während viele der Klassenkameraden in Betriebe gehen oder den Kindergarten als Praktikumsplatz wählen, versucht Stella, in einem Krankenhaus unterzukommen. Sie möchte möglichst viele verschiedene Menschen erleben, um noch mehr über die Eigenschaften von Menschen, die Stimmungen von Menschen, die Klangwelten von Menschen zu erfahren.

Ein kleineres Krankenhaus am Stadtrand bietet ihr schließlich einen Platz auf der inneren Abteilung an. Schon nach zwei Wochen beginnt der Dienst im Spital.

Stella geht von Zimmer zu Zimmer, wird von der Stationsschwester vorgestellt. Dabei behält sie die Ohren bei sich, um alles aufnehmen zu können, was ihr gesagt und erklärt wird. Im Zimmer Nummer 16 jedoch gelingt ihr dies nicht. Eine Frau mittleren Alters liegt in diesem Einzelzimmer, das ein großes Fenster zum Stationszimmer der Schwestern aufweist. Der Rhythmus der Frau Amann, wie die Patientin heißt, ist so dünn, dass Stella sich anstrengen muss, ihn zu erlauschen. Frau Amann ist bis auf die Knochen abgemagert, und es fällt Stella nicht schwer einzusehen, dass sie nicht mehr aufstehen kann. Ihr kahler Kopf ist mit einer bunt gehäkelten Baumwollmütze bedeckt, und riesige, dunkle Augen liegen tief in den Höhlen.

Als Stella das Zimmer mit der Schwester betritt, ist Frau Amanns Mann mit der halbwüchsigen Tochter anwesend. Sie sitzen auf Stühlen am Bett der Mutter und Ehefrau. Höflich begrüßt Stella die kleine Familie, und Frau Amann nickt ihnen beinahe unmerklich zu. Ihre Augen jedoch bleiben in denen Stellas ruhen. Sie blicken sich lange an, und Stella hört, dass sie eine Gemeinsamkeit haben. Frau Amann hört Stella. Noch nie hat sie einen Menschen getroffen, der sie auf diese besondere Art hören kann, der ihr so ähnlich ist, außer natürlich Laurens. Der jedoch hatte es nicht bewusst wahrgenommen, sie nicht verstehen können. Hier aber sieht sie in wache, lauschende Augen. Ein Lächeln huscht über Frau Amanns Gesicht, leise, unscheinbar. Stella hört sofort die Aufhellung in ihrem Rhythmus. Schnell verlässt sie mit der Schwester den Raum wieder und hat keine Erinnerung mehr daran, dass diese ihr sagte, sie, Stella, habe in diesem Zimmer nichts zu tun. In allen anderen Zimmern aber sei sie dafür zuständig, nach dem Rechten zu sehen, die Bettpfannen zu leeren, Tee zu bringen, Betten zu beziehen und alles zu besorgen, was sonst noch an Arbeit anfalle.

Als Stella den Rundgang mit Schwester Monika durch die Station beendet hat, erklärt ihr diese, wo welche Sachen zu finden sind, wo die Bettwäsche nach der Wäscherei gestapelt wird, wie die Essensausgabe funktioniert, welche Hygienevorschriften sie beachten müsse, wo sie einen Schwesternkittel finden könne und vieles mehr. Daraufhin weist sie Stella streng an:

«Und nun gehen Sie zu Herrn Anders und sehen nach, ob er etwas braucht.»

«Ja», meint Stella pflichtbewusst und geht ins Zimmer Nummer 18. Herr Anders liegt ruhig in seinem Bett und braucht nichts, und Stella betritt schnell noch einmal das Zimmer von Frau Amann, um zu sehen, ob diese vielleicht einen Wunsch habe. Vater und Tochter sind gegangen, und Stella ist mit ihr allein. Frau Amann ist wach und blickt Stella mit ihren Dunkelaugen erwartungsvoll an.

«Hallo, ich bin es, Frau Jansen», stellt sich Stella leise vor, und Frau Amanns Blick will nicht mehr aus ihren Augen weichen.

«Brauchen Sie etwas?»

«Nein, nicht wirklich», meint die Kranke angestrengt, «aber setzen Sie sich doch ein wenig hierher!»

Stella setzt sich folgsam ans Bett und gibt nun den Ohren freien Lauf. Sofort erlauscht sie das Redebedürfnis in der Todkranken.

«Was möchten Sie erzählen?», fragt Stella nach einer Weile.

«Ich weiß, dass es mit mir bald zu Ende geht», meint sie, «aber mein Mann und meine Tochter wollen es nicht wahrhaben.» Stella nickt. «Ich wollte es auch nicht glauben, dass ich sterben muss», fährt Frau Amann fort, «aber jetzt ist die Krankheit so weit fortgeschritten, dass ich es weiß, und ich muss mich verabschieden –» Sie macht eine Pause und fährt dann mühsam fort: «Es ist, als wenn ich heimgehen würde.» Pause. «Aber sie verstehen das nicht. Für sie ist es, als wenn ich für immer fortginge. Verstehen Sie, es ist für mich, wie wenn ich bloß von einem Land in das andere wandere. Dazwischen gibt es eine Grenze, aber diese bedeutet nicht, dass es das andere Land nicht gibt. Mein Mann und meine Tochter müssten nur einmal mit mir zusammen an die Grenze gehen und hinüberschauen, dann wüssten sie von der Existenz dieses Landes …»

Stella schweigt, lauscht dem dünnen, traurigen Rhythmus, nickt. Frau Amann versucht den Kopf ein wenig zu heben, und Stella schiebt ihr das Kissen besser zurecht.

«Aber sie trauen sich nicht, an die Grenze zu gehen. Deshalb werden sie nicht wissen, wo sie mich finden können, wenn ich gegangen sein werde, und das macht mich traurig.» Frau Amann hält inne und blickt Stella lange an, dann meint sie: «Aber warum erzähle ich es Ihnen? Sie sind noch so jung und verstehen das alles. Warum haben Sie solche Augen?»

Stella sieht auf ihre Hände, die gefaltet auf dem gestärkten Schwesternkittel im Schoß liegen.

«Ich weiß auch nicht, warum es so ist mit mir», sagt sie ehrlich, «aber wenn ich Ihnen helfen kann, weil ich so bin, wie ich bin, freut mich das sehr!»

«Ja, ich habe noch mit niemandem so darüber gesprochen. – Im anderen Land gibt es Licht, verstehen Sie, Licht!» Stella nickt, hört die Unsicherheit durch Frau Amanns Rhythmus, fühlt die Einsamkeit, der Familie nicht ihre wesentlichsten Gefühle und Gedanken mitteilen zu können, trauert mit ihr.

Schwester Monika betritt den Raum. Entrüstet baut sie sich vor Stella auf:

«Ich habe nicht gesagt, dass Sie Schwätzchen mit den Patienten halten sollen, sondern dass Sie sich erkundigen, ob etwas benötigt wird! Außerdem verstehe ich überhaupt nicht, warum Sie sich hier aufhalten!»

Stella errötet, steht auf, wirft Frau Amann einen Blick zu und verlässt das Zimmer. Einen Moment lang bleibt Schwester Monika noch in der Tür, gerade Zeit genug, um von Frau Amann zu hören, dass Stella ihre Arbeit gut gemacht habe, dass sie gefragt habe, ob etwas fehle, und sie, Frau Amann, es gewesen sei, die Stella zum Reden veranlasst hätte.

«Schlimm genug, dass sie sich dazu hat hinreißen lassen», meint Schwester Monika barsch und schließt die Türe laut hinter sich.

Als Stellas Schicht beendet ist, geht sie noch einmal privat zu Frau Amann. Diese hat leicht geschlafen, hört aber sofort, dass jemand hereinkommt, und ihr Gesicht hellt sich auf, als sie Stella erkennt.

«Kommen Sie, setzten Sie sich. Wie nett von Ihnen, dass Sie noch einmal gekommen sind!»

«Guten Abend», sagt Stella leise und nimmt Platz. Frau Amann sagt:

«Nach Ihrem Besuch heute Vormittag fiel mir ein Gedicht ein, das ich Ihnen unbedingt sagen muss: Es ist von Jiménez: ‹Wirf den Stein von heute weg, vergiss und schlafe …›» Sie hält inne, weil Stella strahlend zu verstehen gibt, dass sie es kennt.

«Was für ein Zufall, dass Sie es kennen! Verstehen Sie, es ist wie mit den Bäumen: Wenn die Blätter abfallen, sind darunter schon die ersten Knospenansätze für die neuen Blüten. Verstehen Sie das?»

«Ja, ich verstehe es», sagt Stella.

«Aber warum verstehen es die anderen nicht, warum versteht meine Familie nicht, dass ich meinen Stein wegwerfen muss, schlafen muss, dass ich dann, dass ich dann ...» Sie stockt, und Stella beendet den Satz:

«... dass ich dann weiterlebe; neu und anders!»

«Danke, das wollte ich sagen», meint Frau Amann erleichtert. Matt lässt sie ihren Kopf wieder in die Kissen sinken. Eine Schwester betritt das Zimmer. Inzwischen hat ein Schichtwechsel stattgefunden, und Stella wird als Besuch eingestuft, worüber sie sehr dankbar ist. Die Schwester reicht Frau Amann einen kleinen Plastikbecher mit Tabletten und ein Glas Wasser.

«Das kann ich gar nicht schlucken», meint Frau Amann zaghaft.

«Ach so», sagt die Schwester, «dann rede ich mit dem Arzt!»

Als sie wieder draußen ist, fragt Frau Amann müde und mit geschlossenen Augen: «Was soll ich nur machen? Ich liebe meine Tochter und meinen Mann, möchte ihnen nicht wehtun, und doch muss ich es. Wenn ich ihnen nicht einmal mitteilen kann, was ich denke, dann kann ich ihnen nichts mehr geben.»

Sie wendet sich ab und Stella hört, dass sie weint.

«Nun», meint Stella, «Sie könnten doch alles aufschreiben, was Sie ihnen sagen wollen. Ich bin sicher, dass eines Tages der Zeitpunkt kommen wird, an dem sie es wissen wollen und dankbar sind, dass Sie es aufgeschrieben haben!»

«Ich kann nicht mehr schreiben», sagt Frau Amann traurig, «es ist vorbei!»

Schnell sagt Stella: «Aber Sie können noch reden, und somit könnten wir es auf Tonband aufnehmen, oder Sie könnten es mir diktieren.»

«Ja, das ginge», meint Frau Amann nach einer Pause.

Stella verabschiedet sich von ihr und weiß, dass sie sich beeilen muss, die Sache in Ordnung zu bringen, denn die Zeit ist knapp.

Früh am nächsten Morgen, vor Dienstbeginn, bringt sie den Kassettenrecorder zu Frau Amann, schiebt eine Kassette ein und stellt auf Aufnahme. Frau Amann fällt das Sprechen schwer, und Stella erlauscht, dass es wohl der letzte Tag ist, an dem sie so sprechen kann. Frau Amann spricht mit Pausen, aber so klar und deutlich, wie sie kann. Die Nachtschwester spritzt unterdessen Medikamente in die Kanüle, die am Abend zuvor von einem zum anderen Arm verlegt wurde, und befestigt eine neue Infusion. Stella erklärt ihr im Flüsterton, was Frau Amann macht, und die Nachtschwester ist so einfühlsam, dass sie verspricht, erst die anderen Patienten zu versorgen, damit sie alles in Ruhe aussprechen kann.

Frau Amann redet lange, macht Pausen, erklärt, flüstert, spricht wieder lauter, spricht eindringlich, während Stella auf einem Hocker in der Zimmerecke sitzt. Schließlich verstummt sie. Stella verspricht, die Kassette gut aufzubewahren, bis sich Frau Amanns Familie eines Tages bei ihr melden würde.

Stella notiert ihre Adresse und Telefonnummer auf einen Zettel und schreibt dazu, was es mit der besprochenen Kassette auf sich hat, steckt ihn dann in einen Umschlag. Die Kassette nimmt sie an sich. Frau Amann erzählt noch am selben Tag ihrem Mann von Frau Jansen und überreicht ihm den Umschlag. Er solle den Brief öffnen, wenn er einmal das Bedürfnis dazu verspüre. Es handle sich um Dinge, die sie ihm gegenwärtig nicht sagen könne. Herr Amann steckt den Brief hastig ein, und zu Hause vergräbt er ihn tief unten in seinem Schreibtisch.

Erschöpft sinkt Frau Amann in ihre Kissen zurück und schließt die Augen. Stella huscht hinaus, eilt in die Garderobe, zieht sich ihren Kittel über und erscheint gerade noch rechtzeitig im Schwesternzimmer. Dann beginnt ihr Dienst mit weiteren Anweisungen von Schwester Monika.

Nach zwei Tagen erlauscht Stella, dass es mit Frau Amann zu Ende geht. Sie hört es an dem immer dünner werdenden Rhythmus und den Klängen, die sich stets von Frau Amann lösen, von ihr weg in den Raum hinaus tönen, fortwollen. Runde Klänge, grüne Oktavenkreise, die sich bewegen und in ihrer Bewegung Licht erzeugen; die sich schließlich in Licht aufhellen, indem sie jegliche Form auflösen.

Vorsichtig deutet Stella den bevorstehenden Tod Schwester Monika gegenüber an. Diese jedoch schimpft auf Stella und meint, sie solle nicht so vorlaut sein, das stünde ihr als Praktikantin nicht zu. «Und überhaupt: Was fällt Ihnen eigentlich ein; ich habe Ihnen klare Anweisungen erteilt, dass Sie in diesem Zimmer nichts zu suchen haben!»

Dennoch versucht Stella noch einmal, Schwester Monika dazu zu bringen, Tochter und Vater, vielleicht auch einen Geistlichen zu holen, da es höchste Zeit sei, aber diese will nichts davon hören und sagt nur:

«Doktor Willig hat gesagt, dass es noch dauern kann! Und nun gehen Sie mir damit aus den Augen!»

Wie ist Stella erleichtert, als sie Ehemann und Tochter den Flur entlangkommen sieht. Schwester Monika wird zu einer anderen Patientin gerufen, und Stella eilt den Besuchern entgegen und gibt ihnen zu verstehen, wie wichtig es sei, dass sie kämen, sie sollten rasch zu Frau Amann hineingehen.

«Geht es ihr wieder schlechter?», fragt Herr Amann mit belegter Stimme. Stella erlauscht Angst und antwortet verlegen:

«Oh, es ist nur leider so, dass sie kaum noch sprechen kann. Aber Sie können ruhig hineingehen. Sie ist wach und wird sich freuen, dass Sie da sind!»

Der Mann und die Tochter betreten das Zimmer Nummer 16, und Stella sieht vom Schwesternzimmer aus, wie sie sich neben das Bett setzten.

Stella huscht nach einiger Zeit noch einmal kurz in das Zimmer, als sie Schwester Monika bei einem anderen Patienten weiß. Sie macht sich Sorgen, dass die Familie nicht lange genug ausharren könnte. Sie erlauscht noch einmal genau den Rhythmus und die davonklingenden Töne von Frau Amann und weiß, dass es sich nur noch um Minuten handeln kann. Der Mann löst den Blick von seiner Frau, die mit geschlossenen Augen daliegt, sieht zu Stella auf, will sich verabschieden und das Zimmer verlassen.

«Ach, nein», sagt Stella eindringlich, «bleiben Sie doch bitte noch zehn Minuten. Ich muss dringend eine andere Patientin versorgen, und Ihre Frau soll nicht so lang allein sein!»

Der Mann ist ärgerlich, wendet sich aber wieder seiner Frau zu. Flüsternd unterhält er sich mit seiner Tochter, um sie nicht aufzuwecken. Stella verlässt den Raum, um nach zehn Minuten wiederzukommen. Leise öffnet sie die Tür zu Frau Amanns Zimmer und erlauscht schnell, dass ihre Angehörigen nicht gemerkt haben, dass sie nun in das andere Land gegangen, dass sie gestorben ist. Der Ausdruck auf ihrem Gesicht hat sich verändert, ist entspannt, und es liegt jetzt beinahe ein Lächeln auf ihren Lippen.

In Stellas Praktikumszeugnis steht, dass sie vorlaut gewesen sei und sich mutwillig von ihrer Arbeit ferngehalten habe. Ausdrücklich wird darin betont, dass der Beruf der Krankenschwester für Frau Jansen nicht geeignet sei. Das Zeugnis ist von Schwester Monika unterzeichnet.

Insgeheim hat Stella gehofft, sie könnte vielleicht einmal Krankenschwester werden, aber nun hat sich diese Möglichkeit zerschlagen. Sie fühlt sich ungeeignet für jede Art von Arbeit, glaubt, das Leben halte keinen Beruf für sie bereit. Sie beschließt, das Zeugnis niemandem zu zeigen, schämt sich, versagt zu haben. Allein sie findet nicht, dass sie sich bei Frau Amann falsch verhalten hätte, aber sie hat ihre andere Arbeit darüber vernachlässigt, und wie würde sie dies anders machen können in so einem Beruf? Würde sie denn jemals einen sterbenden Patienten allein lassen können, wie es Schwester Monika tat?

Nein, niemals! Nie würde sie Patienten, die sich in einer solchen Notlage befinden, sich selbst überlassen können! Kurz: Der Beruf Krankenschwester ist für sie gestorben.

Das Spiel mit der Zeit

Nach dem Praktikum wendet Stella sich wieder der Schule mit ihren Strapazen zu. Die Jahreszahlen im Geschichtsunterricht wollen nicht in ihren Kopf. Sie haben keinen Klang, keine Gegenwart, keine Zukunft, keine Logik. Sie gehören der Vergangenheit an, und dicker Staub scheint ihnen anzuhaften. Die Englischvokabeln sind trocken, die Grammatik ist abstrakt, tönt nicht. Einzig den Deutschunterricht liebt Stella. In den langen Aufsätzen, die sie schreiben muss, findet sie eine Spur von Freiheit, kann ihre Art zu denken und zu fühlen zum Ausdruck bringen. Bald hat sie begriffen, dass sie die Dinge in gutes Deutsch, in richtige Sätze, in die richtige Reihenfolge bringen muss, um verstanden zu werden.

Mit größtem Interesse liest sie moderne Literatur, befasst sich mit zeitgenössischer Dichtung. Dies alles bringt sie jedoch einem Berufsziel nicht näher. Ein Germanistikstudium kommt nicht in Frage. Wie soll sie mit den Noten in Englisch, Geschichte oder Mathematik Abitur machen? Unmöglich. Je mehr sie sich darüber klar wird, desto verzweifelter wird sie.

Welche berufliche Richtung sie auch ins Auge fasst, mit ihren Eltern bespricht, stets gerät sie in eine Sackgasse. Entweder geht ihr jegliches Interesse ab, wie zum Beispiel an einer handwerklichen Ausbildung, oder sie fühlt sich ungeeignet...

Es ist eine unbestimmte Art rastloser Suche, auf die sie sich beinahe unbewusst begibt. Oft flüchtet sie sich in das Mühlespiel, spielt gegen sich selber, verliert gegen sich selber, gewinnt gegen sich selber, verliert weiße Steine, verliert schwarze Steine. Die Tage scheinen nicht enden zu wollen, die Zeit steht still in ihrem Leben.

Mitten in dieser Zeit beginnt ihre rechte Hand zu schmerzen. Der Schmerz zieht von dem Handrücken durch das Handgelenk in den Oberarm. Jede Bewegung tut so weh, dass sie nicht mehr in der Lage ist, zu schreiben oder Geige zu spielen. Sie muss die rechte Hand bandagieren. Die Schmerzen haben einen tiefen, rasselnden Ton, der bei jeder Handbewegung zu ihren Ohren dringt. In der Schule hat das katastrophale Folgen. Sie ist kaum in der Lage, dem Unterricht zu folgen, da die Schmerzen die Erklärungen und Erläuterungen der Lehrer übertönen. Sie besucht viele Ärzte, doch keiner weiß die Entzündung im Handgelenk zu heilen.

Wieder wird es eng in Stella, wieder zieht sich alles in ihr zusammen, die Tage werden noch länger. Schließlich entschließt sie sich, mit der linken Hand zu schreiben. Obwohl es ihr schwer fällt, gelingt es langsam, und die neue Aufgabe beflügelt sie, wieder zu kämpfen, dem Stillstand zu trotzen, gegen ihre Hand anzugehen. Die Wut über ihren Zustand ist so groß, dass sich der Schmerzklang in Wutgeräusche verwandelt. Mit dieser Wut schafft sie es schließlich, sogar Englischdiktate mitzuschreiben. Stella zwingt sich, nicht nur der krakeligen Schrift und dem Schmerz zu lauschen, sondern ihre Ohren wieder für den Inhalt des Unterrichtsstoffes zu öffnen. Das Mühlespiel steht wieder in der Zimmerecke, bis plötzlich die linke Hand ebenfalls zu tönen beginnt. Im linken Handgelenk hat sich dieselbe Entzündung gebildet wie im rechten.

Jetzt fühlt sie sich gefesselt, in sich selbst gefangen, an die Zeit gebunden. Sie möchte die Zeit loslassen, möchte der Zeit entfliehen, doch diese lässt Stella nicht los, ergreift sie jeden Tag aufs Neue und zieht sie gnadenlos langsam durch sich durch. Stella ist dabei aufzugeben und beginnt, sich ihren eigenen Tod vorzustellen, sich ihre eigene Beerdigung auszumalen.

Es sind die Gedanken, die ihr noch bleiben, und mit ihnen zusammen erträumt sie sich das Ende, den Ausbruch aus der Zeit, ihr eigenes Begräbnis. Mit diesen Gedanken kann sie besser leben, sie sind eine Fluchtmöglichkeit, ein Ausweg aus der Zeit. Gerne möchte sie ihre Ohren für immer schließen, nichts mehr hören, nur noch selber Stille sein, ja, still sein. Dies äußert sich darin, dass sie nicht mehr acht gibt, wenn sie eine Straße überquert. Sie denkt, wer es auch immer sein möge, der sie so leiden macht, der solle zeigen, ob sie zum Leben oder für den Tod geboren sei.

Stella beginnt, lange und weite Spaziergänge zu unternehmen, wandert kilometerweit durch die Stadt, geht über Straßen, ohne auf den Verkehr zu achten. Sie nennt es für sich das «Spiel mit der Zeit». Dieses Spiel spielt sie für sich ganz allein, teilt es mit niemandem; nicht einmal mit Jonah, die nunmehr die Einzige ist, die überhaupt noch Zugang zu Stella hat.

Das Spiel mit der Zeit hat unzählige Klangnuancen. Es ist, als läge alles, was sie bisher gehört hat, darin. Es tönt farbenfroh, grau, schwarz, schrill, grell und auch dunkler als dunkel. Vor allem aber tönt es aus dem Jenseits der Zeit. Das ist der eigentliche Reiz des Spieles: aus der Zeit auszubrechen.

Sooft Stella dieses Spiel auch spielt, gewinnt sie stets gegen sich selber. Nie geschieht ihr etwas Ernsthaftes. Sie zieht in Erwägung, das Spiel mit anderen Möglichkeiten zu spielen; zum Beispiel mit Tabletten oder mit einer Schlinge und einer Leiter an ihrem Baumfreund. Aber es gibt etwas, was sie davor zurückhält. Sie schimpft sich selber feige, dennoch bleiben solche Versuche bloßer Gedanke, und Stella ist immer noch in der Zeit gefesselt. Die Tatsache, dass sie bei ihrem Spiel noch nie gegen sich selber verloren hat, macht sie nachdenklich, und als Mama vorschlägt, wieder zu einem neuen Arzt zu gehen, willigt sie ein.

Doktor Eisenblätter

Als Stella dem neuen Arzt gegenübersitzt, staunt sie darüber, wie wild er aussieht. Seine grauen Haare hängen ihm ungepflegt um den Kopf, und auf seinem Schreibtisch stapeln sich die Papiere so hoch, dass Stella ihn nur durch ein Papierfenster sehen kann. Sie hat lange nicht mehr intensiv auf Menschen gelauscht, aber dieser Mensch interessiert sie nun so sehr, dass sie die Ohren für ihn öffnet.

Mama ist im Wartezimmer geblieben, und Stella sitzt ihm regungslos gegenüber, die bandagierten Hände im Schoß. Sie sieht ihn nur immerfort an. Er schweigt und betrachtet sie mit einem unendlichen Ernst. Stella ist es nicht unwohl in seiner Gegenwart. In seiner Art, sie anzuschauen, hört sie echtes, menschliches Interesse. Er hat einen sehr gleichmäßigen, starken Rhythmus, dem sie gerne lauscht. Es ist beinahe so, als könne sie darin eine Art Halt finden, eine Art Ruhepol in der Zeit. Dieses Gegenübersitzen dauert in Wirklichkeit nur wenige Sekunden, aber Stella erscheint es sehr lange und sie hätte ihm noch viel länger lauschen können, wenn er nicht zu reden angefangen hätte.

«Guten Tag, ich bin Doktor Eisenblätter.» Dabei streckt er seine knochige Hand durch das Papierfenster zu Stella hin, immer bemüht, mit den Ellenbogen nicht an die Haufen zu stoßen. Stella hebt ihre verbundene Hand und streckt sie ihm entgegen. Als sich ihre Hände berühren, fühlt sie durch den Verband hindurch seine Wärme bis in ihren Arm. Es kommt ihr wie eine Ewigkeit vor, seit sie ihren Arm zum letzten Mal so gerne gefühlt hat. Immer wollte sie ihn in den vergangenen Wochen fort haben, wegschneiden. Er war nur ein lästiges Anhängsel. Aber jetzt fühlt sie ihn zum ersten Mal wieder als zu sich gehörig.

Nur einen Augenblick dauert die Berührung, dann fragt Doktor Eisenblätter:

«Und wer sind Sie?»

Stella sagt trocken:

«Ich bin Stella Jansen.»

Er sieht sie freundlich an und fragt durch das Papierfenster:

«Warum haben Sie solche Schmerzen in Ihren Händen?»

Bevor Stella sich noch richtig besinnen kann, antwortet sie:

«Weil ich nicht gegen mich verlieren kann!» Doktor Eisenblätter zieht die buschigen Brauen zusammen und mustert Stella genau.

«Warum können Sie das nicht?», fragt er sachlich, aber gleichzeitig warm. Stella ist verwirrt, weil sie noch mit niemandem so gesprochen hat. Dieser seltsame Mann scheint ihre Sprache zu kennen. Da sie ohnehin nichts mehr zu verlieren hat, beschließt sie, einfach weiter zu machen. Langsam sagt sie:

«Weil ich zu feige bin!»

Er lächelt sie an, als habe er verstanden, und sagt ernst: «Jeder, der sich das Leben erhält, ist ein Held!» Jetzt ist Stella völlig verwirrt.

«Ein Held?», ruft sie zynisch aus. Er antwortet knapp:

«Ja, wer ohne Hände lebt, ist ein Held!» Stella verstummt. Wieder schweigen sie. Dann sagt Doktor Eisenblätter:

«Darf ich mir Ihre Hände einmal ansehen?» Stella nickt, dreht ihren Stuhl ein wenig in die Richtung, aus der er nun hinter seinem Schreibtischfenster hervorkommt. Umständlich setzt er sich auf einen Hocker, den er zu Stella herangerückt hat. Er nimmt Stellas verbundene linke Hand in seine beiden Hände und dreht ihre Handinnenfläche behutsam nach oben. Es ist, als wisse er, wie empfindsam Stella ist, denn er tastet die verbundene Hand ab, bewegt das Handgelenk vorsichtig hinauf und hinunter. Bei den Bewegungen fühlt Stella Schmerzen, sagt jedoch nichts.

«Ich weiß, dass es weh tut, aber ich möchte es ein wenig ansehen. Darf ich das?», sagt er weiterhin ernst, und Stella nickt. Dann nimmt er die rechte Hand und sieht sich nur die feinen Finger an, die aus dem Verband hervorschauen. Er schaut so genau hin, dass Stella schon überlegt, ob sie auch sauber genug sind. Aber sie hört zugleich, dass er nicht nach der Reinlichkeit sieht, sondern dass er viel tiefer schaut, denn sie hört seinen starken Rhythmus nun in ihren Fingern bis in das Handgelenk pulsieren. Er ist ganz in ihrer kranken Hand darinnen. Stella merkt augenblicklich: Er ist kein Ohrenmensch wie sie selber, sondern ein Augenmensch. Er sieht mit seinen Augen in ihre Hand hinein. Sie kann sich kaum noch erinnern, wann sie zum letzten Mal in ihrem Leben eine so große Art des Verstehens erlebt hat wie jetzt. Es ist, als würden die vielen Worte, die andere Ärzte gemacht haben, bei ihm durch die Augen fließen. Sein ganzes Interesse, seine eigentümliche Art von Mitgefühl, von Achtung ihr gegenüber liegen jetzt in ihrer Hand. Mit einem großen Schrecken wird Stella bewusst, dass er vielleicht jetzt sieht, was sie hört. Sie zuckt innerlich so zurück, dass sie ihm die Hand entzieht. Doktor Eisenblätter lässt es geschehen und sitzt nun schweigend vor Stella. Diese hat den Blick gesenkt, schämt sich für ihr Verhalten und ist kurz davor aufzustehen, um hinauszueilen, als Doktor Eisenblätter in schlichtem Ton sagt:

«Ich will Ihnen eine Geschichte erzählen.» Er räuspert sich und beginnt dann nach kurzer Pause:

«Es war einmal ein Baum, dessen Stamm noch so dünn war, dass ihn die starken Winde des Winters immer hin und her bogen. Sie zerrten so stark an ihm, dass er seine Wurzeln kaum in der Erde verankern konnte. Aber er wollte unbedingt wachsen und groß und stark werden wie seine Väter und Großväter, seine Mütter und Großmütter und natürlich die Ur- und Ur-Ur-Großeltern. Endlich aber kamen die ersten Anzeichen des Frühlings, die Winde ließen nach, und am Tage schien die Sonne auf seine kleinen, prallen Knospen. Eine große Hoffnung erwachte in ihm, dass er nun den dunklen, zerrenden Winter überstanden hätte, und er steckte seine ganze Kraft in die Knospen. Er achtete nicht mehr auf die Wurzeln, die noch so zart in der harten Erde verankert waren. Er wollte so gerne seine ersten, hellgrünen Blättchen hervorsprießen lassen und freute sich ungemein auf jeden weiteren Tag.

Dann aber kam der Monat April, und mit ihm kehrte der Winter für ein paar Tage zurück. Wieder fror der Boden, und eisiger Wind peitschte den kleinen Baum hin und her. Weil er sich aber so sehr auf die neuen Blättchen gefreut und lange nicht mehr richtig an seinen Wurzeln gearbeitet hatte, war er nicht genug in sich gefestigt. So konnte der Wind den kleinen Baumstamm an einer Stelle etwas knicken. Der kleine Baum schrie auf vor Schmerz und spürte, wie der zarte Saft aus der Wunde in einem winzigen Rinnsal hinaussickerte. Es war ihm so sterbenselend, dass er sich sagte: ‹Wenn ich schon halb tot bin, so kann ich auch ganz sterben.› Er ließ sich willenlos vom Wind peitschen und hin und her biegen, aber der Wind konnte ihn nicht ganz brechen. Also dachte sich der kleine Baum: ‹Da ich noch nicht völlig abgeknickt bin, sollte ich wohl noch ein bisschen weiterleben, vielleicht erlebe ich doch noch, wie die Blättchen aus mir herauswachsen.›

Der kleine Aprilwinter ging vorüber, und die Sonne wurde immer stärker. Es dauerte gar nicht mehr lange, da waren aus dem kleinen Baum die wunderhübschesten Blättchen gewachsen. Zwar war er wegen der Verletzung, die ihm der kleine Aprilwinter zugefügt hatte, noch sehr zart, aber er lebte, und er wuchs schnell. Seine Wunde verheilte rasch, und es blieb nur ein kleiner Knick im Stamm zurück. Er wuchs und wuchs, wurde kräftiger und größer.

Schon bald konnten ihm die Winterstürme nichts mehr anhaben. Er hatte eine dicke Rinde um die Wunde herum gebildet, und sein Stamm wurde dadurch viel widerstandsfähiger als die anderen Stämme. – Eines Tages, als er schon zu den älteren Bäumen in dem Wald zählte, kam im Sommer ein so mächtiges Unwetter, mit gewaltigen Blitzen, mit Hagel und Sturm, dass er fühlte, wie die anderen Bäume sich zu fürchten begannen. Da fing er an, mit dem Unwetter zu sprechen: ‹Wenn du einen Blitz in einen von uns schicken musst, dann tu es bei mir. Mein Stamm ist der dickste und festeste von allen.› Bald darauf fuhr ein mächtiger Blitz in den Baum und er erschrak gewaltig. Aber als er sich von dem großen Schrecken erholt hatte, gewahrte er, dass der Blitz genau in die alte, verheilte Verletzung und deren dicke Rinde gefahren war und weder den eigentlichen Stamm noch den Saftstrom beschädigt hatte. – Die umstehenden Bäume dankten ihm ihr Leben lang. Der Wald wurde immer dichter und größer, weil die anderen Bäume gelernt hatten, dass man stets von dem verschenken kann, worin die eigene Stärke liegt.»

Doktor Eisenblätter verstummt und schweigt.

Stella hat mit angehaltenem Atem seinen Worten gelauscht. Jetzt ist seine Geschichte zu Ende, und sie hat alles verstanden. Er steht auf, setzt sich wieder hinter sein Papierfenster, sieht sie fröhlich an, nickt ihr zu und meint sehr eindringlich, ihre Hände würden jetzt heilen. Sie solle noch ein wenig Geduld haben, denn es dauere, bis Rinde um die Wunde gewachsen sei.

Stella versteht, wie er es meint. Schnell erlauscht sie, dass er nichts mehr zu sagen hat, reicht ihm die Hand durch das Papierfenster, fühlt noch einmal Wärme durch den Verband und geht hinaus ...

Doktor Eisenblätter hat recht behalten. Ihre Hände heilen in den nächsten Wochen so gut, dass sie nichts mehr von den Entzündungen spürt. Sie findet Kraft und Mut, sich wieder intensiv dem Schulalltag zuzuwenden. Aber auch mit geheilten Händen ist dieser grau und trostlos. Oft grübelt sie darüber nach, wie sie mehr Licht in ihr Leben bringen könnte, und kommt endlich auf die Idee, wieder zu ihrem Baumfreund zu gehen, um sich Rat zu holen.

Der Baumfreund

Stella findet denselben Baum wieder, der ihr einst nach der Trennung von Laurens so viel Trost gegeben hat. Ehrfürchtig steht sie vor ihm, legt die Hände auf die Rinde, lehnt den Oberkörper nach vorne, verstärkt den Druck in den Handflächen und schickt die Ohren in den Stamm, in das starke Auf- und Absteigen des Saftes und immer tiefer durch die Jahresringe des Baumes. Stella vertieft sich in seine Rhythmen, die alle unterschiedlich sind, geht mit den Ohren durch das Kreuz und Quer und Hin und Her, merkt nicht, dass sie die Arme um den Stamm gelegt und die Wange an die Rinde gepresst hält. Ständig fragen ihre Ohren:

«Was soll ich bloß machen? Warum bin ich da? Wo soll es mit mir hingehen?»

Jahresringe, Fragen, vor und zurück, kreuz und quer und: «Was soll ich bloß machen?» Wieder erscheint ihr die Gegenwart des Baumes lebendig, wieder findet sie Halt in seinem Stamm. Für eine Baumsprache muss sie keine Vokabeln pauken, keine Grammatik in ihr Hirn hineinhämmern. Hier ist alles anders. Es ist eine Sprache des Ohres.

Irgendwann löst sie sich von seinem Stamm, holt die Ohren behutsam zurück, und in ihr entsteht die Gewissheit, dass die Welt ihre Universität, die Menschen selber ihre Lehrer sein könnten. Warum muss es immer ein echter, richtiger Beruf sein, warum soll sie eine Ausbildung machen, wenn es für sie doch keine geeignete gibt? Also muss sie sich nur einen Ort wählen, an dem die Menschen ihre Lehrer sein können und die Welt ihre Universität ist. Sie fühlt sich getröstet, wenngleich sie auch noch keine Vorstellung hat, wo so ein Ort zu finden wäre. Dennoch verabschiedet sie sich von ihrem Baum und findet langsam wieder den Weg nach Hause.

Suche nach Lebensfreude

Die Zeit bis zum Schulabschluss türmt sich vor ihr auf wie ein hohes Gebirge, das sie nicht überblicken kann. Auch wenn sie Zuspruch von ihrer Mutter erfährt oder Trost im Geigenspiel findet, nehmen die Tage kein Ende. Sie versucht eine Technik zu entwickeln, möglichst viel zu schlafen, weil das Wachsein beinahe unerträglich ist. Aber trotz der langen Schlafzeiten und der stetigen und immer innigeren Freundschaft mit Jonah findet sie kaum Freude am Leben. Was nützen ihre sonderbaren Fähigkeiten, wenn sie keinen Raum findet, sie einzusetzen, was nützen ihre geheilten Hände, wenn diese keine ordentlichen Geschichtsarbeiten, keine guten Englischdiktate schreiben können? Das große Wissen, das sie von Menschen und Dingen erlauscht, verbirgt sie in sich, um niemanden damit zu erschrecken. Manchmal fürchtet sie sich vor sich selber, über die Dinge, die sie an den Stimmen ihrer Lehrer erlauscht. Sie kennt deren Rhythmen und Töne so gut, dass sie genaue Auskunft über deren Leben erteilen könnte.

Im Mathematikunterricht hat sie einen Lehrer, der mit der deutschen Sprache nicht gut zurechtkommt, weil er aus Polen stammt. Sein eigentliches, mathematisches Wissen ist tiefgreifend, aber seine Verzweiflung darüber, dass er den Stoff so schlecht vermitteln kann, ist sehr groß. Stella ist nicht in der Lage, irgendetwas von den hergeleiteten Formeln zu verstehen oder auch nur eine Aufgabe selbständig zu lösen, weil sie von dem Ton seiner Verzweiflung, von dem durchdringenden Rhythmus seines starken, aber nicht hindurchdringenden Willens abgelenkt ist. Irgendwann gibt sie auf und sieht nur noch aus dem Fenster. Sie findet, dass sie mehr davon hat, die Wolken und ihre Klänge, das Aufsteigen der Sonne, das Wechseln der Mondphasen und dergleichen zu beobachten und zu erlauschen, als sich ständig dieser laut tönenden, übergroßen Bemühung auszusetzen, die sie sowieso nicht zu lindern weiß.

Die Englischlehrerin hingegen hat private Probleme. Stella erlauscht in ihr ein andauerndes schlechtes Gewissen. Hätte sie weiter hingehört, wäre es ihr möglich gewesen, auch den Grund dafür zu erlauschen. Aber sie will diesen auf keinen Fall wissen. Nun steht die Englischlehrerin dreimal in der Woche fünfundvierzig Minuten lang vor ihr und spricht fast ständig. Stella vermag sich ihren Klängen nicht zu entziehen und beteiligt sich nur wenig am Unterricht, lernt die Dinge lieber allein zu Hause aus einem Buch. Lehrbücher sind objektiv und tönen in der Regel nicht. Dort kann sie die Ohren öffnen, ohne dass Nebengeräusche sie vom Lernen abhalten. Einige wenige Lehrer aber, wie etwa der Deutschlehrer, haben einen guten Klang und Rhythmus. Sie erlauscht seine eigene Begeisterung über das Erzählte, seine eigenen, ehrlichen Fragen an den Unterrichtsstoff und sein fortwährendes Bemühen, sich ausschließlich dem Unterricht und den Schülern zu widmen. Für Stella sind die Deutschstunden Erholungsstunden, weil die Ohren dort kaum abgelenkt sind.

Allein Lebensfreude kann Stella nicht in sich finden.

Also entschließt sie sich, Lebensfreude zu suchen. Sie stellt sich die Frage, wo sie solche am besten finden könne, wo sie versteckt sei. Sie sucht den Alltag nach allen Richtungen ab, geht ihn kreuz und quer und hin und her immer wieder durch, belauscht die Minuten nach einem Funken Freude. Doch es ist nicht möglich, sie zu finden. Stella beginnt wieder, weite Spaziergänge zu unternehmen. Früher ist sie stundenlang gegangen, als sie mit dem Spiel mit der Zeit befasst war. Jetzt sucht sie nach Daseinslust, nach einem Beruf, nach ihrer Berufung, nach einer Zukunft.

Allein ihre Suche bleibt erfolglos.

Eines Tages denkt Stella wieder an ihren Baumfreund. Noch am selben Tag macht sie sich zu ihm auf den Weg. Diesmal weiß sie schon genau, wie sie den Kontakt aufnehmen kann, und schon nach kurzer Zeit ist sie in seinen Jahresringen, erlauscht sie vor und zurück und kreuz und quer, lauscht dem lauten Saftaufsteigen und -absteigen, lehnt sich gegen den Stamm, presst das Gesicht an die Rinde, verharrt lange Zeit in ihm.

Als sie sich wieder gelöst hat, fühlt sie sich besser und hat die Idee, sich jeden Abend vor dem Schlafengehen zu überlegen, was das Schönste am Tag gewesen ist. Bisher hat sie eher immer darüber nachgedacht, was das Scheußlichste am Tag gewesen war. Die neue Idee scheint ihr seltsam, aber schließlich hat ihr der Baumfreund dazu geraten, das ist für sie gewiss.

Noch am selben Abend fragt sie sich, was das Schönste an diesem Tag gewesen sei. Es fällt ihr nicht schwer, da sie dem Baumfreund begegnet ist. Es ist das erste Mal seit langer Zeit, dass sie wieder glücklich einschläft. Sie empfindet sogar Freude und Neugier auf den nächsten Tag. Diesen durchlebt sie überaus aufmerksam, um sich nichts Schönes entgehen zu lassen. Allein sie kann abends zunächst nichts finden. Schließlich hat sie keine Baumbegegnung gehabt. Als sie aber alles Geschehene an sich vorbeiziehen lässt, fällt ihr auf, dass sie Freude dabei empfunden hat, wie sie auf dem Heimweg von der Schule die ersten Knospen an den Bäumen entdeckt hat, von denen manche bereits aufgeplatzt waren und die ersten, hellgrünen Blättchen hervorsprießen ließen.

Im Laufe der Zeit wird sie fähig, so viele schöne Dinge im Tag zu finden, dass es schwerfällt zu entscheiden, was nun wirklich am schönsten gewesen ist. Es sind kaum die Dinge, die sie im äußeren, unmittelbaren Alltag erlebt, wie etwa eine neue Jacke oder eine Taschengelderhöhung. Die eigentlichen Freuden sind viel versteckter. Einmal ist es ein aufrichtiges Lächeln einer alten Dame im Bus, ein anderes Mal das Entdecken eines vierblättrigen Kleeblattes oder ein Sonnenuntergang.

Mit Hilfe dieser Übung gelingt es ihr, immer mehr Lebensfreude in sich zu erwecken, und sie ist in der Lage, sich durch den dunkelsten Alltag hindurchzuwinden. Jeden Abend sucht sie nach dem Licht im Tag und findet dieses, trotz aller Mühsal, Anstrengung und Einsamkeit. Mit großem Interesse lernt sie, jene Klänge zu erlauschen, die sie bisher nur unbewusst gehört hat. Es geschieht sogar nur noch selten, dass die Freudentöne von denjenigen der Einsamkeit oder Mühsal überdeckt werden. Stella nimmt dies zum Anlass, noch feiner und intensiver durch den Tag zu lauschen.

Schließlich stehen die Prüfungen an. Die Zeit, die wie ein riesiges, unüberwindliches Gebirge vor ihr thronte, liegt nun beinahe hinter ihr. Allein Stella merkt es nicht, denn bereits sieht sie neue, noch höhere Berge vor sich. Die Frage nach ihrer Zukunft, nach einem Arbeitsplatz, nach ihrer Berufung, lastet schwer auf ihr. Wieder einmal ist es ihr unbeugsamer Wille, immer weiterzugehen, zu klettern, zu klimmen, zu steigen, immer weiter bergauf, selbst wenn es ihr unendlich erscheint.

Mit dieser inneren Haltung gelingt es ihr, die Abschlussprüfungen zu bestehen.

Arbeitssuche

Nun gilt es endlich, einen passenden Platz im Leben zu finden. Ihre Eltern sind voller Sorge, weil sich Stella zu keiner

Ausbildung entschließen kann. Sie aber sucht nicht unmittelbar einen Beruf, sondern nach einem Ort, der für sie Universität sein kann, wo die Menschen ihre Lehrer sein können. In einer Zeitung findet sie eine Annonce, die ihr geeignet scheint, und sie schreibt eine Bewerbung. Nach einiger Zeit hält sie die Zusage für ihren zukünftigen Arbeitsplatz in Händen …

Erste Zeit im Job

Es ist ein schmuddeliger Kleinstadtbahnhof, den Stella im Vorfrühling ihres zwanzigsten Lebensjahres betritt. Heute ist ihr erster Arbeitstag. Sie schaut noch einmal zu den grauen Wolken auf, hinter denen sich die Sonne vorzukämpfen sucht, saugt die kalte Luft in ihre Lungen und betritt das Gebäude. Es riecht nach vielen Menschen, nach allen möglichen Menschen, nach Zügen, Koffern, Bratwürsten, und sie taucht in jenes rege Treiben unter, das einem Bahnhof eigen ist. Zielsicher sucht sie mit den Augen alle Schilder ab und findet leicht ihren Weg. Hier also ist ihr Arbeitspatz. Es ist sechs Uhr morgens, um sechs Uhr fünfzehn soll sie dort sein.

Im Vertrag steht, dass sie täglich acht Stunden zu arbeiten habe. Das Einkommen ist Stella ziemlich egal. Schließlich kann sie mit sehr wenig auskommen. Sie freut sich auf die vielen Menschen, die ihr begegnen werden. Die Arbeit selber ist ihr unwichtig, darüber macht sie sich keine Sorgen oder Gedanken. Allein auf die Menschen kommt es ihr an.

Es ist fünf nach sechs, sie steht vor ihrem Arbeitsplatz, einer offenen Tür mit breitem Türrahmen, hellblau lackiert. Innen sieht sie ein Tischchen mit Spitzentischtuch und einer alten Untertasse darauf. Davor steht eine dicke Frau in hellblauem Kittel mit schwarzem Kopftuch. Stella geht an der

Tür vorbei, sie hat noch zehn Minuten und möchte erst einmal aus der Entfernung beobachten, wie es zugeht. Ein Mann mittleren Alters geht auf die Tür zu, die Frau nickt zum Zeichen des Grußes, er geht weiter in das Innere des Ganges und verschwindet. Es dauert beinahe fünf Minuten, bis er wieder erscheint und ein wenig Münzgeld beim Herausgehen in die Schale legt. Die Frau bewegt sich in den Gang, aus dem der Mann herausgekommen ist, und nach einer Weile ist sie wieder da. Stella hört, dass sie hoffnungslos klingt, trostlos, kaum ein Rhythmus ist in ihren Bewegungen. – Ist es die Müdigkeit oder etwas anderes, fragt sie sich. Dann aber ist es genau sechs Uhr fünfzehn, und sie geht durch den hellblauen Türrahmen direkt auf die Frau zu.

«Guten Morgen, ich bin Frau Jansen, und heute ist mein erster Arbeitstag.» Die Frau lächelt über das müde Gesicht, streckt Stella die Hand hin und stellt sich als Frau Özdogan vor. Sie spricht sehr schlecht Deutsch, und Stella muss sich anstrengen, um zu verstehen, was sie sagt. Frau Özdogan führt sie in eine kleine Seitenkammer in jenem Flur, und Stella bekommt auch einen hellblauen Kittel. Er riecht nach Waschmittel, ist gestärkt und scheint in der Reinigung gewesen zu sein. Stella zieht ihn sich über. Dann lernt sie, wo sich die Toilettenpapierrollen befinden, die Putzlappen, die Handschuhe, das Desinfektionsmittel, das Bodenputzmittel, der Glasreiniger und so weiter. Es ist ihre Aufgabe, die Toiletten sauberzuhalten und darauf zu achten, dass kein Kunde sie länger als eine halbe Stunde nutzt. Außerdem ist sie verpflichtet, Geld zu wechseln, falls die Kunden kein Kleingeld passend haben. Der Chef selber würde im Laufe des Vormittags erscheinen und nach dem Rechten sehen. Als Frau Özdogan fertig ist, streift sie sich den Kittel ab, hängt ihn ordentlich in den Spind, holt ihren abgetragenen Mantel vom Kleiderbügel und ihre kleine Handtasche. Nun nimmt sie Stellas Hände in die ihren, sieht Stella in das verwunderte Gesicht und meint:

«Frau Jansen, so jung und solche Arbeit, warum, warum?» Stella ist verblüfft, weiß nicht, was sie erwidern soll, lächelt und lauscht in Frau Özdogans Hände. Dort ist jetzt deutlich ein schneller und beschwingter Rhythmus zu hören. Die ganze Frau ist eine andere ohne ihren Kittel, als habe sie eine große Last abgestreift. Stella verabschiedet sich höflich von Frau Özdogan und sieht sich nun allein mit ihrem kleinen Spindschlüssel, dem Toilettenschlüssel sowie dem Putzkammerschlüssel in ihrer Arbeit. Kaum hat sie durchgeatmet, kommt auch schon der erste Kunde, hat das Geld aber passend, so dass er nur an ihr vorübergeht, als sei sie Luft. Sie sieht in die Herrentoilette hinüber, welche Kabine er nutzt, damit sie diese danach reinigen kann. Es dauert nicht lange, und er kommt wieder heraus, sieht sie nicht. Stella geht in die Kabine, mit Handschuhen und Putzlappen. Kaum ist sie wieder draußen, kommt der Nächste, und auch in der Damentoilette wird es immer belebter.

Sie weiß nicht, wie spät es ist, weiß nicht, wie viele Stunden sie schon gearbeitet, wie oft sie schon eine Toilette gewischt hat, als ein Mann auf sie zukommt. Er ist so groß, dass sie beinahe erschrickt. Seine Stimme klingt kühl und überheblich:

«Frau Jansen, richtig?»

«Ja, guten Morgen, das ist richtig», meint Stella leise. Er geht an ihr vorbei in die Männertoilette und schaut in jede freie Kabine, danach in die der Damentoilette. Darauf wendet er sich wieder Stella zu:

«Gute Arbeit, Frau Jansen.» Er gibt Stella die Hand und schaut ihr dabei nicht ins Gesicht. Stella ist es so gewöhnt, auf die Menschen zu lauschen, die mit ihr sprechen, mit ihr in

Berührung kommen, dass es ganz wie von alleine geschieht. Dieser Mann hat einen dumpfen Rhythmus, beinahe bedrohlich. Außerdem hat seine Stimme einen Klang, der sie warnt. Er spricht so, als wollte er etwas anderes als «gute Arbeit» zu ihr sagen. Es klingt irgendwie unehrlich.

Stella aber hat kaum Zeit, darüber nachzudenken, denn schon muss sie wieder Kleingeld wechseln, hört gerade noch, dass der große Chefmann zu ihr sagt:

«Um zwölf können Sie eine Viertelstunde Pause machen; danach geht es weiter!»

Stella gibt zu verstehen, dass sie gehört hat, und wendet sich wieder ihrer Arbeit zu. Sie findet nicht die Ruhe, auf die Kunden zu lauschen, weil sie so sehr damit beschäftigt ist, alles richtig und gut zu machen. Dadurch entgeht es ihr, dass sie von manchen Kunden angestarrt, von einigen sogar wie zufällig berührt wird.

Einmal muss sie beinahe den gesamten Boden einer Herrentoilette aufwischen, weil ein Mann auf den Boden gepinkelt hat. Kurz fragt sie sich, ob er dies wohl absichtlich getan habe. Dann aber zieht sie sich noch ein Paar Einweghandschuhe über und putzt.

Endlich ist es zwölf Uhr. Sie geht zu ihrem Spind, holt sich ihre Brote heraus und die Thermoskanne, verlässt die Toilette und setzt sich eine Treppe höher in die kalte Luft auf eine Bank am Gleis. Die Sonne hat ihren Kampf gegen die Wolken bestanden und wärmt Stella leicht den Rücken. Sie ist müde und hungrig, freut sich an ihrem warmen Tee, sieht unablässig zum Himmel hinauf, als hätte eine lange Trennung stattgefunden. Der von Neonlicht beleuchtete Toilettenraum und die vielen Gerüche, die dort wogen, haben ihr Kopfschmerzen bereitet. Stella schließt die Augen, hält nun das Gesicht der Sonne entgegen und lauscht ihren zarten, wärmenden

Tönen. Es ist, als tröste sie die Sonne von dort oben, und sie fühlt sich leicht und fröhlich, als sie die Treppen wieder hinuntersteigt und genau fünfzehn Minuten später durch den hellblauen Türbogen geht.

Der Tag streicht mit Putzen, Geldwechseln, Putzen, Geldwechseln an ihr vorüber. Endlich sind ihre acht Stunden herum, und die Ablösung kommt, eine kleine, runzelige Frau mit tiefen Ringen unter den dunklen Augen. Sie ist schon älter, und als sie Stella ihre Runzelhand entgegenstreckt, erlauscht diese sofort, dass ihr Rhythmus müde und matt ist. Stella empfindet Mitleid, würde ihr gerne Arbeit abnehmen, aber ihr Kopf schmerzt so stark, dass sie beinahe nur noch einen klaren Gedanken fassen kann: Raus hier!

Gierig zieht sie die kühle Luft in sich hinein, atmet schnell, und es scheint ihr, als kehrten die Lebenskräfte in sie zurück. Rasch geht sie zu ihrem Fahrrad, schließt das Schloss auf und radelt eine Viertelstunde durch die kleine Stadt, bis sie zu einem alten Backsteinhaus kommt, das Fahrrad hinter das Haus in den Schuppen fährt und die Tür aufschließt. Oben unter dem Dach hat sie ein kleines Zimmer mit Dusche und Kochgelegenheit gemietet. Durch zwei Dachfenster flutet das spätnachmittägliche Sonnenlicht herein. Sie macht sich etwas Warmes zu essen, setzt sich aufs Bett, legt ein Handtuch unter den Teller und isst.

Stella hat das Bett so gestellt, dass sie direkt durch das Dachfenster in den Himmel und die Wolken sehen kann. Sie liebt es, in ihrem Bett zu liegen und das Trommeln des Regens zu hören. Stets erfindet sie viele Melodien zu der Regenmelodie und deren Rhythmen; manchmal sogar steht sie auf und tanzt zum Regen. Barfuß und mit leichten Schritten gleitet sie dann über den Boden, wiegt sich in dem erlauschten Rhythmus, tanzt regenwärts, setzt die Schritte rasch im Abaufwärts, legt Nässefedern in die Bewegungen, rinnt an sich selber herunter, will Regenbogen werden …

Stella ist glücklich. Sie fühlt sich wohl in ihrem neuen Zuhause, ist stolz auf ihre Arbeit, auf ihr eigenes Leben. Auch wenn die Arbeit schwer ist, kann sie vielleicht doch vieles über die Menschen lernen, wenn sie erst einmal eingearbeitet ist. Schließlich ist das der Grund, warum sie diesen Job angenommen hat. Sie wollte unbedingt an einem Ort arbeiten, wo viele Menschen aus allen Schichten und Altersgruppen hinkommen. Auf diese Weise, so erhofft sich Stella, würde sie mehr über die Menschen und damit auch über ihr eigenes Leben erfahren und erlauschen. Denn noch immer ist ihre Andersartigkeit ein großes Rätsel für sie, etwas, was sie von den anderen Menschen trennt, was sie eine tiefe Kluft zwischen sich und ihnen spüren lässt.

Außer Jonah hatten sie alle für dumm erklärt, dass sie ausgezogen ist und arbeitet, anstatt eine Ausbildung anzufangen. Es mag sein, dass diese Art von Plänen nicht das Richtige ist für die Mehrzahl der Menschen, aber für Stella gibt es keinen Beruf, keine Ausbildung, die sie hätte machen wollen oder können. Oft hat sie daran gedacht, Ärztin oder Germanistin zu werden, aber dazu haben ihre schulischen Leistungen nicht ausgereicht. Nun würde sie zunächst arbeiten, bis sie etwas mit sich weitergekommen wäre … Arbeiten an einem Ort, der ihre Universität ist, wo die unterschiedlichsten Menschen ihre Lehrer sind.

Sehnsucht nach draußen

Die nächste Woche vergeht hauptsächlich damit, dass Stella sich sehr genau einprägt, wie was zu machen ist. Sie übt sich so in den einzelnen Handgriffen, dass bald alles klappt, ohne dass sie nachdenken muss. Das ist ihr Ziel gewesen. Denn jetzt kann sie mit dem Lauschen beginnen. Mit Kittel, Gerüchen, Glasreiniger und Bodenputzmittel, Einweghandschuhen und Desinfektionsmittel kommt sie bald so sicher und gut zurecht wie mit jeder anderen alltäglichen Verrichtung. Eine Woche hat sie sich Zeit genommen, um mit den äußerlichen Arbeitsverhältnissen leben zu lernen. In dieser Zeit hat sie die Ohren verschlossen gehalten; die sollten später drankommen.

Jetzt gibt es nur noch eine Schwierigkeit: das Arbeiten ohne Tageslicht. Fortwährend fühlt sie eine stete Sehnsucht, nach draußen zu gehen, um frische Luft zu schöpfen, oder dem Wind, dem Sonnenschein, dem Regen zu lauschen. Sie hat auch keine Idee, wie sie ein Stück Natur hier herein bringen könnte. Aber mit jener steten Sehnsucht würde sie sich nicht voll und ganz auf ihr Gehör konzentrieren können. Sie versucht sich abzulenken, indem sie nicht mehr daran denken will, wie es draußen gerade ist. Allein es gelingt nicht.

Endlich kommt sie auf die Idee, dass sie ja morgens ein wenig früher aufstehen könnte, um den Himmel genau zu betrachten und sich danach vorzustellen, wie das Wetter viereinhalb Stunden später aussehen würde: welche Wolkenformen sich am Himmel zeigen, ob die Sonne zu sehen, wie groß ungefähr die Windgeschwindigkeit ist und so weiter. Gedacht, getan. Sie stellt den Wecker nun auf fünf Uhr früh.

In der zweiten Woche macht sie sich zur Aufgabe, diese stille Sehnsucht nach draußen zu bändigen. Schnell steht sie auf, macht sich ihr Frühstück, kocht Tee für die Arbeitspause, kleidet sich an und geht zu ihrem Fahrrad. Auf dem Weg zum Bahnhof kommt sie stets an einer weiten Straßenkreuzung vorüber. Hier will sie sich den Himmel ansehen, hat sie sich ausgedacht.

Heute ist es kalt und klar, noch ist es Nacht, und viele Sterne stehen am Himmel. Sie hebt die Hand ins Dunkel empor, um den Wind und dessen Richtung zu fühlen, schließt die Augen und lauscht in die Nacht. Glücklicherweise ist nicht viel Verkehr um diese Zeit, und sie kann in die Stille hineinlauschen. Es ist leise, und doch hört sie bald jenes bewegte, feine Singen, das sie erahnen lässt, dass Wind aufkommen könnte. Ein paar dünne Wolkenschleier ziehen von Nordwest nach Südost; das bedeutet meist im Tagesverlauf noch mehr Wolken oder gar Regen. Sie beschließt für sich, dass sie am Mittag einen wolkenverhangenen Himmel vorfinden und es später einen leichten Sprühregen geben werde. Der aufkommende Wind würde stärker werden. Noch einmal sieht sie in den Himmel, atmet mehrere Male tief durch und steigt dann wieder auf ihr Rad.

Stella kann sich an jenem Montag besser auf ihre Arbeit konzentrieren, und die Sehnsucht nach draußen weicht eher einer Neugierde, die sie aber bald zu bändigen weiß.

Sie hat mit ihrer Wetterprognose recht behalten. Das Wolkenbild hat sich verdichtet und mit stiller Befriedigung lächelt sie in sich hinein. Von diesem Tag an beobachtet sie das Wetter genau, und jeden Tag bekommt sie die Bestätigung oder Korrektur für ihre stillen Vorhersagen.

Stella öffnet die Ohren

In jener zweiten Woche gibt es aber noch ein weiteres Hindernis, das es ihr verunmöglicht, sich ungestört ihrem Gehör hinzugeben. Immer wieder geschieht es, dass sie von männlichen Kunden angestarrt wird. Es ist sogar schon vorgekommen, dass sie ein Fremder angefasst hat, was ihr mehr als unangenehm war.

Nun sinnt sie darüber nach, wie sie dem entgegenwirken könnte. Dabei fällt ihr ein, dass ihre Vorarbeiterinnen und Nacharbeiterinnen jeweils dunkle Kopftücher tragen. So beschließt auch Stella, am nächsten Morgen mit Kopftuch zur Arbeit zu gehen. Allerdings bindet sie es am Hinterkopf zusammen, um die Ohren frei zu lassen. Außerdem bemüht sie sich, hochgeschlossene Pullover zu tragen, um nicht aufreizend zu wirken. Im Übrigen nimmt sie sich vor zu lernen, mehr auf der Hut zu sein und problematische Kunden rechtzeitig zu erlauschen.

Am Ende ihrer zweiten Arbeitswoche hat sie die «Draußen-Sehnsucht» abgelegt, fühlt sich mit Kopftuch und Rollkragenpullover sicherer, meistert die praktische Arbeit wie im Schlaf und kann sich jetzt endlich dem Hören zuwenden.

An diesem Wochenende fährt sie mit dem Fahrrad ein gutes Stück vor die Stadt. Dort liegen die Felder noch im Winterschlaf. Es ist kalt, und der Boden ist hart von den vorangegangenen Frostnächten. Sie liebt die Weite der Landschaft, die Stille, die über dem Land liegt mit den wenigen Ortschaften, die es hier draußen gibt. Der Himmel dehnt sich frei über ihr, was sie besonders zu schätzen weiß, da sie ja unter der Woche seinen Anblick bei der Arbeit entbehren muss. In den vergangenen zwei Wochen hat sie ihr Gehör weitgehend verschlossen gehalten. Jetzt beschließt sie, es wieder zu entfalten und zu gebrauchen.

Sie öffnet die Ohren, nachdem sie das Fahrrad an den Feldrand gestellt hat und nun in die Landschaft hineinläuft. Anders als früher, da die Geräusche und Töne einfach von allen Seiten auf sie eingedrungen sind, setzt sie die Ohren jetzt gezielt ein. Für diesen frühen Samstagvormittag hat sie sich den Horizont vorgenommen. Er zeichnet sich in der klaren Luft als deutliche, teils wellige Linie ab, die nur von wenigen

Häusern und einem Kirchturm unterbrochen wird. Zunächst läuft Stella nach Westen, damit sie von der immer höher steigenden Sonne nicht geblendet wird.

Schnell ist sie von dem reinen Grundton des Horizonts fasziniert. Sie erlauscht ihn immer deutlicher, bis der Ton überall in ihr und um sie herum erklingt. Ein Glücksgefühl durchströmt sie, wie sie den Blick immer wieder über das «Ende» jener Feldflächen gleiten lässt und jede Unebenheit, jeder noch so sanfte Hügel eine zusätzliche Melodie über jenen Grundton legt.

Immer deutlicher wird der morgendliche Horizontklang, und sie sieht sich nach zwei Stunden in der Lage, die Augen zu schließen und die gesamte westliche Horizontlinie in sich auswendig zu hören. Nun sieht sie über die Landschaft, wo wenige weiße Wolken ziehen, deren Bewegungen die Liniengrundstimmung ständig verwandeln und umspielen. Im weiteren Verlauf des Vormittags lässt sie die Klänge von Vögeln, schlafenden Pflanzen, den wenigen Bäumen und Büschen hinzuwachsen. In immer stärker werdender Intensität breitet sich die gesamte Landschaft vor ihrem Gehör aus. Hunger und Müdigkeit sind es, die sie schließlich davon abhalten, sich jener Sinfonie noch länger hinzugeben.

Erfüllt und glücklich kehrt sie in ihr Zimmer zurück und legt sich auf das Bett, nachdem sie sich etwas zu essen zubereitet hat. Dort schließt sie die Augen und lässt die eben studierte Landschaft noch einmal vor ihrem inneren Ohr erklingen.

Stella macht an den Wochenenden oft solche Ausflüge, um ihr Gehör noch stärker zu sensibilisieren. Dank der Natur ist es ihr möglich, sich auch zu korrigieren, wenn sie eine Landschaft auswendig gelernt hat, indem sie sich die Formen und Linien erneut ansieht. Es ist nicht nur ein Auswendiglernen der Landschaft, sondern auch ein starkes Erleben der Stimmungen darin, die sie beinahe an menschliche Klänge erinnern. Kurz: Stella beginnt systematisch zu forschen, was sich mit ihrem Gehör noch alles anstellen lässt.

Mondlinienstille

Wie so oft steht Stella früh auf, hält an der Kreuzung inne, schlüpft später in den hellblauen Kittel, zieht das Kopftuch über und erwartet ihre Kunden. Zunächst beschließt sie, sich dem Problem der Männer zu widmen, die sie, trotz der strengeren Kleidung, immer noch manchmal anstarren und anzufassen versuchen. Also wendet sie ihre Aufmerksamkeit vermehrt den Männern zu. Jeder männliche Kunde wird zunächst von ihr genau betrachtet, worauf sich sogleich eine Klangfarbe vor ihrem Gehör ausbreitet. Zunächst kann sie nur das Übliche feststellen. Jeder hat eben einen anderen Klang, einen anderen Rhythmus. Wo nur ist jenes aufdringliche Starren zu hören?

Es ist schon nach elf Uhr, als ein Herr hereinkommt, der sehr groß, schlank und überaus vornehm gekleidet ist. Sein Klangvolumen unterscheidet sich ein wenig dadurch von den anderen, dass es nicht besonders harmonisch ist; in jeder Bewegung, sogar in den Fingern erlauscht sie Klänge, die Dissonanzen gleichen. In jeder Faser seiner Person schwingen Gespanntheiten mit. Stella lauscht so interessiert und hingebungsvoll nach diesem Mann, dass sie nicht hört, wie er sie bittet, sein Geld zu wechseln. Dabei geht er so dicht an Stella heran, dass sie beinahe betäubt ist von den unvollendeten Harmonien seines Körpers und dem raschen, ungeduldigen Rhythmus. Erst als er sie an der Schulter anfasst, schreckt sie zusammen, holt die Ohren rasch zurück, wechselt das Geld und fühlt, wie er sie dabei anstarrt. Als er in einer Kabine verschwindet, fragt sie sich aufgeregt, ob dies vielleicht jener Klang sein könnte, auf den es ihr ankommt. Es gilt nun, den Nächsten, der sich so anhört, genau zu beobachten, ohne allerdings die Ohren ganz fahren zu lassen, damit sie erfährt, ob er zu jener Sorte Mensch dazugehört.

Es dauert lange, bis der Herr wieder aus der Toilettenkabine tritt. Sie nennt ihn bei sich Herr Lang, da er so groß und dünn ist. Noch einmal lauscht sie genau hin und muss verblüfft feststellen, dass sich die Dissonanzen nun aufgelöst haben. Sowohl seine Bewegungen als auch jede Faser seines gepflegten Körpers hören sich jetzt stiller an. Herr Lang hat sich in doch recht kurzer Zeit von einem unharmonischen Klang in eine Art Stille verwandelt. Doch es ist nicht nur Stille, nicht eine Stille, die sie bereits kennt. Mondlinienstille nennt sie jene feinen, leisen, erlauschten Klänge bei sich.

Herr Lang nickt ihr zum Abschied kurz zu, während sie staunend dasteht und sich das eben erlauschte Wunder gerade zu erklären versucht. Um sicher zu sein, dass sie die richtige Erklärung gefunden hat, bewegt sie sich rasch in die leer gewordene Kabine, um sie zu reinigen. Allerdings kann sie keine Spuren ihrer Vermutung finden, was sie letztendlich auch nicht wundert, da Herr Lang doch ein sehr korrekter Mensch gewesen ist.

An jenem Tag versäumt sie zum ersten Mal seit Arbeitsantritt ihre Mittagspause. Gespannt lauscht sie allen weiteren, männlichen Kunden entgegen und findet noch weitere, die in Dissonanz die Kabine betreten und wenig später meist in Mondlinienstille herauskommen.

Stella denkt viel darüber nach und beschließt dann, sich mit dem Erlauschen jener Mondlinienstille zu begnügen. Sie kann hören, in welcher Stimmung ein Kunde kommt, und gewinnt dadurch die Freiheit, sich auch außerhalb seines Klangfeldes aufzuhalten. Also braucht sie sich hierüber nicht mehr zu sorgen.

Frau Dunkel

Stella kann sich nun freier bewegen. Selbst die Herr Langs können ihr nichts mehr anhaben, ihre Konzentration auf das Lauschen nicht schmälern. Sie beschließt, sich nun Menschen zuzuwenden, die ihr in irgendeiner Weise auffallen, die laut sind, anders, ungewöhnlich.

Eines Morgens, als sie mit dem Fahrrad durch Schneegestöber zum Bahnhof gefahren ist, betritt ein solcher Mensch ihren Arbeitsplatz. Die Frau ist nicht alt, vielleicht um die vierzig, aber ihre Haltung entspricht eher einer Achtzigjährigen. Der Rücken gebeugt, die Finger lang, muskulös und etwas gekrümmt. Sie trägt eine graue Mütze und einen abgetragenen Mantel. Ihre Augen sind dunkel, von tiefen Ringen gesäumt. Die feine Nase und der beinahe lippenlose Mund geben ihr ein nahezu gespenstisches Aussehen. Der Gang ist so müde und schleppend, als müsse sie sich mühsam vorantragen. Ja, die gesamte Gestalt dieser Frau ist dürr und abgearbeitet.

Stella ist tief bewegt. Sofort schickt sie ihre Ohren zu dieser Frau, die sie schnell Frau Dunkel nennt. Ihr Klang ist so traurig, so nach abwärts gerichtet, als würde er nie unten ankommen, als würde er immer weiter und tiefer abwärts sinken. Stella kann sich nicht erinnern, jemals so tiefe Töne gehört zu haben. Sicher wäre kein Instrument der Erde in der Lage, solche Art von Klängen hervorzubringen. Allein sie lauscht den Tönen von Frau Dunkel. Neben dem Abwärtsgleiten ihrer Klänge hört sie den Rhythmus, der so langsam ist, dass es über Stellas Vorstellung hinausgeht, wie man überhaupt damit leben kann.

Frau Dunkel merkt, dass Stella sie ansieht und schaut beschämt zur Seite. Dann aber, als Stella sagt: «Brauchen Sie Wechselgeld?», sieht sie auf und blickt direkt in Stellas erschrockenes Gesicht. Diese hört nämlich nun die Stimme von Frau Dunkel. Stella verschlägt es den Atem; so viel tiefsten Kummer findet sie hier in einem Menschen angesammelt! Wie kann jemand mit solch einer Stimme noch leben? Einer Stimme, die wund klingt, die eingesperrt ist, die niemals Licht gesehen, die das Leid der Welt in sich aufgesogen hat. Sie hört sich nicht tonlos an, nur so unendlich, in irgendeiner Weise endlos – Stella hat versäumt, die Antwort auf ihre Frage zu hören, und Röte steigt ihr ins Gesicht.

«Entschuldigen Sie bitte», meint sie verlegen, «ich habe Ihre Antwort nicht verstanden.» Verwundert sieht Frau Dunkel erneut auf und meint:

«Ja, bitte, könnten Sie mir dieses Geldstück wechseln?»

«Ja, natürlich!» Stella wechselt schnell das Geld, und Frau Dunkel verschwindet in einer Kabine. Stella steht noch an derselben Stelle, sieht auf ihre Hand, ohne es zu merken, und lauscht den Bewegungen Frau Dunkels hinterher. – Dann gibt sie sich einen Ruck, löst sich aus dem Lauschen und geht ihrer Arbeit nach, ohne jedoch die verschlossene Kabine aus den Augen zu lassen. Wie gerne hätte sie nun eine Melodie angestimmt, die das Dunkel und das Abwärts zu Helligkeit und Aufwärts hin bewegt hätte. Stella fühlt in sich das Leid der Frau Dunkel, fühlt in sich das Herabsinken, fühlt diesen Dunkelrhythmus. Sie empfindet tiefes Mitleid.

Die unbewusste Suche nach einer Lösung dieser Klänge, nach Linderung des Dunkels in ihr wird lebendig. Wie von tief innen keimt die Idee auf, durch Gesang dieses Leid zu lindern. Sie müsste das gesamte Dunkel in ihre menschliche Stimmlage übersetzen, um es dann in ein Aufwärts, in Helligkeit zu tauchen, aufzulösen.

Allein so sehr sie sich auch bemüht, in sich nach singbaren Klängen sucht, in sich nach den richtigen Tönen wühlt, sie bringt keinen Laut hervor.

Nach einiger Zeit öffnet sich die Tür wieder, und Frau Dunkel tritt heraus, um ihre jung-alten Hände zu waschen. Gebückt steht sie über dem Waschbecken, lässt das kalte Wasser über die Hände laufen, nimmt ein wenig Seife. Die Hände bleiben ein bisschen länger unter dem Wasser, als nötig gewesen wäre. Stella scheint es, als täte es Frau Dunkel gut, die Hände unter das fließende Wasser zu halten. Nun würde sie bald den Raum verlassen, ohne dass Stella das Geheimnis in ihr ergründet hätte. Das sollte nicht geschehen. Daher überlegt Stella fieberhaft, was sie anstellen könnte, um sie noch zurückzuhalten. Wie zufällig steht sie dann direkt im Weg, als Frau Dunkel die Toilette verlassen möchte.

«Entschuldigung, ist Ihnen nicht gut?», fragt sie schnell und ein wenig unsicher.

«Doch, natürlich, es ist alles in Ordnung!», sagt Frau Dunkel mit der Dunkelstimme in ihr und geht hinaus.

Wieder ist Stella fassungslos über diese Stimme, und sie beschließt sofort, sich diese Klänge so genau wie möglich zu merken. Es ist dasselbe Merken, wie bei den Linien der Landschaft und deren Klängen. Jetzt prägt sie sich die Gestalt der Frau Dunkel mit ihren Tönen genau ein. Wie gut, dass sie immer wieder geübt hat, sich die erlauschten Dinge zu merken, auswendig zu lernen. Jetzt würde sie damit beginnen können, diese Töne in die menschliche Stimmlage zu übersetzen. Sie durfte sicher nicht erwarten, dass Frau Dunkel noch einmal käme, aber vielleicht würde sie eines Tages Menschen treffen, die sich tatsächlich ähnlich anhörten, und dann könnte sie die Aufwärtsmelodie singen, falls es ihr gelänge, diese zu finden. Das nimmt sie sich für das kommende Wochenende vor.

Wieder fährt sie mit dem Fahrrad langsam durch die verschneite Landschaft. Es ist ungewöhnlich kalt für den Märzbeginn. Doch die Kälte macht ihr nichts aus. Eingepackt in Mütze, Schal und warme Jacke, sogar zwei Paar Hosen übereinander und feste Stiefel, friert sie nicht. Diesmal möchte sie zu einer entfernt gelegenen Geröllhalde radeln, die sie einmal im Vorüberfahren entdeckt hat.

Nachdem das Fahrrad abgestellt ist, geht sie langsam über die Geröllhalde, bleibt stehen und lauscht in die Steine, legt die Ohren in die Steine, fühlt ihre Schwere und Dunkelheit. Stella erhört eine Ähnlichkeit in den Steinen mit dem Dunkel der Frau Dunkel, erlauscht in jedem Stein ein kleines Stückchen Dunkel. Während sie kreuz und quer und mitten durch die Steine lauscht, erkennt sie in ihnen viel mehr als nur Dunkelheit. Zunächst bemüht sie sich aber, ihr Augenmerk nur auf das Dunkel in ihnen zu richten.

Der Vorteil an den Steinen ist, dass sie nicht als gesamte Geröllhalde im Inneren der Frau Dunkel ruhen, sondern einzeln zu bewegen sind. Alsbald macht sich Stella an die Arbeit, hebt Stein für Stein auf, lässt ihn wieder fallen und hört genau auf jenen Fallklang, auf das Heruntersausen durch die Luft bis zum Aufschlag. Es ist noch nicht befriedigend. Das Fallen ist zu niedrig, zu kurz. Deshalb probiert sie, jenes gesuchte Geräusch zu erzeugen, indem sie die Steine zunächst hoch in die Luft schleudert und dann das Herunterfallen erlauscht. Jetzt geht es besser. Wenn ein Stein gefallen ist, versucht sie jenen Fallklang mit ihrer Stimme nachzuahmen. Sie findet ihre Versuche schauderhaft und ist mit ihrer Aktion nicht zufrieden.

Schließlich fährt sie nach Hause, weil sie so erschöpft und durchgeschwitzt ist. Allerdings beschließt sie, es am Sonntag wieder zu versuchen, weil sie daran glaubt, dass dies die richtige Übung ist, um jene gesuchte Melodie zu erlernen.

Obwohl sich Stella am nächsten Morgen vor Muskelkater kaum aus dem Bett bewegen kann, macht sie sich wieder auf den Weg zur Geröllhalde, nimmt sich warmen Tee und etwas zu essen mit. Bald wirft sie den ersten Stein, singt einen Ton, den zweiten Stein, einen Ton, den dritten, vierten. Da sie mit ihrer Stimme nicht so weit nach unten kommt, wie es nötig gewesen wäre, versucht sie das Unten als Gefühl in ihre Stimme hineinzulegen. Es gelingt ansatzweise. Sie weiß, dass sie noch oft in die Geröllhalde muss, um den Dunkel-Klang zu üben, aber sie ist zuversichtlich, dass sie es lernen kann.

Herr Sänger

Es ist ein Tag wie viele andere: Aufstehen, frühstücken, sich fertig machen, aufs Rad steigen, an der Kreuzung innehalten. Heute kann sie sich zunächst nicht entschließen, was für eine Wetterprognose sie für den Mittag stellen soll. Es scheint recht ruhig zu sein, aber es gibt Wolkenfetzen, die im Licht der aufkommenden Dämmerung schnell am Himmel dahinfegen. Bei genauerem Hinsehen erkennt sie, dass die Wolken verschiedene Formen haben. Die einen sind flach und langgezogen, andere wiederum geballt und wattig.

Viel Zeit bleibt Stella nicht, aber sie kann der Versuchung nicht widerstehen, rasch einmal dort hinauf zu lauschen, um die Lage besser erforschen zu können. Also schickt sie ihre Ohren kurzerhand in die Wolkenwatteballen und in die

Langwolken. Sie unterscheiden sich außerordentlich durch Klang und Rhythmus. Die langgezogenen Wolken hören sich lauter und gewaltiger an als die wattigen, obwohl sie viel harmloser aussehen. Also werden diese Wolken im Laufe der nächsten Stunden noch einiges bringen. Außerdem wandern sie in eine andere Richtung als die geballten. Es müssen mehrere Luftschichten übereinander liegen, die sich in unterschiedlichen Geschwindigkeiten und Richtungen bewegen. Dies denkt Stella nicht; sie erlauscht es und weiß es intuitiv. Jene Intuition lässt sie im Nu Sturmböen mit Graupelschauern vorausfühlen.

Sie kommt ein wenig zu spät in der Bahnhofstoilette an, und Evrim, die sie ablösen soll, hält bereits Ausschau nach ihr. Ein müdes Lächeln breitet sich über ihrem schmalen, alten Gesicht aus, als sie Stella kommen sieht. Sie geben sich die Hand; Stella bemüht sich zu lauschen, zieht rasch Kittel und Kopftuch an, denn um diese Zeit beginnt das muntere Treiben im Bahnhof. Evrim hat gute Arbeit geleistet, und Stella findet die Toiletten allesamt in einem sehr guten Zustand vor. Wie üblich streift sie sich Handschuhe über, wischt über Klobrillen, bückt sich, um Böden zu putzen, wechselt Müllbeutel und weiß nun sogar, wie man eine verstopfte Toilette wieder zum Funktionieren bringt. Kunden kommen und gehen. Geld wechseln, lauschen, ein Lied summen, wischen, spülen, lauschen, den neuen Kunden kommen hören, erlauschen, nachwischen … So vergeht einige Zeit, bis ein recht kleiner Mann in beschwingtem Gang auf die Toilette zusteuert. Er fällt sofort durch sein fröhliches und offenes Gesicht auf. Die dunklen und gewellten Haare liegen dicht und eng um den Kopf, und es ist wohl die große Nase, die das Gesicht beherrscht. Augen und Mund gruppieren sich bescheiden darum herum. Es ist beinahe so, als wolle der kleine Mund die Nase noch beschönigen, weil ein fortwährendes Lächeln auf ihm liegt.

Sofort erlauscht Stella einen raschen und beschwingten Rhythmus und freut sich, dass er nun auf sie zukommt, nachdem er gemerkt hat, dass ihm Kleingeld fehlt. Sie nestelt umständlich in ihren Kitteltaschen, räumt den Schlüsselbund von einer zur anderen Seite, nur um noch ein wenig länger seinen so wohlwollenden, menschlich warm tönenden Klängen zu lauschen. Erst als sie hört, wie er ungeduldig wird, gibt sie ihm sofort das Geld, beobachtet genau, welche Kabine er wählt. Alsbald jedoch wird sie erneut abgelenkt, versucht aber, die Ohren bei ihm zu lassen. Dadurch entgeht es ihr nicht, dass er zu singen anfängt. Sie hält den Atem an. Es ist das erste Mal, seit sie hier arbeitet, dass jemand wirklich singt. Sie versteht zwar die Worte nicht, hört aber sofort, dass dieser Mensch über eine ausgebildete Stimme verfügt. Er singt für einen Mann recht hoch, also muss es ein Tenor sein. Bald hat sie sich wieder gefunden, kommt wieder zu Atem, kann nicht anders, muss hinüber zur Männertoilette eilen. Dort blickt sie sich um und verschwindet rasch samt Putzlappen in der Nebenkabine des Sängers.

Es liegt so viel Klarheit in seiner Stimme, so viel Wohlwollen, aber auch eine leise Melancholie. Es ist jene Melancholie, die sie inzwischen in beinahe jeder Stimme zu erlauschen weiß. Es ist ein Klang, der aus dem Leben eines Menschen berichtet und zusammen mit dessen Rhythmus einen tiefen Einblick freigibt. Dennoch tönt jede Melancholie anders. Hier ist es, als trauere der Mann neben aller Heiterkeit um irgendetwas. Sofort steigen in Stella einige Melodien auf, die sie gerne zu seinem Gesang hinzugefügt hätte. Aber eine Frau singt nicht in einer Männertoilette. Eine Putzfrau darf wohl vor sich hinsummen, aber richtig singen in der Nebenkabine wäre zu gewagt gewesen. Blitzschnell entschließt sie sich, jene Dunkelklänge, die sie erst neulich im Steinbruch erübt hat, anzuwenden. Damit würde sie seine Melancholie lindern, verändern, aufheben, und er könnte nicht mit Gewissheit sagen, ob ein Mann oder eine Frau singt.

Stellas Herz klopft vor Erregung. Sie ist kaum in der Lage, seinen Rhythmus genau zu erlauschen, da der ihrige zu gewaltig ist. Eine so unbändige Freude der Zweisamkeit macht sich in ihr breit, dass sie noch einen kurzen Moment braucht, um sich zu fassen. Dann aber stimmt sie ein, singt eine dunkle, klare Melodie in seinem Rhythmus zu seinem Lied. Die andere Stimme verstummt, Stella singt weiter, legt das Dunkel in ihre Stimme, als Gefühl, so wie sie es erübt hat. Dann hellt sie es ein wenig auf, wartet auf seinen Einsatz, retardiert kurz den Rhythmus – und er setzt ein. Seine Melodie ist jetzt hoch, freundlich, klar, und sie setzt wieder dunkler an, hellt sich auf, steigert den Rhythmus unmerklich, bis sie fast bei ihm angelangt ist, sinkt dann wieder ab, wird leise … Er singt auch leiser, sucht leise nach ihrer Stimme, die nun beinahe verschwindet. Noch einmal lässt Stella das Lied aufleben, erhellen, singt so lange, bis sein Rhythmus immer mehr die Melancholie besiegt und stärker wird. Sofort hört sie, dass er neugierig auf die andere Stimme ist. Deshalb schließt sie die Tür leise auf, geht auf Zehenspitzen einige rasche Schritte beiseite und bückt sich mit dem Putzlappen auf den Boden.

Es dauert nur einen Moment, bis er seine Tür öffnet, und aus den Augenwinkeln beobachtet Stella, dass er einen kurzen Blick durch die Tür der Nachbarzelle wirft, die jetzt natürlich leer ist. Er sieht so nachdenklich aus, dass Stella beinahe ein schlechtes Gewissen bekommt. Bevor er noch an ihr vorbeigeht, huscht sie in den Waschraum, um während seines Händewaschens zu erlauschen, wie ausgeglichen, fröhlich und beglückt er sich nun anhört. Ständig sieht er sich nach allen Leuten im Waschraum um, weil er unbedingt erfahren will, wer der Sänger war. Aber dieser will sich ihm nicht zeigen. War Herr Sänger – wie Stella ihn bereits getauft hat – vorher schon guter Dinge gewesen, so kennt seine Euphorie jetzt keine Grenzen mehr. Nach dem Händewaschen geht er laut singend, ja sogar ein wenig hüpfend, in seinem gestärkten Rhythmus nach draußen.

Als er weg ist, wird Stella still und nachdenklich. Sie lässt die Ohren bei sich, möchte nicht weiter lauschen, denn in ihr macht sich etwas Merkwürdiges breit: Einsamkeit. Es ist sehr lange her, dass sie sich richtig einsam gefühlt hat, und nun, inmitten der Arbeit hier an diesem Universitäts-Ort, zwischen diesen ganzen Menschenlehrern, macht sich Einsamkeit in ihr breit und sie lässt es bereitwillig zu.

Am Wochenende könnte sie wieder zu jenem Geröllfeld fahren, natürlich in aller Frühe, wenn noch keine Spaziergänger unterwegs sind. Im Winter sind keine gekommen, jetzt aber würde sie nicht mehr so ungestört arbeiten können. Jetzt könnte sie wieder hingehen und Einsamkeit in ihrer Stimme üben. Schließlich hat sie diese, ebenso wie die Melancholie, schon bei so vielen Kunden erlauscht. Es würde eine große Bereicherung sein, sie mit in ihr Repertoire an Ausdruck aufzunehmen. Vielleicht würde sie eines Tages die Einsamkeit in den Menschen auflösen, erlösen, ablösen, entlösen können –

Trotz ihres Entschlusses, die Einsamkeit zu erlernen, wird das Gefühl nicht erträglicher in ihr. Stella ist traurig, und als sie zu ihrer Mittagspause nach oben geht, sucht sie sich diesmal einen Platz weit hinten am Gleis unter dem freien Himmel, wo sie von Graupelschauern umwölkt ist und still vor sich hin weint.

An einem anderen Tag ist Stella gerade damit beschäftigt, im Eingangsbereich Geld zu wechseln, als sie von etwas in der Bahnhofshalle abgelenkt wird. Von ihrem Standpunkt aus kann sie direkt in das Bahnhofstreiben blicken. In dem Gewühl erkennt sie schnell eine kleine Person, die hastig und beinahe stolpernd auf die Toilette zugerannt kommt. Stella denkt im ersten Moment, sie werde verfolgt, merkt aber bald, dass die Hast in dieser Person selber liegt.

Es handelt sich um ein Mädchen, dessen Alter schwer zu schätzen ist; vielleicht ist sie fünfzehn, höchstens aber achtzehn Jahre alt. Ihr Kopf ist auf der einen Seite kahl rasiert, auf der anderen Seite hängen die Haare wie Filzzotteln bis auf die Schulter herunter. Sie ist mager und wirkt in den riesigen schwarzen Schuhen noch kleiner. Als sie an Stella vorbei gehastet ist, nestelt sie fieberhaft in ihren Taschen nach Kleingeld, aber offensichtlich hat sie keines. Sie findet nicht einmal einen Cent. Verzweifelt blickt sie sich um. Stella hat schon längst gehört, dass sich das Mädchen in großer Not befindet. Sie weiß, dass sie nicht wirklich die Toilette aufsuchen will. Es ist etwas anderes. Eine unglaubliche Angst haftet an ihr. Stella kann förmlich ihr Zittern an der eigenen Haut fühlen, so gewaltig ist es.

Langsam geht Stella auf sie zu, nestelt in ihrer Tasche und schließt dem Mädchen eine Kabine auf. Diese hat nicht einmal die Zeit, sich zu bedanken, reißt die Tür auf, huscht hinein, und Stella hört, wie die Tür von innen verschlossen wird. Es ist in jenem Moment nicht viel Kundschaft da, und Stella schließt sich in die Nebenkabine ein, weil sie den Eindruck hat, dass das Mädchen in größter Not ist und vielleicht Hilfe braucht.

Mit angehaltenem Atem lauscht sie zu dem Mädchen hinüber, hört ihre Angst, fühlt ihr Zittern, lauscht nach dem unaufhörlichen Rascheln, dem zerbrochenen Rhythmus und hastigen Atem. Dann ist plötzlich Ruhe, als wäre niemand in der Kabine. Stella lauscht angestrengt und vernimmt durch die dünne Wand hindurch den grauen Klang von Todessehnsucht. Stellas Herz beginnt zu klopfen. Was kann sie tun? Leise klopft sie an die Zwischenwand. «Ist Ihnen nicht gut?», fragt sie vorsichtig. Es kommt keine Antwort. Wieder vergeht Zeit. Stella müsste schon längst wieder im Eingangsbereich sein, rührt sich aber nicht von der Stelle, weil sie nebenan eine Art Angststille erlauscht. Verzweifelt versucht sie es noch einmal. «Bitte machen Sie die Tür auf, Sie brauchen Hilfe!» Wieder keine Antwort, wieder lauscht Stella hinüber. Was sie hört, ist unverändert. Stella weiß keinen Rat mehr und beginnt leise zu singen. Sie wählt eine Melodie, die zunächst dumpf und teilnahmslos, ja grau klingt. Dann lässt sie die Töne langsam anschwellen, erfindet leise Melodien, die sich vorsichtig um das Grau legen, darum herumranken. Damit will sie das Mädchen lösen, von ihrem grauen Standpunkt fortbewegen. Als Stellas Melodie nun etwas bunter zu werden beginnt, hört sie ein Schluchzen aus der Nachbarkabine. Stella singt. Das Schluchzen wird lauter. Stella singt, obwohl sie gleichzeitig an der Stimme des Mädchens hört, dass sie sich weit fortbewegen möchte, aber sich dennoch gefangen fühlt. Stella nennt sie in diesem Augenblick die «Gefangene». Je bunter Stella ihre Töne wählt, desto mehr weint die Gefangene. Wieder und wieder setzt Stella bei dem Grau an, wieder und wieder beginnt sie von Neuem, will die Gefangene befreien, mit in die bunte Welt hinüber nehmen. Allein das Schluchzen wird immer verzweifelter.

Mittlerweile sind Kunden gekommen, die das Weinen ebenfalls hören. Eine der Frauen klopft an die Tür und ruft, die Eingeschlossene solle herauskommen, damit man ihr helfen könne. Stella singt leise. Die Kunden gehen wieder. Neue Kunden kommen, die nach der Toilettenfrau rufen und schimpfen, dass niemand da ist. Stella singt leise. Dann – es scheint bereits eine Ewigkeit vergangen zu sein – verstummt das Schluchzen. Stella ist still und lauscht. Nun hört sie nichts mehr, kann keinen Ton erlauschen, keinen Rhythmus, keinen Laut, keine Trauer hören. Dann nimmt sie mit Schrecken grauwandige Töne wahr, die sich in dünnen Linienformen von dem Mädchen fortbewegen, ins Jenseits dahinschwinden wollen.

Sofort öffnet sie die Nachbarkabine. Die Gefangene liegt am Boden, die Augen weit offen, eine Spritze in der Hand. Stella hat es geahnt. Warum war sie auch nicht schon früher in die Kabine eingedrungen? Aber sie kann ja nicht einfach eine Kabine aufschließen, nur weil jemand weint. Doch diese Gedanken legt sie sofort beiseite.

«Hilfe!», ruft sie laut, und die Fliesen geben ihren Ruf hallend an die gegenwärtige Kundschaft weiter. Stella zieht die Gefangene an den Füßen aus der Kabine. Sie hat einmal einen Erste-Hilfe-Kurs belegt, aber wie soll sie das nun bei diesem tot-lebendigen Mädchen anwenden? Kostbare Sekunden gehen verloren. Dann kommen endlich einige Kunden, um ihr beizustehen.

Stella beugt sich über das Mädchen, tastet zwei Fingerbreit über den linken Rippenbogen und beginnt mit der Herzmassage. Glücklicherweise hat sich ein Kunde gefunden, der den Kopf der Gefangenen, durch seine Jacke gestützt, zurückbiegt und durch ein Taschentuch hindurch Luft in ihre Lungen bläst.

Eins, zwei, drei, vier, fünf, zählt Stella und nimmt die aufeinander gepressten Handflächen von der Gefangenen. Sie hört, wie sich der Kunde anstrengen muss, um ihr Leben einzuhauchen. Er hat Angst. Sein Beben ebbt zu Stella hinüber, die dies aber nur zur Kenntnis nimmt und sich im Übrigen auf ihre Arbeit konzentriert. Eine andere Kundin greift schnell zum Handy, um den Notarzt zu rufen.

Stella beginnt, mit der Gefangenen zu reden:

«Komm, du bist noch zu jung. Es ist noch nicht Zeit, komm zurück, los, lass uns hier nicht hängen, kleine Ausreißerin!» Sie merkt nicht, wie seltsam sie von den immer mehr werdenden Menschen angestarrt wird. Stella legt ihre Ohren in den Brustkorb des Mädchens und endlich erlauscht sie beginnendes Leben. Es ist noch kein Puls, aber es ist eine Spur von Leben. Der Mann, der die Luft einhaucht, möchte Schluss machen, möchte aufgeben. Er blickt zu Stella und meint, dass es keinen Sinn mehr habe. Stella schreit ihn an: «Doch, weiter, sie kommt bald zurück!»

«Sie müssen verrückt sein!», meint er dumpf. Schweißperlen liegen auf seiner Stirn, und sein fleischiges Gesicht ist rot unterlaufen von der Anstrengung. Er steht kopfschüttelnd auf, nimmt das Tuch vom Mund der Ausreißerin und tritt einige Schritte zurück. Stella hat kein Tuch. Es ist ihr egal. Sie zählt wieder:

«Eins, zwei, drei, vier, fünf», beugt sich über sie, biegt den Kopf nach hinten, legt ihren Mund auf den der Ausreißerin und haucht ihr Atem ein. Dann wieder: «Eins, zwei, drei, vier, fünf», Luft. Sie schwitzt und ächzt unter der Anstrengung. Die Gefangene braucht nicht mehr lange, um wiederzukehren, wie Stella trotz aller Anstrengung erlauscht. Nach Atem ringend, ruft sie die Umstehenden auf, ihr zu helfen. Da tritt ein junger Mann aus der Menge, der sich an den Kopf des Mädchens kauert und die Beatmung übernimmt, mit Tüchlein.

Stella ist dankbar. Fieberhaft überlegt sie, was sie noch anstellen könnte, um die Ausreißerin wieder einzuholen. Plötzlich beginnt sie zu singen, singt eine sehr rhythmische Melodie zur Herzmassage. Ihr Gesang erzählt vom Leben, sie legt das Dunkel in ihre Stimme, lässt es aufhellen, gibt dem Dunkel wiederum einen Rhythmus, singt von Blumen und Bäumen, von Steinen und Wolken. Ihre Melodie wird immer eindringlicher, bis sie mit den Ohren im Brustkorb Leben hört, richtiges, echtes, pulsierendes Leben. Es ist derselbe Rhythmus, den sie zuvor in den Gesang gelegt hat. Ihre Hände liegen leicht auf dem Brustkorb der Wiedergekehrten. Stella ist so mit Lauschen beschäftigt, dass sie nicht hört, wie der junge Mann sie anbrüllt, sie solle doch weitermachen. Da lächelt sie und sagt, es gäbe wieder einen Puls.

«Sie haben das gar nicht nachgeprüft, machen Sie gefälligst weiter!»

Stella lächelt und meint schlicht: «Doch, ich habe es nachgeprüft!»

In diesem Moment beginnt die Wiedergekehrte zu hüsteln und selber nach Luft zu schnappen. Stella nickt dem verblüfften Mann zu und beginnt wieder mit dem Lied über das Leben, singt traurig und freudig, hoch und runter, singt kreuz und quer, singt in dem Rhythmus der Wiedergekehrten, singt ihr Trost zu. Der Atem des Mädchens wird regelmäßiger, als die Rettungsmannschaft endlich eintrifft und die Versorgung übernimmt. Stella kann nicht sagen, wie lang das alles gedauert hat. Es ist, als wäre eine Ewigkeit vergangen.

Die Umstehenden verteilen sich langsam, nachdem die Wiedergekehrte weggebracht ist. Stella bleibt fast allein zurück, hat viele missbilligende Blicke eingefangen, ohne es zu merken.

Der junge Atemspender sieht jetzt blass aus, geht auf Stella zu und reicht ihr die Hand. Obwohl Stella noch überwältigt ist von dem eben Erlebten, lauscht sie in die Hand des Atemspenders hinein. Sie hört seine Sprachlosigkeit, sein Überwältigtsein, seine Erschütterung. Er öffnet leicht den Mund und stammelt:

«Entschuldigen Sie bitte ...» Er hält inne, unfähig, weitere Worte zu finden. Stella überlegt, was sie ihm sagen könnte. Bisher hat sie nur immer gesungen. Aber jetzt ist ein wortloser Moment eingetreten, ein Moment, in dem sie die Worte weiß, die dem anderen verborgen bleiben. Zum ersten Mal fühlt sie sich der stummen Worte eines anderen Menschen mächtig, ist plötzlich in der Lage auszusprechen, was der andere nicht kann. Sie fühlt, dass sie reden kann, holt seine Worte aus dem Jenseits und spricht sachlich aus, was er sagen will, was sie erlauscht hat:

«...dass Sie mich so angeschrien haben? Aber Sie waren so überwältigt und konnten sich nicht vorstellen, wie ich den Puls des Mädchens gemerkt haben könnte, und Sie wollten unbedingt, dass sie wieder zum Leben kommt. Außerdem haben Sie Angst gehabt ...»

Verblüfft schaut er Stella an und fragt unsicher:

«Woher wissen Sie dies alles? Ich meine, ich habe Ihnen nichts gesagt ...»

Stella lauscht in ihn hinein und sagt dann:

«Sie sollten mehr Selbstvertrauen haben, dann könnten Sie sich viel Mühe ersparen. Sie haben wunderbare Begabungen, von denen Sie nur nichts wissen, ja, Sie sind ...» Stella zögert kurz, ist sich einen Moment lang unsicher, ob sie sagen darf, was sie weiß, prüft in sich selber, ob sie ihm damit helfen könnte, ob es zu seinem Besten ist, und beschließt weiter zu sprechen. Der Atemspender sieht sie erwartungsvoll, an und Stella fährt fort:

«Sie sind musikalisch, feinfühlig, sprachbegabt, verfügen über eine wunderbare Großmütigkeit, sind stark und im

Übrigen ist es so, dass alles, was hinter Ihnen liegt, zu Ihrem Leben dazugehört, und nichts, aber auch gar nichts umsonst ist. Sie werden einmal sehr erfolgreich sein in dem, was Ihnen vorschwebt, wenn Sie sich trauen, mehr auf Ihre eigene innere Stimme zu hören ...»

Er starrt sie ungläubig an.

«Ja», meint Stella ernst, «schauen Sie nicht so viel auf die anderen Menschen, sondern hören Sie in sich hinein. Da liegen die Antworten auf all Ihre Fragen. Sie müssen es nur zulassen, dann kann alles gut werden!»

Da bricht es aus ihm heraus: «Aber wie kann ich das lernen, in mich hineinhören?»

Stella sieht nicht die Kunden, die sie noch immer nicht betreut, und die inzwischen schmutzig gewordenen Toiletten. Allein sie steht ihm gegenüber und singt seine Melodie, leise, aber durchaus vernehmlich. Der Mann beginnt zu weinen. Stella hält inne und sagt kurz:

«Ja, so hört es sich in Ihnen an, es ist schön, Sie können es lernen, indem Sie es versuchen!»

Der Mann will sich in eine der Kabinen einschließen. Stella jedoch hält ihn zurück:

«Nein, nicht wegschließen, lassen Sie es fließen, lassen Sie alles fließen, in Ihnen, durch Sie, und aus Ihnen, lassen Sie es geschehen!»

Der Mann nestelt ein Taschentuch aus der Tasche, schnäuzt sich umständlich die Nase, merkt, dass er sich noch immer in der Damentoilette befindet, und wird von Stella hinausgeschoben. Er steht unter dem hellblauen Türrahmen des Toilettentrakts und sieht Stella nach, die nun mit Eimer, Handschuhen und Putzlappen in die Herrentoilette entschwindet.

Erst dann murmelt er leise «Danke».

Der Anruf

Eines Abends, als Stella gerade in ihrem Bett sitzt und liest, klingelt das Telefon. Ihre Mutter ist am Apparat und erzählt ihr, dass ein gewisser Herr Amann angerufen habe und sie sprechen wolle. Stella lässt sich seine Telefonnummer geben. Sie hat sich schon gewundert, dass dieser Anruf so lange auf sich warten ließ. Aber nun ist er doch noch gekommen, und Stella freut sich darüber. Sie greift zum Hörer und wählt Herr Amanns Telefonnummer. Immerhin sind schon bald zweieinhalb Jahre vergangen, seit Frau Amann gestorben ist.

«Amann?», meldet eine raue Stimme.

«Hier ist Frau Jansen, ich habe gehört, dass Sie mich sprechen wollen.»

Herr Amann braucht einen Moment, um sich zu sammeln.

«Danke, dass Sie angerufen haben, es ist sehr nett von Ihnen. Es geht um meine verstorbene Frau, die Sie vor zwei Jahren im Krankenhaus betreut haben!»

Er macht erneut eine Pause. Stella erwidert schnell:

«Ja, ich erinnere mich gut!»

«Ja», meint er sichtlich erleichtert, «nun ist mir ihr Brief wieder in die Hände gefallen, und es würde mich sehr interessieren, jene Kassette zu hören, die offensichtlich bei Ihnen ist; ich meine natürlich nur, wenn Sie diese noch haben.»

«Gewiss habe ich sie noch», sagt Stella, «sie ist hier. Soll ich sie Ihnen zusenden, oder möchten Sie sie lieber abholen?»

«Nun, wenn es Ihnen nichts ausmacht, würde ich sie gerne abholen und noch ein paar Worte mit Ihnen wechseln.»

«Ja, natürlich!» Sie tauschen die Adressen aus und vereinbaren Zeitpunkt und Ort, wo sie sich treffen wollen.

Stella freut sich auf die Begegnung. Der Tag der Zusammenkunft ist gekommen. Mit der Kassette in der Jackentasche macht sie sich auf den Weg in das Café, das als Treffpunkt vorgesehen ist. Herr Amann ist bereits da, steht sofort auf, als Stella kommt, um sie zu begrüßen. Herzlich drückt ihm Stella die Hand. Dabei hört sie seine Trauer und Hilflosigkeit, die sie schon damals erlauscht hat. Jetzt aber würde er offen sein und mit ihr über seine verstorbene Frau sprechen. Stella setzt sich, zieht die Kassette aus der Tasche und übergibt sie ihm.

«Danke, vielen Dank!», sagt er gerührt. «Warum haben Sie sie für mich aufgehoben? So lange?»

Stella macht eine abwehrende Handbewegung und erwidert rasch: «Ach, ich dachte mir einfach, dass es eines Tages wichtig für Sie sein könnte.»

«Danke nochmals!» Er nimmt die Kassette vorsichtig in die Hand, als sei sie zerbrechlich, und steckt sie dann sorgfältig in seine Brusttasche.

«Nun, ich wollte Sie noch ein paar Sachen fragen ...» Herr Amann stockt, glaubt, dass er Stella zu nahe trete, dass sie keine Erinnerung mehr habe. Aber Stella sagt sehr sachlich: «Ja, natürlich, was wollen Sie mich denn fragen?»

«Nun», beginnt er langsam, «ich meine, waren Sie dabei, als sie, als sie, na Sie wissen schon ...»

«Sie meinen, als sie gestorben ist?», vollendet Stella den Satz.

«Ja, das meine ich, waren Sie dabei?»

Stella sieht ihn eine Weile an, weiß nicht, wie sie es ihm erklären soll, dann beginnt sie: «Nein, ich war nicht dabei, aber Sie und Ihre Tochter waren dabei.»

Er speit beinahe den Kaffee über den Tisch und meint, das könne nicht sein.

«Doch», sagt Stella, «an jenem Tag war ich bei Ihrer Frau im Zimmer, als Sie gerade aufbrechen wollten. Ich habe Sie gebeten, noch einen Moment auszuharren, weil ich so viel zu tun hatte. Es war Ihnen nicht recht, aber Sie fügten sich und blieben bei ihr. Zu diesem Zeitpunkt lebte Ihre Frau noch. Als ich aber nach zehn Minuten wieder kam, war sie verstorben.»

Herr Amann ist sprachlos. «Aber warum haben Sie mir nichts gesagt?» Stella seufzt unmerklich, überlegt einen Moment und sagt wahrheitsgetreu: «Die Oberschwester hat es gemerkt, als Sie gerade gegangen waren.»

Herr Amann platzt heraus: «Aber dann kann es sein, dass sie gerade gestorben ist, als wir gegangen sind und bevor die Oberschwester ins Zimmer kam?!»

Stella erlauscht, dass er sich wünschte, während des Todesaugenblickes bei ihr gewesen zu sein. Aber wie kann sie ihm das erklären? Soll sie ihm etwa sagen: Ich wusste schon vorher, dass sie in den nächsten zehn Minuten stirbt, weil ich es erlauscht habe? Stattdessen sagt sie ernst:

«Sie können mir glauben, dass es geschehen ist, als Sie im Zimmer waren. Manche Menschen sterben leise und friedlich, und man merkt es zunächst gar nicht. Als die Oberschwester kam, war sie schon einige Minuten tot.» Herr Amann lehnt sich in seinen Stuhl zurück und atmet erleichtert auf.

«Gut, dass ich dabei war, gut, dass ich sie nicht allein gelassen habe.» Und dann nach einer kleinen Pause: «Wären Sie nicht mit Ihrer vielen Arbeit gewesen, hätte sie alleine sterben müssen. Gut, dass sie leicht gestorben ist. Wie gut das alles ist. Danke, ich verdanke Ihnen ja so vieles!» Stella sieht auf die berüschte Tischdecke. Eine Pause entsteht, in der beide aus ihren Tassen schlürfen.

Dann beginnt Herr Amann wieder zu sprechen: «Wie ist es zu dieser Kassette gekommen? Warum haben Sie das für uns getan?» Stella holt tief Luft: «Ihre Frau war sehr traurig, weil sie mit niemandem über ihren bevorstehenden Tod sprechen konnte. Sie war nicht mehr in der Lage zu schreiben. Also gab ich ihr die Möglichkeit, auf Band zu sprechen, was sie noch sagen wollte. Das ist alles.»

«Aber», beginnt Herr Amann aufs Neue, «warum haben Sie gemerkt, dass sie so alleine mit ihren Gefühlen war? Ich besuchte sie jeden Tag und ich habe, ich wollte, ich wusste nicht …» Er bricht ab und wendet sich zur Seite.

Stella antwortet: «Es ist nicht immer so, dass die Sterbenden und die Gesunden zur gleichen Zeit an der Stelle sind, wo das Abschiednehmen beginnt. Wie soll man sich verabschieden, wenn man den anderen noch nicht gehen lassen will? In einem solchen Fall spricht man nicht über den Abschied!»

Als Herr Amann immer noch weint, fährt Stella fort: «Ihre Frau hat von einem anderen Land gesprochen, in das sie gehen würde. Sie hat bedauert, dass Sie nicht mit ihr an die Grenze jenes Landes gegangen sind und einmal mit ihr gemeinsam hinübergeschaut haben, um sich zu versichern, dass es existiert. Für sie war der Tod das Überschreiten einer Grenze in ein anderes Land.»

Herr Amann ist nun erregt, richtet sich auf und sagt: «Aber Frau Jansen, glauben Sie das wirklich? Glauben Sie im Ernst, dass es …, ich meine, dass es nach dieser Grenze noch eine andere Welt gibt?»

Stella sagt schlicht: «Ja, das glaube ich!»

Herr Amann ist noch immer aufgeregt. «Sie müssen wissen, dass ich so merkwürdige Träume hatte.» Er hält inne. «Ja, mit Ihnen kann man über solche Sachen reden. Ich halte davon eigentlich nichts, aber es ist wenigstens einen Gedanken wert. – Nun will ich Ihre Zeit aber nicht weiter in Anspruch nehmen. In welchem Krankenhaus arbeiten Sie denn jetzt?»

Stella schluckt: «Ich arbeite im Bahnhof!»

«Oh, gibt es dort auch eine Kranken- oder Unfallstation?»

«Ich arbeite als Toilettenfrau», erwidert Stella ruhig.

Ungläubig starrt Herr Amann sie an.

«Als Toilettenfrau?»

«Ja, als Toilettenfrau!»

«Nun», meint er ausweichend, «schließlich geht es mich nichts an.»

Er steht auf, zahlt die Rechnung, gibt Stella die Hand und verabschiedet sich knapp, während Stella hört, dass er mit der Tatsache nicht recht klar kommt, sie als Toilettenfrau zu wissen.

Komisch, denkt sie sich, zuerst hat er mich in den Himmel gelobt und nur, weil ich Toilettenfrau bin, wendet er sich jetzt ab? Aber ist ja egal! Sie verlässt dennoch befriedigt das Café und geht nach Hause.

«Einsamkeit-Nichts»

Es ist Wochenende. Stella hat sich vorgenommen, wieder einmal zu dem Geröllfeld zu fahren, auf dem sie auch jene Dunkeltöne erübt hat. Sie liegt auf ihrem Bett unter dem Fenster, sieht in die Wolken und denkt nach. In der vergangenen Zeit ist sie vielen Menschen begegnet, und jeder trägt nicht nur einen Klang von Melancholie in sich, sondern auch einen Klang von Einsamkeit. Es gibt sogar Kinder, die sich einsam anhören. Zwar unterscheiden sich die Einsamkeitsklänge bei jedem Einzelnen, aber es ist anscheinend ein Wesenszug, der allen Menschen eigen ist. Viele überspielen ihre Einsamkeit durch äußere Ablenkungen, aber eigentlich liegt sie in jedem Menschen. Einsamkeit an sich ist nichts Negatives, denkt sie, vielmehr enthält sie eine Art Substanz, eine Art Elixier, in dem sich die Einzigartigkeit eines jeden Menschen konzentriert. Das ist wohl der Grund dafür, dass sich die Einsamkeiten alle verschieden anhören. Manche Menschen aber hören sich an, als würden sie unter ihrer Einsamkeit leiden, und es erwächst aus der Einsamkeit heraus Melancholie. Es kommt nicht darauf an, die Einsamkeiten zu verbannen, sondern sie vielmehr in etwas Positives umzuwandeln.

Nachdenklich erinnert sich Stella an ihr eigenes Einsamkeitserlebnis, nach der Begegnung mit Herrn Sänger. Sie fühlt sich bestärkt in ihrem Entschluss, Einsamkeit zu erlernen. Morgen würde sie auf der Geröllhalde eine allgemeine Einsamkeit zunächst erlauschen und dann ersingen. Deshalb hat sie sich bald zu Bett begeben, damit sie am nächsten Tag sehr früh aufstehen kann.

Es ist noch finster, als sie auf ihr Fahrrad steigt. Vor allem ist es still. Die Nacht liegt wie ein dunkles Tuch über allem, und Stella kommt es vor, als radle sie durch dieses dunkle Tuch hindurch. Die Luft ist kalt und frisch. Noch stehen Sterne am Himmel, die im Verblassen ihres Glanzes Klänge von sich hauchen. Stella ist es, als würden diese Klänge hinuntersinken, würden bis an ihre Ohren singen …

Nach einer Weile kommt sie bei dem Geröllfeld an, stellt das Fahrrad ab und geht mitten auf den Platz. Die Ohren schickt sie zunächst tief in sich hinein, bis sie von der Nacht, von dem Sternengesang, dem Gedankengewirr in ihrem Kopf nichts mehr sieht und merkt, bis der Alltag mit seinen Geräuschen und ihrem Alltags-Sein versunken ist und der andere Teil von ihr sich mit dem Anderen, dem Universum, verbinden kann.

Es ist mehr als still, mehr als dunkel und es ist auf seltsame Weise rein. Sie macht einige Schritte vorwärts, und in der Bewegung glaubt sie nun, die Einsamkeit noch deutlicher zu fühlen, denn es ist nichts, was äußeren Widerstand bietet, außer dem Geröll unter ihr. Nun schickt sie die Ohren in alle

Richtungen, um das Nichts noch besser erlauschen zu können. Sie vertieft sich in das Gefühl des Nichts, holt die Ohren zurück, macht noch einige Schritte – ins Nichts. In ihr erwacht der starke Wunsch nach Widerstand, nach einem Etwas.

Stella tastet ins Nichts, tastet mit den Ohren in die Leere. Es ist, als habe die Leere Ecken, in denen sich keine Wände treffen. Die Ohren wandern hierhin und dorthin, wandern kreuz und quer und mitten durch, aber wo sie auch hinkommen, es ist Nichts.

Einsamkeit ist eine Art Suche im Nichts, eine dunkle, tiefe, sehnsuchtsvolle Suche, immer vermischt mit ein wenig Hoffnung auf das Finden, stellt sie in Gedanken fest. Aber ihre Ohren tasten ins Nichts, ohne zu fühlen, verlieren sich im Dunkel. Stella muss nach ihnen suchen, findet sie schließlich, holt sie in sich selber zurück, sucht dort, findet nichts, hält aus, geht einige Schritte ... Sie ist nun selber überwältigt von dem Gefühl der Einsamkeit, und es kostet sie viel Mühe, um in dem Einsamkeit-Nichts einen Klang zu erlauschen. Endlich, als sie die Ohren eine Weile tief in sich birgt, ertönt ein dunkler, aber unendlich klarer, ja sogar schwingender Ton. Sofort hält sie sich an ihm fest, hat endlich ein Etwas im Nichts gefunden, legt ihre gesamte Aufmerksamkeit in diesen Ton, verdichtet ihn und versucht ihn zu singen. Allerdings hört sich ihr Gesang nicht im Entferntesten so an wie die Einsamkeit in ihr drin. Sie konzentriert sich wieder nach innen, begibt sich ins Nichts, ins Dunkel, versucht wieder zu singen.

So verbringt sie lange Zeit. Die Morgendämmerung hat eingesetzt, und Stella friert. Sie beschließt, eine Pause einzulegen und ihren mitgebrachten Tee zu trinken. Danach macht sie sich wieder an die Arbeit. Sie versucht es nun anders, nimmt einen Stein in die Hand, fühlt seine kantige Oberfläche, fühlt seine Kälte und auch das Dunkel in ihm. Sie macht die Entdeckung, dass innen im Stein auch Einsamkeit ruht, und bekommt das unwiderstehliche Bedürfnis, das Dunkel, die Einsamkeit in ihm, zu befreien. Sie kann an den Steinen üben, wie man Einsamkeit befreit.

Beflügelt von ihrer Idee, schmettert sie ihn schließlich mit aller Kraft auf einen anderen, großen Stein. Nur eine winzige Ecke springt ab, sonst passiert gar nichts. Sie versucht es wieder und wieder, allein es gelingt ihr nicht, die Einsamkeit des Steins zu befreien. Doch sie macht die Erfahrung, dass die Einsamkeit im Stein entfaltet werden kann, dass jene Hoffnungssuche hier am Stein nicht im Nichts endet. Darüber empfindet sie Erleichterung und fragt sich, ob nichtaufgelöste Dunkelheit, nichtentfaltete Einsamkeit vielleicht Trauer bedeuten.

Jetzt nimmt sie einen kleineren Stein zur Hand. Es gelingt ihr, ihn zu zerschmettern, und er zerspringt in viele Stücke. Welche Befreiung! Genau erlauscht sie die frei gewordenen Stimmen aus dem Stein, das Befreitwerden, das Entfalten, das Aufklaffen. Sie macht sich daran, dies nun in eine Melodie, in einen Ton zu verwandeln, und es gelingt schon besser. Lange übt sie so und wird immer ausgelassener dabei. Mittlerweile kann sie an den Steinen erlauschen, welche dafür geeignet sind, die Einsamkeit in sich zu entfalten, und mit Treffsicherheit schmettert sie einen nach dem anderen auf den Boden, dann singt sie, schmettert, erlauscht, singt, merkt nicht, dass Menschen kommen. Ihr ist nicht mehr kalt. Vielmehr schwitzt sie, und der Schweiß rinnt ihr über das Gesicht. Die Begeisterung packt sie, und als Stella zu immer neuen Steinen greift, ruft jemand nicht weit von ihr: «He, was machen Sie da?» Stella zuckt zusammen, wendet sich um und erwidert kurz: «Ich … ich wollte nur sehen, welche Steine kaputt gehen …» Der Mann schüttelt den Kopf und sagt nur zu seiner Begleiterin: «Die muss verrückt sein!» Dann geht er weiter. Stella sieht ein, dass sie ihr Üben beenden muss, hält inne, packt ihre Sachen, steigt aufs Rad und fährt tiefbefriedigt nach Hause.

Die Universität

Stella beschließt, ihre Toilette nicht mehr Toilette zu nennen, sondern Universität. Jeden Morgen fährt sie also in die Universität. Herr Lang, die Wiedergekehrte, Frau Dunkel, Herr Sänger, Herr Ruhig, Frau Glas und all die anderen sind ihre Professoren.

Sie wird zunehmend zu einer singenden Toilettenfrau, bewegt sich lauschend zwischen den Kabinen hin und her, merkt nicht mehr, wie sie putzt, wie sie Geld wechselt, ist nur immer mit dem Lauschen und Singen beschäftigt. An den Wochenenden ist sie früh morgens im Geröllfeld, erübt die vielen verschiedenen Schattierungen von Einsamkeit, die Stimmen des Dunkels, des Übermutes, des Leides, der Trauer, der Stille und auch des Gleichmuts, und jeden Montag freut sie sich auf die Universität und ihre Lehrer.

Es fällt ihr kaum auf, dass immer mehr Menschen die Toilette besuchen, dass sich immer öfter eine Schlange bildet. Nicht selten geschieht es, dass sie nun auch den Erzählungen der Menschen lauscht, ihrem Leid, ihrer Einsamkeit, Angst, Freude zuhört, von der sie ihr erzählen. Immer findet sie einige Minuten, um zuzuhören, stimmt die Menschen, ohne sie zu bestimmen. Es geschieht sogar, dass Toilettenbesucher Freunde und Angehörige mitbringen, nur damit sie Stella begegnen können, deren Namen sie nicht einmal kennen. Mit der Zeit gerät Stella in Schwierigkeiten, weil so viele Menschen mit ihr reden wollen, dass sie ihrer Arbeit nicht mehr nachkommen kann. Immer wieder kommt zwischendurch der Chef herein, um nach dem Rechten zu sehen. Er wundert sich, dass so viele Menschen die Toilette aufsuchen, sodass die vielen Kabinen kaum noch ausreichen.

Bei einem seiner Besuche geschieht es, dass Stella, auf den Schrubber gestützt, einer alten Frau lauscht. Er sieht sich diese Szene eine Weile aus dem Hintergrund an, kommt dann auf Stella zu und sagt barsch: «Ich bezahle Sie hier nicht, damit Sie mit den Leuten Schwätzchen abhalten; die Mülleimer auf den Damentoiletten quellen über, und die Herrentoiletten sind schmutzig. Frau Jansen, passen Sie auf, dass Sie ihren Job nicht verlieren.» Stella starrt ihn an. Aber sie muss ihm Recht geben. Schnell löst sie sich von der alten «Professorin» und widmet sich nun ausschließlich ihrer Arbeit. Dabei fällt wieder einmal ihre Pause aus, was zur Folge hat, dass sie abends völlig müde und erschöpft die Toilette verlässt.

Stella merkt, dass es so nicht weitergehen kann. Müde sinkt sie ins Bett, isst ihr Pausenbrot und trinkt gierig den Tee, den sie sich am Morgen zubereitet hat. Jetzt stehen die Prüfungen bevor in ihrer Universität, sagt sie sich tröstend. Sie stellt sich vor, dass man ja für jede Prüfung lernen, mehr Zeit und Anstrengung investieren muss als in prüfungsfreien Phasen. Sie beschließt, einen Ort zu suchen, wo die «Professorinnen» und «Professoren» außerhalb der Toilette für sie da sein können. Gleich am nächsten Tag will sie sich nach einem solchen Ort umsehen.

Dennoch singt sie bei der Arbeit, achtet aber darauf, dass sie genügend putzt. Der Chef kontrolliert sie nun öfters und prüft pedantisch ihre Arbeit. Nach dem Dienst schlendert sie durch das Bahnhofsgebäude und hält Ausschau nach einem Ort, wo sie von ihren Lehrern ungestörter belehrt werden kann. Allein sie findet keinen. Es müsste ja zudem ein Ort sein, wo sie von den «Menschenprofessoren» gefunden werden könnte. So geschieht es, dass sie wieder bei dem hellblauen Türbogen ankommt. Sie mustert ihn aufmerksam. Ja, hier in der Nähe müsste es sein. Stella erinnert sich daran, dass sie zu Hause einen kleinen Klappschemel hat. Warum sollte sie sich nicht einfach in die Nähe dieses Türbogens auf den Klappschemel setzen und abwarten? Der Gedanke gefällt ihr.

Am nächsten Morgen schnallt sie den Schemel auf das Rad und nimmt ihn mit in die Universität. Kaum dass ihr Dienst begonnen hat, treffen schon die Kunden ein. Viele kennt sie bereits; nicht mit ihren wirklichen Namen, sondern eben nur mit denjenigen, die sie ihnen gegeben hat.

Im Laufe des Vormittags kommt wieder einmal Frau Pech zu ihr und will etwas erzählen. Leise sagt Stella: «Kommen Sie nach sechzehn Uhr noch einmal her. Dann werde ich vor dem blauen Türbogen auf Sie warten.» Noch fünf weiteren Kunden rät sie, doch später zu kommen, und ist gespannt, was sie nach dem Dienst erwartet. Putzend und singend geht sie ihrer Arbeit nach, bis sie schließlich kurz nach vier auf dem kleinen Schemel vor der Toilette sitzt. Allerdings in ihrer Jacke und ohne Kopftuch.

Es dauert gar nicht lange, bis Frau Pech sie findet. Sie stützt sich auf ihren Stock und blickt Stella nachdenklich an. Frau Pech meint, dass Stella auf irgendjemanden warte, und fragt schnell: «Haben Sie noch ein wenig Zeit?» «Ja, habe ich!», antwortet Stella. «Gut, dann … dann, ja, ich habe Ihnen schon von meinem kranken Sohn erzählt. Nun, er ist in die Psychiatrie gekommen. Er ist zu depressiv und will nicht mehr leben, hat all seine Sachen verkauft und wollte Schluss machen, das Geld mir vererben. Ein Freund konnte ihn noch daran hindern und hat ihn in die Anstalt gebracht. Was für ein Leben, was für ein Leben! Was soll ich bloß tun?» Stella schweigt, lauscht dem Kummer hinterher, schweigt noch immer. «Wo soll ich mit meinem Kummer hin? Sagen Sie, wohin soll ich damit, und wie kann ich ihm noch helfen?» Stella schweigt noch immer, nickt, blickt Frau Pech in die Augen, lauscht ihrem Rhythmus, und währenddessen entsteht eine Melodie in ihr. Sie beginnt zu singen, singt von ihrem Kummer, dem ganzen Unglück, den Trennungen, die diese Frau Pech in ihrem Leben durchlebt hat, singt ein Lied vom Leben, singt in ihrem Rhythmus, singt es leise und eindringlich. Frau Pech lauscht aufmerksam.

Sie kommt nicht auf die Idee, es komisch zu finden, dass hier eine Toilettenfrau sitzt, die ihr Lieder vorsingt. Gebannt lauscht sie Stellas Gesang. Diese ist nun dazu übergegangen, den Rhythmus aufzuhellen, die Melodien zu durchlichten. Ein Lächeln huscht über Frau Pechs ausgemergeltes Gesicht. Dann hält Stella inne. «Ja, das Leben geht weiter, es geht immer weiter», meint Frau Pech, bedankt sich und geht fort.

Es spricht sich schnell herum, dass Stella nach der Arbeit noch vor der Toilette sitzt und offen für Gespräche ist. Zu Beginn der ersten Woche kommen nur vereinzelt Menschen zu ihr, aber schon in der nächsten Woche warten immer mehr auf Stella. Irgendjemand hat einen zweiten Schemel mitgebracht, auf dem immer derjenige sitzt, mit dem Stella gerade redet, dem sie lauscht oder für den sie singt.

Stella lauscht Krankheiten, Sorgen, Sehnsüchten, singt hoch und runter, kreuz und quer, singt hell und dunkel, singt Einsamkeiten zu Hoffnung, lindert Angstrhythmen zu stärkenden, ruhigeren Rhythmen. Sie wundert sich selber darüber, dass die Menschen es nicht komisch finden, dass sie einer Toilettenfrau ihre Sorgen anvertrauen. Manche fragen, warum sie dies mache, denn längst ist klar geworden, dass

Stella auf niemanden wartet, sondern an jenem trostlosen Ort allein für die Menschen da ist. Auch nimmt Stella kein Geld für ihre Dienste. Darüber wird sie ebenfalls oft befragt, aber sie sagt jedes Mal, dass sie ja keines brauche, da sie doch alles habe, was sie zum Leben wünsche. Wo sie das Singen gelernt habe, will man oft wissen.

«Das haben mich die Menschen gelehrt, mit denen ich zusammen bin …», meint sie dann. Dass sie beinahe jedes Wochenende zu dem Geröllfeld fährt, um singen zu üben, erzählt sie nicht. Schließlich würde sie dies nicht erklären können. Außerdem stimmt es, dass die Menschen sie das Singen gelehrt haben, weil sie ohne die Töne, die sie bei ihnen erlauscht, nie entdeckt hätte, was für Klangwelten existieren.

Hasskälte

Eines Tages, als sie nach der Arbeit nicht weit vom Toilettentürrahmen auf dem Schemel sitzt und die Menschen in einer kleinen Schlange auf sie warten, kommt ein Bahnhofsbeamter zusammen mit dem Toilettenchef auf sie zu. Zunächst merkt Stella nichts, dann aber hört sie, wie aus deren Richtung Kälte an sie heranwogt, und sie sieht auf, löst die Ohren von Herrn Klein, entschuldigt sich bei ihm und deutet ihm an, einen Moment zu warten. Nun sind die Männer bereits bei ihr angelangt. Der Bahnhofsbeamte zückt ein Schreiben und meint mit roher Stimme: «Tut mir Leid, Frau Jansen, aber es ist verboten, innerhalb des Bahnhofgeländes private Veranstaltungen abzuhalten. Daher muss ich Sie von hier verweisen.» Stella ist aufgestanden, nickt ruhig, sieht den Bahnhofsbeamten an. Eine Frau wühlt sich zu Stella hindurch. Stella erkennt in ihr Frau Hast. Diese erhebt die Stimme und sagt scharf: «Nun erklären Sie mir bitte mal, was daran verboten ist, dass diese Frau», dabei deutet sie auf Stella, «uns allen zuhört. Jeden Tag kommen mehr Menschen zu ihr.» Der Beamte mustert sie von Kopf bis Fuß, bemerkt dann herablassend: «Sie kann ihnen auch anderswo zuhören» und wendet sich zum Gehen. Der Chef tritt jetzt dicht an Stella heran, und sie hört seinen ganzen Hass zu sich hinwogen. «Frau Jansen, wenn ich Sie hier noch einmal vor der Toilette sehe, sind Sie gefeuert!» Stella steht gelassen da, was hat sie auch schon zu verlieren? Irgendwann muss ich ja sowieso die Universität verlassen, denkt sie bei sich und sagt dann laut: «Ja, ich habe verstanden!» Der Chef spuckt vor ihr aus und geht.

Die Umstehenden sind aufgeregt. Sie reden alle durcheinander, irgendwann wenden sie sich Stella zu, meinen, sie könne sich wehren, sie würden ihr beistehen. Aber Stella sagt nur: «Er hat Angst vor mir, und dafür hasst er mich. Er steht in der höheren Position, und ich werde gehen müssen!» Die Menschen sind entrüstet, erwidern, das ginge so nicht, es sei ungerecht, sie würden das nicht zulassen.

«Doch», meint Stella ernst, «das müssen Sie zulassen, denn ich werde mich nicht dagegen auflehnen. Was nützt es, eine Arbeitsstelle zu haben, in der man vom Chef gehasst wird? Ich werde schon wieder irgendwo unterkommen. Aber noch ist mir ja nicht gekündigt worden, und solange das nicht geschehen ist, arbeite ich weiter.» Dann hievt sie ihren kleinen Rucksack auf den Rücken.

«Kommen Sie», sagt sie zu den Leuten, «ich höre Ihnen draußen weiter zu. Es regnet zwar, aber wir sind schließlich nicht aus Zucker!»

Die Menschen folgen ihr, und vor dem Haupteingang des Bahnhofes stellt sie ihren kleinen Hocker etwas abseits auf und lauscht Herrn Kleins Ausführungen weiter. Sie sitzt so lange im Regen, bis sie sich auch den Letzten angehört hat. Dann klappt sie das Schemelchen zusammen und macht sich, kalt und durchnässt, auf den Weg nach Hause.

An diesem Abend fühlt sie sich, als sei ihr gesamter Körper wund, als könne sie die Ohren nicht mehr richtig einstülpen. Hat es in der Vergangenheit Situationen gegeben, in denen sie nichts mehr hörte, so ist jetzt ein Zustand eingetreten, in dem sie seit langer Zeit wieder einmal zu viel hört.

Stella hat das Gefühl, als schmerze ihr die gesamte Haut bis zwischen die Fußzehen, bis in jede kleine Falte hinein. Zu Hause angekommen, zieht sie sich die nasse Kleidung aus, fällt erschöpft auf das Bett, wickelt eine Decke um sich, legt sich hin und hält sich die Ohren zu. Allein es wird nicht still. Noch immer schallt, reibt, knistert, gellt es auf ihrer Haut. Als sie merkt, dass ihr nichts helfen kann, versucht sie zu ergründen, was sie da quält. Es ist ein schmerzvoller Vorgang, da sie in die Wundheit hineinlauschen muss. Stella schließt die Augen und versucht tief in sich selber zu lauschen, ihre Haut zu erlauschen, ihre Haut zu ergründen. – Schließlich weint sie, doch kurz darauf wird ihr klar, dass es der erlauschte Hass ist, den sie von dem Bahnhofsbeamten und ihrem Chef erlebt hat. Sie fühlt, dass sie noch nicht über Mittel verfügt, diesen Hass zu lindern, sich ihm zu entziehen oder sich zu schützen. Sofort macht sie sich zur Aufgabe, Hass ersingen und auflösen zu lernen.

Es ist schon Ende Mai, als Stella wieder zur Geröllhalde radelt. Früh morgens macht sie sich auf den Weg. Ein feiner Nebel liegt über den Wiesen, und von Gras und Erde geht ein leiser Duft aus. Stella atmet ihn gierig ein, hebt den Kopf, erlauscht die Stille, hört in die Morgendämmerung hinein. Es ist noch frisch, aber nicht kalt. Dann kommt sie bei dem

Geröllfeld an. Inzwischen ist dieses Feld eine Art Hörsaal für sie geworden. Sie weiß sich mit diesem Ort verbunden, und Heimatgefühl überkommt sie, als sie davorsteht. Heute will sie sich ihrer selbst gestellten Aufgabe widmen: Hass ersingen und auflösen lernen.

Zunächst geht sie schweigend weit in die grauen Steine hinein, bis sich der Eindruck des Alleinseins an diesem Ort verdichtet hat. Denn was sie jetzt vorhat, kann sie nur in absoluter Abgeschiedenheit tun. Langsam zieht sie ihre Jacke aus. Danach den Pullover, die Hose, die Strümpfe, das Unterhemd. Schließlich steht sie nackt im Morgennebel. Sie ist schlank, beinahe hager, und ihre Haut schimmert in der aufkommenden Morgendämmerung. Sie weiß, dass sie sich beeilen muss, da sie bald zu frieren anfangen wird. Also hockt sie sich hin, schließt die Augen, und gleich darauf fühlt sie ihre wunde Haut, das Hassgefühl. Es ist aufdringlich, es lässt sich nicht abschütteln, nicht begrenzen und vor allem ist es laut, übertönt ihren Rhythmus. Als sie sich aber der Länge nach in die Steine legt, fühlt sie die kantige Kälte auf ihrer Haut. Gleichzeitig ist sie beinahe überwältigt von jener absoluten Nähe des Gerölls. Mit den wunden Hautohren lauscht sie in die teils runden, teils spitzen Steine hinein, liegt auf dem Bauch, die Arme nach vorne ausgestreckt, die Brüste in die Steine vergraben. Stella fühlt im Erlauschen des Gerölls Erleichterung. Die Steine geben dem Hass eine Begrenzung, es scheint ihr, als könne sie ihn damit erdrücken, und die Kälte unter ihr kühlt die wunde Haut, dämpft das gellende Hassgeschrei.

Da sie mit dem Lauschen nun nicht auf, sondern in der Haut ist, merkt sie die spitzen Steine nicht mehr unter ihrem Körper. Sogar an den Brüsten und der zarten Innenseite der Arme fühlt sie keinen Schmerz. Allein der Rücken, der Hinterkopf, die Fußsohlen, alles, was oben liegt, ist noch wund

und laut. Sie dreht sich auf den Rücken, fühlt nun auch hier die Begrenzung, den Halt, die Kühle. Tief prägt sie sich diese Klänge ein, hat die Augen noch geschlossen, lauscht in ihren Rücken, beginnt sich in den Steinen zu drehen, lauscht in die Achselhöhlen, in die Halshaut, erlöst Kniekehlen und Ellenbogenbeugen von Hassgeschrei, gräbt die Füße ins Geröll, lauscht mit den Fußsohlenohren nach jener Begrenzung. Endlich wird die Haut leiser. Im Drehen vom Bauchnabel in den Rücken, von den Fußsohlen zu den Brüsten, vom Haar in den Schoß wird es leise, leiser, still. Sie hält inne, liegt still in der Stille, hat den Hass begrenzt, verstillt, von sich gedreht, hat Brust und Fußsohlen, Haare und Schoß, Bauchnabel und Rücken erlöst. Sie atmet ruhig, liegt nun wie zu Beginn auf dem Bauch, hört wieder ihren Rhythmus, prägt sich tief jene Begrenzungsklänge, Erlösungsklänge ein.

Schließlich fühlt sie die Kälte bis zu ihren Knochen vordringen, was den Schmerz von den spitzen Steinen noch immer überdeckt.

Langsam erhebt sie sich, kleidet sich wieder an, zitternd vor Kälte, hüllt sich in eine mitgebrachte Decke, trinkt heißen Tee. Nun beginnt ihre Haut zu kribbeln, und sie fühlt sich immer besser an. Die Wundheit ist verschwunden. Nachdem ihr wieder einigermaßen warm geworden ist, steht sie auf, erlauscht die ersten Sonnenstrahlen auf dem Rücken und beginnt mit dem Singen. Laute, schrille und langgezogene Töne gibt sie in hektischem Rhythmus von sich. Dann lässt sie die Lautstärke abschwellen, und ihr Gesang nimmt eine bedrohliche Stimmung an. In ihr drinnen tönt es noch um ein Vielfaches stärker und anders, aber sie kennt diese großen Unterschiede zwischen dem, was in ihr zu hören ist, und dem, was ihre Stimme dagegen hervorbringt. Jedes Mal erscheint ihr die Stimme nur wie ein leises, kleines Echo ihres Inneren.

Allein Stella übt weiter. Sie geht beim Üben über die Steine, um sich etwas zu bewegen. Endlich ist sie fertig, hat sich selber zunächst von der wunden Haut befreit und ist mit einem Mal sehr müde. Die ersten Spaziergänger gehen an ihrem Hörsaal vorüber, ohne groß Notiz von ihr zu nehmen – für Stella ein Zeichen, ihre Übungen für diesen Tag zu beenden.

Als sie mit dem Fahrrad wieder nach Hause fährt, fragt sie sich, ob sie sich wohl beim nächsten Treffen mit ihrem Chef vor dessen Hass zu schützen vermöge. Doch diese Frage beschäftigt sie nur kurz, denn jetzt steht die Sonne in voller Wärme über ihr, und sie lauscht in deren Helligkeit und Klänge.

Laurens' Rhythmus

Es ist ein Tag wie jeder andere. Stella putzt, wechselt Geld, singt. Irgendwann am Vormittag kommt ein schlanker, groß gewachsener Mann in den Toilettentrakt. Obwohl Stella gerade in der Damentoilette zugange ist, spürt sie, dass sie in den Eingangsbereich gehen will, es ist, als erwarte sie dort jemand, als töne es von dort zu ihr hin. Sie gibt ihrem Gefühl nach, rückt das Kopftuch zurecht, das während der Putzarbeit verrutscht ist, und erstarrt. Der Rhythmus dieses Mannes ist derselbe, den sie schon zweimal gehört hat. Es ist Laurens' Rhythmus. Ihr Herz klopft, lässt sich aber rasch beruhigen, klopft diesmal nicht hinaus bis in die Baumwipfel. Sie merkt, dass er nach der Toilettenfrau Ausschau hält, und begibt sich in seinen Blickwinkel. Höflich bittet er sie, Geld zu wechseln. Sie kommt seinem Wunsch schweigend nach und bemüht sich, seine Hand nicht zu berühren, als sie ihm das Kleingeld gibt. Geschickt lässt sie es in seine offene Hand fallen, aus der ihr eigener Rhythmus tönt. Dann geht er in eine der Kabinen.

Stella folgt ihm wenig später, schließt sich in der Nebenkabine ein und lauscht. Zunächst will ihr Rhythmus noch davon, dann aber gelingt es ihr doch, immer ruhiger zu werden, kommt langsam zu sich selber, versinkt in ihren gemeinsamen Rhythmus und ist endlich für eine Melodie bereit. Sie beginnt so leise mit dem Singen, dass er es nicht wahrnehmen würde. An seiner Stille jedoch erkennt sie, dass er sie dennoch bereits hört.

In seiner Stille erlauscht sie eine Traurigkeit, die an Einsamkeit erinnert. Stella singt tief, eindringlich und legt Trauer in ihre Stimme. Durch seinen Rhythmus inspiriert, steigen die Erinnerungen an alles in ihr auf, was sie mit diesem Menschen erlebt hat: seine Nähe, seine Wärme, seine Hand in ihrer Hand, ja sogar das Streichen des Haares hinter ihr offenes Ohr in ihrem zwölften Lebensjahr; das Gefangensein in sich selber, die Wortlosigkeit inmitten der Worte, die Zweisamkeit in der Kluft, bis hin zu jenem Gesang, den sie damals zum ersten Mal im menschlichen Frequenzbereich singen konnte. Sie kann die Töne genau wiederholen, ohne einen einzigen auszulassen. Ihr Klanggedächtnis ist untrüglich.

Stella vergisst die Zeit, erlauscht ihn in der Nachbarkabine, erlauscht, dass er dort verweilt. Dann hebt sie ihre Stimme in hellere Töne, in immer klarere Melodien, ersingt, wie es ihr geht, was sie tut und wie sie lebt, erzählt von den Dunkeltönen, der Einsamkeit, die sie in Töne umgewandelt hat, von den vielen Menschen, die ihr hier begegnet sind, und schließlich kommt sie zu ihrer Liebe zurück, die sie noch immer für ihn empfindet. Lange währt ihr Liebesgesang, ist hell und beinahe heiter. Sie ersingt, dass sie ein glückliches, zufriedenes Leben führt, dass sie hier eine Art Erfüllung findet, dass der Toilettentrakt ihre Universität ist und die Menschen ihre Professoren sind. Dann werden ihre Töne leiser, verhalten, bis sie nahezu unmerklich verstummt. Sie erlauscht in jener Pause seine Trauer, seine Einsamkeit und sein von Musik erfülltes Leben, seine Liebe zur Natur, seine Liebe zum Leben. Dann hebt sie wieder zu singen an, singt seine Gefühle, singt seine Einsamkeit in dem ihm eigenen Klang und Rhythmus, singt seine Liebe zur Natur, seine Trauer, bis hin zu seiner Musik und sogar Bach, der ihre gemeinsame Brücke gewesen ist. Daraufhin beginnt sie, seine Trauer und Einsamkeit aufzulösen, blaue Trauer in Schwermäntel gehüllt wird zu grünen Schwanenfedern, die im Tonbogen abaufwärts gleiten. Einsamkeit wird zu Lichtknospen in runden Fadenwolken, die immerzu bergwärts tanzen. Stella versucht, ihn so zu stimmen, dass die Trauer, die Einsamkeit erträglich, ja fast schön wird, sich empor entfaltet, verändert aber den Rhythmus bei diesem Gesang nicht.

Endlich ist sie fertig.

Laurens hat sie nicht erkannt, als sie ihm mit Putzlappen und schwarzem Kopftuch begegnet ist. Stella weiß, dass es nicht der Augenblick ist, sich zu erkennen zu geben, weiß, dass sich Laurens durch ihren Gesang an sie erinnert und seine Gedanken in die Vergangenheit gewandert sind. Er hört sich still an, versonnen. Sie möchte ihn nicht so zurücklassen. Er soll Zukunft haben, ein erfülltes Leben leben, sie will ihm ihre Liebe mitgeben, aber in Freiheit. Er braucht sie nicht als Freundin bei sich zu haben, es ist dafür nicht die richtige Zeit, wenn es überhaupt einmal eine richtige Zeit gibt. Deshalb beginnt sie erneut zu singen.

Diesmal singt sie von seiner Zukunft, von der Freundschaft mit einer Frau, die im Besitz von Worten ist und ihn dennoch versteht, singt von einer Geburt. Der Geburtsgesang ist so frei gehalten, dass nicht klar ist, ob es die Geburt eines Kindes oder die Geburt einer neuen, großen Aufgabe ist. Sie singt oktavenhohe Geradeausmelodien, Zukunftsberge aus Farbenmusik, singt stufige Stockwerke, die immerfort ins Aufwärts steigen ...

Laurens möchte seine Kabine aufschließen und hinüber zur Sängerin eilen, aber ihr Lied fesselt ihn so sehr, dass er nicht wagt, sich zu bewegen. Auch eine leise Angst, er könnte den Gesang unterbrechen, hält ihn zurück.

Stella kleidet den Gesang in die gewagtesten Harmonien, über vier Oktaven gehend, eine wohlklingende, vielversprechende Zukunft, groß und voller Wunder. In diesen Gesang legt sie ihre gesamte Liebe, was ihren Tönen eine Innigkeit verleiht, die Laurens weinen lässt. In einer großen Harmonie beendet sie das lang andauernde Gesangsgeschehen.

Rasch und leise öffnet sie die Tür, den Putzlappen in der Hand begibt sie sich in eine Ecke, wo Schmutz auf dem Fußboden liegt. Nur einen Moment später öffnet Laurens seine Türe, eilt heraus, sieht in die Nachbarkabine, findet sie leer, blickt auf das Kopftuch der Toilettenfrau, die am Boden kauert und putzt, geht in den Vorraum, schaut sich beinahe panisch um, sieht sogar in die Damentoilette, findet niemand, findet nicht die Sängerin. Erschreckt blickt er auf, als ein großer, grob aussehender Mann laut auf die Toilettenfrau einredet:

«Hiermit sind Sie gefeuert, jetzt ist es so weit! Sie kümmern sich nicht genügend um Ihre Arbeit! Dies ist Ihr letzter Arbeitstag, danach will ich Sie hier nie wieder sehen!» Stella sagt mit der Dunkelstimme, die Laurens nicht kennt: «Ich habe verstanden, ich werde gehen, aber lassen Sie sich eines gesagt sein: Wenn Sie weiterhin so viel Hass und Missbilligung in sich hegen, wird Sie das krank machen, und Sie werden es bereuen! Hass hat einen Menschen noch nie weitergebracht!»

Mehr kann Stella nicht sagen, weil der Herr sie nun anschreit: «Raus hier, sofort raus!»

Stella eilt ruhig zu ihrem Spind, holt Jacke und Rucksack und verschwindet alsbald unauffällig im Bahnhofsgetümmel.

Während sie rasch davon geht, beginnt sie sich Trost zuzusingen, versucht, ihre wunde Haut zu begrenzen, was ihr in diesem Moment nicht gelingt. Allein sie lindert ihre Einsamkeit, stimmt sich selber, so gut sie es vermag …

Laurens ist so offen in seinem Innern, so voller Auflösung, mitten zwischen Vergangenheit und Zukunft und doch jenseits der Gegenwart, dass ihn ein starkes Mitgefühl mit der Toilettenfrau ergreift. Schnell verlässt er den Trakt, ohne sich die Hände getrocknet zu haben, um der Frau nachzueilen, ihr Trost zuzusprechen oder irgendetwas anderes für sie zu tun. Allein er findet sie nicht, er eilt durch den Bahnhof, schaut in Geschäfte, Imbissbuden, Kioske und kann sie nicht finden.

Nachdenklich sucht er das Gleis, auf welchem sein Anschlusszug in kurzer Zeit abfährt, und versinkt tief in Erinnerungen. Es ist ihm höchst seltsam zumute, und er fragt sich ernsthaft, ob er geträumt habe. Der Gesang konnte nur von einem Menschen stammen: von Stella. Er hat sie einmal sehr geliebt und danach nie wieder vergessen. Nur reden konnte er nie mit ihr.

Laurens ist nicht mehr in der Lage zu unterscheiden, ob er jenen Gesang als Gefühl in sich selber gehört hat oder ob er tatsächlich gesungen wurde. Je mehr er darüber nachsinnt, desto unklarer wird es für ihn. Endlich beschließt er, das Erlebnis als ein wirkliches, besonderes Erlebnis anzunehmen. Als er innerlich zur Ruhe findet und im Zug sitzt, klingt der Gesang in ihm nach; klingt, erklingt und breitet eine Stimmung von unendlicher Zuversicht und von Trost in ihm aus.

Stella indessen fährt auf ihrem Fahrrad, steigt an der Kreuzung ab, sieht in den Himmel, lässt für einen Moment die Sonne auf ihr Gesicht scheinen, freut sich an den wenigen, aber munteren Wolken, hat sich selber gestimmt, hat das Hassgeschrei in Hoffnungsschimmer verwandelt.

Lange verweilt sie an der Kreuzung, steht in der Weggabelung, lauscht in ihre wunde und heilende Haut. Dann endlich überquert sie die Kreuzung und singt ihrer Wege …

Ausklang

Ich, Stella Maria Jansen, habe nun endlich Worte gefunden. Es sind Regenbogenworte, Tautropfenworte, Jenseitsworte. Überall habe ich sie gefunden. Die meisten jedoch haben mir die Dinge und Menschen offenbart, so dass ich immer besser begreifen konnte. Also habe ich ihre Worte begriffen und sie als Begreifworte gewortet. Nun greife ich immer öfters nach jenen Begreifworten, die mir die Begriffe immer deutlicher begreiflich machen. Es ist ein sehr beschwerlicher Weg gewesen. Regensamengleich lag ich oft im Dunkel, im Jenseitsdunkel, musste mich vorantasten, stieß gegen meine eigenen Blätter, trat gegen meinen eigenen Stengel, lauschte mit Jenseitsohren, während die Worte stumm blieben. Die Ohren waren kaum in der Lage, jenes Blattgeflüster am Saum des Regensamens zu erlauschen. Immer neue Ohren musste ich finden, immer neue Worte in Begriffe und Begriffe in Worte fassen.

Letzten Endes bin ich auf meiner Ohrensuche in einer kleinen, alten Steinkirche gestrandet. Dort endlich war die Stille so groß und laut, dass ich die gefundenen Begreifworte aufschreiben konnte, und alle Ohren haben gejubelt. Es war ein Hineingreifen in die Begriffe, ein Verwandeln von Musik zu Wort, von Wort zu Musik, von Klang zu Regenbogen, von Laternenregen zu Lichtrhythmen, von Regenbällen zu Tauperlenmusik. Ich würde des Aufzählens nicht müde. Allein meine Augen sind es, die müde geschaut sind, doch die Ohren, die viel gebrauchten, geliebten, geschmerzten, gesamten, beregneten, werden immer wacher, immer lauschender, immer reger.

Im Rausch des Erlauschens habe ich erkannt, dass alles einen Begriff braucht, um da sein zu können. Hat eine Sache keinen Begriff, so begreift man nicht, dann ist nicht greifbar, was zu begreifen notwendig wäre. In einem jenseitigen Winkel, in Richtung der Regensamen, aber noch abseits von den Wortliedern, habe ich den Begriff gefunden für die Fähigkeiten, welche mir durch meine Ohren zuteil geworden sind: Vielhörigkeit. Aus dem Versteck gelockt, aus dem Dunkel heraus gesungen, aus dem Jenseits herausgelauscht habe ich diese Vielhörigkeit. Das war eine Notwendigkeit, weil ich doch erlauscht habe, dass es durchaus noch andere Vielhörer, ja sogar Vielseher, Vielfühler, Vielwisser, eben die Viel-Menschen unter uns gibt.

Obwohl sie beinahe nicht von hier zu sein scheinen, sind sie dennoch auf unserem Planeten, und das ist ein unendliches Geschenk für die gesamte Menschheit! Denn sie sind es, die all den Hass, das Töten, die Gewalt in Liebe zu erlichten vermögen; nicht zu ersticken, sondern zu erlichten.

Wenn Sie gerne Kontakt mit der Autorin aufnehmen möchten, ist dies unter folgender E-Mail-Adresse möglich:
stella-aurin@gmx.de